HEYNE
BÜCHER

Das Buch

An einem frühen Novembermorgen wurde die Stille in einer ruhigen Wohnstraße von Greenwich Village abrupt zerrissen. Auf einen Notruf hin brachen Polizei und Sanitäter eine verdunkelte Wohnung auf und fanden ein bewußtloses sechs Jahre altes Mädchen, das drei Tage später starb. Eine gespenstische Szenerie: das gutbürgerliche Apartmenthaus, eine verwüstete Wohnung, eine apathische Frau, ein unablässig redender Mann, ein sterbendes Kind. Was ist hier geschehen? Susan Brownmiller spürt in diesem dokumentarischen Roman den Abhängigkeitsverhältnissen nach, die zu einer solchen Katastrophe führten. Judith war eine erfolgreiche Kinderbuchautorin. Barry ist Anwalt, ein dominanter, jähzorniger und brutaler Egozentriker. Judith, die jeden Bezug zur Realität verloren hat, ist Barry hörig geworden. Chronik einer fatalen Beziehung: sexuelle Hörigkeit und Drogenmißbrauch, illegale Adoption und Kindesmißhandlung — niemand hat etwas gesehen oder gehört: Es geschah bei den Nachbarn.

Die Autorin

Susan Brownmiller, Journalistin, lebt in Manhattan und hat sich als Autorin feministischer Sachbücher einen Namen gemacht (*Gegen unseren Willen. Vergewaltigung und Männerherrschaft* [1978], *Weiblichkeit* [1984]). Angeregt durch einen authentischen Fall, der vor wenigen Jahren die amerikanische Öffentlichkeit bewegte, hat sie mit ihrem belletristischen Debüt einen aufrüttelnden psychologischen Roman geschrieben.

SUSAN BROWNMILLER

ES GESCHAH BEI DEN NACHBARN

Tatsachenroman

WILHELM HEYNE VERLAG
MÜNCHEN

HEYNE ALLGEMEINE REIHE
Nr. 01/8471

Titel der Originalausgabe:
WAVERLY PLACE
Aus dem Amerikanischen übersetzt von Christoph Plate

5. Auflage

Printed in Germany 1993
Umschlagillustration: Andreas Gaube, Hamburg
Umschlaggestaltung: Atelier Ingrid Schütz, München
Gesamtherstellung: Ebner Ulm

ISBN 3-453-05691-4

Für Holly Forsman und Joan Corrigan.
In Dankbarkeit und Zuneigung Florence Rush, Barbara Milbauer, Pearl Broder, Minda Bikman und Neal Johnston gewidmet.

Vorwort

An einem frühen Novembermorgen 1987 wurde die Stille in einer ruhigen Wohnstraße von Greenwich Village abrupt zerrissen. Auf einen Notruf hin brachen Polizei und Sanitäter eine verdunkelte Wohnung auf und fanden ein bewußtloses sechs Jahre altes Mädchen. Es starb drei Tage später.

Hier konnte so etwas eigentlich nicht passieren. Aber es ist passiert. An dem Tag, an dem das Kind starb, begann ich zu schreiben.

Ich versuchte, mir vorzustellen, wie dieses Paar aus meiner Nachbarschaft, dessen Bilder immer wieder auf dem Fernsehschirm erschienen – ein Anwalt und eine Frau mit von Schlägen entstelltem Gesicht, die einmal eine erfolgreiche Autorin gewesen ist –, wie dieses Paar sich verändert hatte, von Menschen, die ich gekannt haben könnte, bis hin zu jenen Gestalten eines endgültigen Alptraumes. Und wie es dazu kommen konnte, daß die Warnsignale falsch verstanden und interpretiert wurden von denen, die in der Lage gewesen wären, sie zu erkennen. Der Fall schien höchst ungewöhnlich, und in den folgenden Wochen häuften sich die Schlagzeilen und Enthüllungen. Trotz alledem schien diese Geschichte beispielhaft zu sein für tausend andere Fälle und Untersuchungen über Gewalt in der Familie.

Ich habe einen fiktiven Roman geschrieben, um die Freiheit zur Entwicklung von Dialogen, Motiven, Ereignissen und Charakteren zu haben. Ich gründete dies auf mein eigenes Verständnis von Gewalt und Mißbrauch, ein Verständnis, das sich beständig im Widerstreit befindet mit jenen Modellen und Erklärungen, die Anklage und Verteidigung in Gerichtsprozessen oft erschaffen. Für meine Recherche habe ich alle Veröffentlichungen über diesen Fall gelesen und davon profitiert. Die Journalisten, die über den Fall berichteten, haben hervorragende Arbeit geleistet. Ich bin ihnen zu Dank verpflichtet. Zusätzlich habe ich die maßgebliche Literatur über Gewalt und Kindesmißhandlung gelesen oder neu gelesen.

Alle Charaktere in diesem Roman, ganz gleich ob Haupt- oder Nebendarsteller, entstanden in meiner eigenen Vorstellung. Ich gab ihnen Namen, Biographien und verständliche Verhaltensweisen, die zu meinen Erklärungen für das, was passiert und öffentlich bekannt war, paßten. Ich habe Unterhaltungen für meine Personen erfunden und sie in von mir geschaffene Situationen gestellt. Ich habe mir vorgestellt, was sie gedacht und was andere über sie gedacht haben. Ich begab mich in die schizophrene Welt meiner Protagonisten, um ihren zweisamen Wahn verstehen und die Szenen ihrer Gewalt nachzeichnen zu können. Dabei wurde ich vom Anfang bis zum Ende von der unauslöschlichen Erinnerung an das Gesicht eines wachen kleinen Mädchens mit rotem Haar angetrieben.

Als Autorin, die sich in ihrem Beruf der Forschung und der Wissenschaft mit ihren doppelt abgesicherten Quellen und Zitaten verschrieben hat, kenne und respektiere ich den Unterschied zwischen Realität und Fiktion. Ich hoffe, daß meine Leser diesen Unterschied auch respektieren. Kein Leser sollte annehmen (und weder mein Verleger noch ich legen so etwas nahe), daß irgendein Charakter in diesem Roman ein genaues Porträt einer lebenden Person ist oder daß die beschriebenen Situationen tatsächlich so vorgefallen sind. Sollte irgendeines der hier illustrierten Ereignisse an reale Begebenheiten erinnern, so unterscheidet sich meine Vorgehensweise trotzdem grundsätzlich im Inhalt, im Detail oder in der Motivation. Dies ist, das sei erinnert, ein literarisches Werk.

Was ohne Frage passierte, ist, daß ein Kind starb und eine Frau mißhandelt wurde. Ich habe versucht, mir vorzustellen, wie es passiert sein könnte.

Susan Brownmiller
18. Juli 1988

Es geschah bei den Nachbarn

MONTAG, 2. NOVEMBER 1987, 6:33 UHR

Ein Notruf der Alarmstufe 1 bringt das gesamte System durcheinander. Ein Notruf erster Kategorie, entgegengenommen von der Notfall-Vermittlung in Maspeth, Queens, um 6:33 Uhr.

Am Montagmorgen, dem zweiten November, eine halbe Stunde vor Morgengrauen, war über den Notruf 911 die Mitteilung: ›Kind mit Atemstillstand, benötigen Notarztwagen‹ hereingekommen. An zwei verschiedenen Orten, bei der Polizei und in der Notaufnahme, nahmen die Telefonistinnen den Hilferuf auf und fütterten die Angaben in ihre Computer.

In Maspeth sprang die Mitteilung automatisch an die erste Stelle der zu bearbeitenden Meldungen. Eine helle Markierung auf dem Monitor. ›Herzstillstand. Kantor. Waverly Place 104, Appartement 3-A, in Greenwich Village‹. Die Notruf-Koordinatorin las die einzeilige Mitteilung und rief die Information zum Hilferuf ab. ›Sechsjähriges Kind atmet nicht‹. Sie rief 12 X-Ray über Sprechfunk.

John Ruggieri und Brian Mahoney, Sanitäter von St. Vincent, hatten ihre Schicht beinahe beendet. Zwei Schädelverletzungen, ein Betrunkener in der Gosse, eine langsame, undramatische Nacht. Ihre Einsatzgruppe mußte ein langgestrecktes Gebiet in Manhattan versorgen, vom westlichen Ende der Twenty-sixth Street hinüber bis zur Battery. Aber von elf Uhr Sonntagabend bis sieben Uhr Montagmorgen passierte in diesem Teil der Stadt nicht sehr viel.

Ruggieri nannte die Arbeit einen Job für Einzelgänger. Neunzehn Jahre machte er das schon, seitdem er nach den Studentenunruhen an der Columbia-University sein Studium geschmissen hatte. Die Notfallarbeit war heutzutage hochtechnisiert, und Ruggieri hatte sich in die neue Technik gut eingearbeitet. Aber in letzter Zeit fühlte er sich leergebrannt, unfähig, nach der Schicht einen anderen Menschen zu ertragen. Noch zwanzig Minuten bis Schichtende: Er bog an der Sixteenth Street in Richtung St. Vincent ab.

Der Wagen fuhr die Seventh Avenue hinab, als plötzlich knackend über Funk zu hören war: »12 X-Ray, 12 X-Ray, Kind ohne Atem, Waverly Place 104, westlich vom Park.«

Mahoney pfiff. »Das sind wir. Jetzt kommt's drauf an.«

Ruggieri schaltete die Alarmlichter und die Sirene ein. Ihm wurde abwechselnd heiß und kalt. Er raste die Seventh Avenue hinunter und bog ohne das Einbahnstraßenschild zu beachten in den Waverly Place ein. Auf der schmalen, von Bäumen gesäumten Straße war kein Verkehr, und in weniger als sechzig Sekunden erreichten sie das Haus. Eine unbekannte Adresse, keiner jener Orte, an die sie gewöhnlich alle paar Monate gerufen wurden, wenn es mal wieder gehörig gekracht hatte.

Vier Polizeiwagen mit eingeschalteten Sirenen und der Notfallwagen hielten im Licht der ersten morgendlichen Dämmerung vor dem alten Sandsteingebäude. Jemand drückte alle Klingeln gleichzeitig. Ein Polizist von der Sechsten Wache drückte den Schnapper am Türschloß mit einer Kreditkarte zurück. Dicht hintereinander stampften sechs Männer und eine Frau, Polizisten und Sanitäter, eilig die Treppen hoch.

Keine Tür öffnete sich, keine neugierigen Nachbarn zeigten sich. In jedem Stockwerk waren zwei Wohnungen, jede der schwarzen Metalltüren war mit einem Adlerkopf als Türklopfer versehen, einem winzigen Spion und Namensschild.

»Wo verdammt sind die Wohnungsnummern?« rief jemand. In der Aufregung dauerte es eine Weile, bis sie Nummer 3-A gefunden hatten.

Eine Frau öffnete die Tür. Sie sieht aus, als sei sie in einen Zug gelaufen, war Ruggieris erster Gedanke. Er starrte angestrengt in die Dunkelheit hinter der Frau. Es stank. Was zum Teufel war da los?

»Wo sind die verdammten Lichtschalter?« schrie einer der Polizisten.

Ruggieri zog seine Taschenlampe.

Im Lichtkegel waren umgeworfene Stühle zu sehen, Kleiderberge, Tüten mit Abfall. In einer Ecke saß ein Säugling auf dem Boden, mit einer dicken Kordel an eine Art Holzkäfig gebunden. Die Windel war voller Urin und Kot.

Aus dem Schatten des Flurs kam ein stämmiger Mann auf sie zu, der den leblosen nackten Körper eines größeren Kindes trug. Das Kind atmete nicht. Ruggieris Diagnose stand sofort fest, und ihm wurde speiübel.

Das Kind schien tot zu sein.

Die Polizisten und die Sanitäter in New York haben eine ungeschriebene, aber funktionierende Arbeitsteilung. In einem ärztlichen Notfall hält die Polizei sich zurück, und die Sanitäter übernehmen.

Ruggieri legt die Kleine auf den Boden und begann, sie zu untersuchen. Seine Finger betasteten ihren Kopf. Keine Fraktur. Er zog ein Kinderset aus seiner Notfalltasche und setzte das Wiederbelebungsgerät über Nase und Mund, während er Strähnen ihres rötlichen Haars zur Seite strich. Er versuchte zu pumpen. Die Luft strömte nicht gleichmäßig ein.

»Was ist passiert?« rief er.

»Bis vor einer halben Stunde war alles in Ordnung«, sagte der Vater mit monotoner, düsterer Stimme. »Sie hat sich zum Frühstück etwas von dem Hähnchen aus dem Kühlschrank geholt. Muß sich an einem Flügel verschluckt haben. Als ich aus dem Badezimmer kam, sah ich sie kotzen.«

Mahoney lief zum Wagen hinunter, um einen Absauger zu holen. Die Frau war stumm, drängte sich wie ein Schatten an die Wand. Ruggieri hielt sie für die Großmutter. Der Vater lief hinter den Polizisten durch die dunklen Räume und redete ununterbrochen. Alle Glühbirnen in der Wohnung waren durchgebrannt oder steckten nicht mehr in den Fassungen.

Ruggieri arbeitete im Dunkeln, die Taschenlampe hielt er zwischen den Zähnen. Er nahm die Wiederbelebungsmaske ab und begann, den Magen des Mädchens zu massieren. Eine kleine Menge Schleim und Essen kam heraus, zu wenig, um die Luftröhre blockiert zu haben.

»Ich kriege Luft rein und raus«, schrie er und befühlte den Nacken des Kindes. Der Puls war rasend, aber kräftig. Der Vater stand daneben wie ein unbeteiligter Beobachter. Ruggieri konnte seine Beine sehen.

»Ihre Geschichte ergibt keinen Sinn, mein Freund. Das war kein Hähnchenflügel. Was ist wirklich passiert?«

»Letzte Nacht, nicht heute morgen. Sie haben mich mißverstanden. Gestern abend sagte sie uns, sie hätte Bauchschmerzen. Wir sind die ganze Nacht mit ihr aufgewesen. Ich versteh das nicht, plötzlich hörte sie auf zu atmen.«

Ruggieri dachte angestrengt nach. Er erinnerte sich an einen Fall, in dem ein Kind an mit Orangensaft versetztes Methadon geraten war.

»Sieh mal im Kühlschrank nach«, sagte er zu einem der Polizisten.

Ein schauriger Schein von der Kühlschrankbeleuchtung fiel in die Küche. Der Beamte kam mit etwas Verschimmeltem zurück. »Das ist alles, was drin war.«

Als sein Kollege mit dem Absauger zurückkam, telefonierte Ruggieri schon mit dem Not-OP. »Bringen weibliche Person, sechs Jahre. Atmet nicht. Hat Pulsschlag und Blutdruck.«

Er packte seine Sachen zusammen, während Mahoney das Kind in seinen Armen die drei Etagen hinuntertrug. Die kleinen Fußsohlen waren schwarz vor Dreck.

Eine Gruppe von Schaulustigen hatte sich auf der Straße versammelt. Sie beobachteten regungslos, wie der kleine Körper in den Notfallwagen gelegt wurde. Plötzlich tauchte der Vater auf und stieg ohne zu fragen ein. Einer der Polizisten bot sich an zu fahren. Er rutschte auf den Vordersitz und raste sechs Blocks weiter ins St. Vincent-Hospital, während die knienden Sanitäter sich weiter um das leblose Kind bemühten.

Der Vater redete immer noch, als sie das Rollbett in den Not-OP schoben. Er lief in dem hell erleuchteten Raum umher, während das bereitstehende Notarztteam sich an die Arbeit machte.

Die meisten Menschen werden hysterisch bei so etwas, grübelte Ruggieri. Dieser Kerl führt sich auf, als würde er ein kaputtes Gerät zur Reparatur bringen.

Der Sanitäter verließ den OP und dachte: Der hat etwas Teuflisches, etwas Böses.

7:00 UHR

Im Licht der OP-Scheinwerfer entdeckte der Kinderarzt angetrocknetes Blut in dem stumpfen Haar.

»Wann wurde dieses Kind auf den Kopf geschlagen?«

Der Vater antwortete nicht.

»Macht sofort einen Termin zum Schädelröntgen.«

»Der Wachmann soll den Fahrstuhl besetzen.«

Sie schoben das Kind, das im Koma lag, zum Fahrstuhl.

Einer der Polizisten wandte sich zu seinem Kollegen, als der Vater durch die Tür verschwand.

»Kaum zu ertragen mit dem in einem Raum und einer Knarre an meiner Hüfte«, sagte er laut, bevor er seine Polizeiwache über das Krankenhaustelefon anrief.

7:30 UHR

Auf dem Röntgenbild war ein Blutgerinsel zu erkennen, das auf das Gehirn drückte. Die typische Blutung, die gewöhnlich nach vier bis sechs Stunden auftritt. Das kleine Mädchen wurde an das Lebenserhaltungs-System angeschlossen, aber sie würde es nicht schaffen. Es war lediglich eine Frage der Zeit, wann man sie offiziell für klinisch tot erklären würde.

8:00 UHR – 18:30 UHR

Die Wache im Westteil der Tenth Street, zwischen Bleecker und Hudson Street, war äußerlich dem Stil von Greenwich Village angepaßt. Näherte man sich als Besucher der modernen Eingangsfassade, wurde man sofort abgelenkt – und wie die Designer gehofft hatten, auch angenehm überrascht – von zwei rechteckigen Steintrögen, die mit englischem Efeu und Blumen bepflanzt waren. Der Kontaktbereichsbeamte der Sechsten Wache wässerte rührig die Tröge und knipste die alten Blüten ab. Das alles war ein widerwilliges Zugeständnis an die überempfindlichen Bewohner des Viertels. Die hysterischen Umweltschützer, die sanften Bürgerrechtler, die militanten schwulen Aktivisten und die anderen Käuze brachten die Polizisten manchmal fast um den Verstand.

Trotz der frischen Witterung an diesem frühen Novembermorgen boten die orangen Ringelblumen und die gekräuselten Petunien vor der Sechsten Wache ein farbiges Schauspiel. Im Funkraum im zweiten Stock gingen vier Beamte mit der gewohnten Behutsamkeit vor. Der Vorgesetzte verteilte die bevorstehenden Touren. Die Kollegen von der Nachtschicht mußten Überstunden machen.

Drei Streifenwagen fuhren zum Waverly Place 104, um Barry Kantor und eine als Judith Winograd identifizierte Frau zur Befragung abzuholen. Freundlich und unauffällig. Kommen Sie einfach mit, wir müssen da noch einige Fragen klären und die Untersuchung abschließen.

Gegen Kantors Proteste band eine Beamtin vom Dezernat für Sexualdelikte das andere Kind, einen männlichen Säugling, los und roch an der ranzigen Milch in der Flasche. Bei Tageslicht entpuppte sich der ›hölzerne Käfig‹, den die Polizisten im Morgengrauen bemerkt hatten, als umgedrehter Laufstall. Abgesehen von dem Dreck, in dem sich das Baby wälzte, schien es unversehrt. Die Beamtin brachte es zum Kinderhilfswerk.

Kantor machte auf der Wache ein großes Theater, als er und Winograd in getrennte Räume gebracht wurden. Es sollte ein langer Tag werden. Zu diesem Zeitpunkt wußten die Beamten noch nicht, wie lang. Alles mußte nach Vorschrift gehen. Kantor war Rechtsanwalt und in der Wache kein ganz Unbekannter. Vor einem Monat waren zwei Beamte nach dem Hinweis eines Nachbarn zu Kantors Appartement geschickt worden. Er sollte die Frau mißhandelt haben. Sie hatten mit Winograd gesprochen, aber sie hatte sich geweigert, Anzeige zu erstatten. Die Beamten hatten sie als hoffnungslosen Fall abgeschrieben.

Vier Beamte blieben den ganzen Morgen am Waverly Place, um Videoaufzeichnungen von der Wohnung zu machen, Beweismaterial zu sichern und zu sortieren und Nachbarn zu befragen. Zwei fuhren zur nahegelegenen Stadtschule 55, um zu sehen, welche Informationen sie vom Direktor und den Lehrern des Kindes bekommen konnten. Die Verantwortlichen im Krankenhaus zögerten noch mit einer Diagnose der Verletzung. Sie bestätigten lediglich eine Kopfverletzung mit vermutlich tödlichen Folgen. Wahrscheinlich würde man am Nachmittag in der Lage sein, eine endgültige ärztliche Stellungnahme zu veröffentlichen.

Der Fall wurde von Minute zu Minute verwirrender. Einige Nachbarn erzählten den Polizisten, daß die Verdächtigen nicht verheiratet und die Kinder adoptiert waren. Kantor und Winograd bestätigten das, aber der Computer hatte keine Informationen über die Adoption.

Kantors Erklärungen waren monotone Wiederholungen. Er verschränkte die Arme und sagte immer wieder: »Ich bin ein guter Vater, ich bin ein guter Vater. Fragt in der Schule nach.«

Zur Mittagszeit gaben die Beamten angewidert auf.

Im anderen Vernehmungszimmer erschien Winograd krankhaft verwirrt. Sie sah alt genug aus, um Kantors Mutter sein zu können, gab ihr Alter aber mit 45 Jahren an. Irgend jemand mußte sie in den vergangenen vierundzwanzig Stunden fürchterlich in die Mangel genommen haben. Ihre Stirn war blutverkrustet, die Augen blau verquollen, die Nase deformiert, die Lippen aufgeschlagen, und wahrscheinlich hatte sie, ohne es zu wissen, einige angebrochene Rippen. Die meisten Verletzungen, wenn auch nicht alle, waren frisch. Wurde sie gefragt, ob sie Schmerzen habe, schüttelte sie verängstigt den Kopf. Die Sturheit, mit der sie bei ihrer Geschichte blieb, trieb die Beamten die Wände hoch: Das kleine Mädchen sei häufig mit den Rollschuhen gefallen, am frühen Morgen habe sie sich an ihrem Frühstück verschluckt. Entnervt überließen die Vernehmungsbeamten Winograd der Wache.

Am frühen Nachmittag gab es genügend belastendes Material, und sie bekamen grünes Licht für eine Verhaftung. Aber Winograds Fall war problematisch. Der Staatsanwalt wollte einen Bericht, der die Situation klarer machen würde. Die Beamten gingen zu ihr und versuchten es ein letztes Mal. Vielleicht würde sie ihren Widerstand aufgeben, wenn sie hörte, daß das Kind tot sei. Leer starrte sie die Beamten aus geschwollenen Augen an. Einer der Polizisten blickte zufällig auf ihr rechtes Bein und hätte beinahe gekotzt. Vom Knöchel aufwärts schien der Unterschenkel entzündet. Wie konnte sie mit solch einem Bein gehen? Die Frau war ein Wrack. Sie brauchte medizinische Betreuung.

Es dauerte nicht lange, bis ein höher gestelltes Dezernat den Fall übernahm. Der Kripochef von Manhattan South eilte mit seinem Stellvertreter zur Wache, um bei den Formalitäten zu helfen. Dann rief jemand aus der Behörde an und sagte, man solle mit der Anklageerhebung warten. Die Pressestelle brauche Zeit, um die Journalisten zu verständigen.

Um halb fünf wurde Kantor und Winograd mitgeteilt, daß sie verhaftet seien. Man erlaubte Kantor, mit einem Anwalt zu telefonieren. Winograd bestand nicht auf einem selbstgewählten Verteidiger. Die Gefangenen wurden in Einzelzellen im Erdgeschoß gebracht. Der Fall schien keinen Deut klarer als vier Stunden vorher. Das Kind wurde immer noch künstlich am Leben erhalten, und Winograd zeigte sich nicht kooperationswillig.

Nach Rücksprache mit dem Staatsanwalt erklärte der zuständige Polizeioffizier drei Haftgründe: versuchter Mord, Mißhandlungen ersten Grades, fahrlässige Kindesverwahrlosung. Als im Krankenhaus die Maschine abgestellt wurde, vervollständigte der Staatsanwalt die Anklage auf Mord.

18:30 UHR

Die Polizisten von der Sechsten Wache blinzelten mißtrauisch im ungewohnten, hellen Scheinwerferlicht. Die Pressestelle hatte ganze Arbeit geleistet. Kameras und Mikrofone verstopften den Publikumsraum, Fotografen rangelten mit Reportern hinter der zu respektierenden Absperrung.

Kantor wurde hereingebracht. Von Polizisten begleitet strebte er auf den Tisch zu: ein großer, unordentlich aussehender Mann, mit einem breiten gepflegten Schnurrbart und einer teuren Brille. Winograd wurde hinter ihm hereingeschoben: klein, verängstigt, stumpfsinnig, mit einem unvorteilhaften blau-weißen Kopftuch über dem zerzausten grauen Haar.

»Das Kind ist vollkommen unversehrt«, rief Kantor zu den Journalisten hinüber. »Prüft die Krankenhausberichte.«

Nach einer Minute war alles vorbei. Durch einen Nebenausgang wurden sie hinausgeführt. Ein Streifenwagen würde ihn ins Gefängnis in der Innenstadt bringen, sie sollte mit einem Kleinbus ins Hospital des Frauengefängnisses in Elmhurst transportiert werden.

Mit einem tiefen Seufzer wandte sie ihm ihr Gesicht zu. Sie schauten sich tief in die Augen. Blitzlichter flammten in der kühlen Nachtluft auf.

Ein Pflasterverband auf ihrer zerschmetterten Nase gab ihr das Aussehen eines geschlagenen Boxers, der k.o.-gezählt wurde.

Tonlos flüsterte sie mit ihren unnatürlichen geschwollenen Lippen »Ich liebe dich«.

23:00 UHR

Cynthia Owens schaltete die Spätnachrichten ein. Das war eine ihrer strikten Gewohnheiten. Lokalnachrichten um dreiundzwanzig Uhr und die Nachrichten aus aller Welt morgens zum Aufwachen. Auf diese Art und Weise wußte sie, was gerade angesagt war, wenn sie morgens um zehn in die Zeitungsredaktion kam.

Während sie ihre Schuhe abstreifte, hörte sie die erste Meldung.

»Ein Anwalt aus Greenwich Village und seine Lebensgefährtin wurden heute abend unter Anklage des versuchten Mordes verhaftet.«

Die folgenden Szenen ließen sie frösteln.

Sie griff nach der Fernbedienung und schaltete auf einen anderen Kanal um, wo genau dieselben Bilder gezeigt wurden. Wieder dieses Frösteln.

Sie atmete tief durch, bevor sie zum Telefon ging.

»Die Kantor-Geschichte«, sagte sie in abgehacktem, geschäftsmäßigem Ton zum Nachtredakteur, »da kann ich helfen«.

»Cindy-Baby!« Ein anerkennender Pfiff kam durch das Telefon. »Wie gehst du ran?«

»Über sie.«

Er schaute in seinen Unterlagen nach. »Winograd?«

»Ja, Judith. Ich kannte sie.«

»Ruf in fünfzehn Minuten wieder an. Fünfhundert Worte. Das kommt auf die erste Seite.«

»Fünfhundert Worte«, wiederholte sie. »Du bekommst sie. Gib mir ein Jahr bezahlten Urlaub, und ich werde ein Buch darüber schreiben.«

SAMSTAG, 6. JUNI 1970

Waverly Place ist eine der verwirrenden Straßen in Greenwich Village. Sie schlägt eine westliche Richtung am Broadway, nahe der New York University, ein, führt dann namenlos am Washington Square Park weiter, taucht östlich der Sixth Avenue wieder auf, ändert die Richtung nördlich an der Christopher Street, erscheint wieder weiter oben am äußersten Ende der Seventh Avenue South, wo sie sich schließlich an der Bank Street in eine Sackgasse windet. Niemand, der im Village von einem Punkt zum anderen kommen will, benutzt den Waverly Place als Route. Aber der dunkelhaarige Mann mit Sonnenbrille und Jeans, der an diesem Samstagmorgen seine Dänische Dogge ausführte, hatte kein besonderes Ziel. Er ging mit seinem braun gescheckten Begleiter spazieren und kam durch puren Zufall auf den Markt in der Bank Street.

Mit federndem athletischen Schritt schlenderte er an den Essensständen vorbei, an den Kästen mit Secondhand-Büchern und Altkleidern, bis er an einem Tisch mit Krimskrams hielt. Das Objekt seines plötzlichen Interesses beguckte sich gerade eine grüne Fayence-Vase.

Er bemerkte das drahtige dicke Haar, das in der gängigen Mode frisiert war, den wohlgeformten Hintern, die spöttisch blickenden, akkurat schwarz geschminkten Augen, und er begann zu taxieren. Brooklyner Zigeunerstil mit einem Hauch Haarspray. Lebendig. Sein Typ.

»Kauf sie nicht. Sie hat einen Sprung.«

Judith wandte sich um und ließ beinahe die Vase fallen.

»Du hast sie schon mit Pfingstrosen gefüllt. Welche Sorte? Rosen? Nee, nicht so was Gewöhnliches wie Rosen. Nicht für dich.«

Er lachte und ging weiter. Sie klammerte sich an die Vase und starrte auf seinen sich entfernenden Rücken. Er sieht gut aus und ist verheiratet, dachte sie. Warum ist er am Wochenende in der Stadt?

Judith stellte die Vase zurück. Sie hatte den schmalen Riß am

Rand nicht bemerkt. Aber welchen Unterschied machte das? Kaufte sie die Vase, würde sie das Stück nur in der Abstellkammer verstauen, genauso wie die angestoßenen Wedgwood-Teller, die verbogenen silbernen Mokkalöffel und all die anderen nutzlosen Sachen, die sie auf diesen Märkten nur kaufte, um zu kaschieren, daß sie samstag morgens nichts anderes zu tun hatte.

Sie suchte in der Menschenmenge. Blue Jeans kaufte sich gerade einen Hotdog. Sie sah ihn mit dem Verkäufer scherzen, auf das Sauerkraut zeigen und ›noch mehr‹ bedeuten, während neben ihm die dänische Dogge vor sich hin sabberte. Sie mochte das, seinen Elan. Groß war er, über einsachtzig. Gut, verglichen mit ihr waren alle Männer groß. Größe war nicht ihr erstes Kriterium. Was war er? Italienisch? Jüdisch? Mit dem Schnurrbart war das schwer zu sagen. Dieses Jahr trug jeder Mann in der Stadt, der meinte, er sei cool, einen Schnäuzer und Jeans.

Was soll's. Sind wir draufgängerisch. Judith ging an den Hotdogstand.

»Pfingstrosen. Du hattest recht. Die Vase war mit rosa Pfingstrosen gefüllt. Nicht so was Gewöhnliches wie Rosen.«

Er blinzelte sie durch seine stumpfen Brillengläser an und brach langsam ein Stück von der Wurst ab.

»Mund auf.« Ganz selbstsicher stopfte er das Stück in ihren Mund und tat, als wischte er etwas Senf von ihrem Kinn. »Kauen, bevor du schluckst.«

Die Dänische Dogge stöhnte.

Ich werde hier aufgerissen, dachte sie. Wie finde ich denn das? Von einem großen dunklen Fremden an einem Samstagmorgen in Greenwich Village.

JUDITH

Wofür sparst du dich auf, würde Mama fragen. Für einen Arzt, einen Anwalt? Warum kannst du nicht erwachsen werden? Was ich auch tat, es war immer falsch. Es war falsch, daß ich zum

College gehen wollte. ›Was willst du mit deiner Ausbildung machen? Du wirst ja doch heiraten. Dafür brauchst du keinen Collegeabschluß.‹ Und dann, als ich nicht geheiratet habe, hieß es ›Warum kannst du nicht erwachsen werden?‹

Mama, warum konntest du mich nicht erkennen? Warum konntest du nicht sehen, daß ich anders war? Ich war klug, Mama, wirklich klug. Ich schnitt bei den Intelligenztests besser ab als alle anderen in der Klasse. Mein Betreuer in der High School hat dir einen Brief geschrieben: ›Mrs. Winograd, Ihre Tochter Judith hat im oberen Zehntel der Besten abgeschnitten. Es wäre ein tragischer Schlag für ihren fordernden jungen Geist, sie nicht weiter zur Schule gehen zu lassen und sie statt dessen in eine Lehre zu stecken.‹ Ich habe die Schlacht gewonnen, nicht wahr Mama? Ich habe dich belogen und gesagt, daß ich Steno und Maschineschreiben lerne. Und ich habe die High School nicht verlassen, als ich sechzehn war, so wie ich es versprochen habe. Ich habe es bis zum Brooklyn College gebracht und bin vier Jahre lang jeden Tag mit der Metro gefahren, während ihr, du und Daddy die Köpfe geschüttelt und gesagt habt: ›Sie wird es nie durchhalten, sie findet irgendeinen Mann, und das wird das Ende ihrer schicken Ausbildung sein.‹

Ich habe euch geleimt. Ich habe das Diplom bekommen und keinen Mann. Die jüdischen Jungens im College, die Ärzte und Rechtsanwälte werden wollten, die wollten mich nicht. Die wollten alle weg, Mama, genauso wie ich. Und die Tochter eines Maschinisten aus der Avenue U, die bietet keinen Ausweg. Fick sie, fick sie ins Knie. Und ich wollte diese Typen genausowenig.

6. JUNI 1970, NACHMITTAGS

»Zieh die Rollos runter«, sagte er. Der Hund, Thor, fand einen Platz in der Ecke und ließ sich dumpf hinplumpsen. Sie machte sich am Fenster zu schaffen, während er sein Dope herausholte und einen Joint drehte. Er nahm einen tiefen Zug und gab ihn an sie weiter.

Sie kicherte. »Es ist zwei Uhr nachmittags.«

»Genau. Nimm einen tiefen Zug. Halt ihn in der Lunge.«

Lieber Gott, dachte sie. Lieber Gott, laß mich nicht husten. Er schritt durch ihr Ein-Zimmer-Appartement, untersuchte die Van Gogh-Drucke an der Wand und schaute ins Bücherregal. Was dachte er? Barry, Barry, Barry, sie war nie zuvor mit einem Barry zusammen gewesen. Sie hatte nie an Barrys gedacht, ein Barry war ihr nie in den Sinn gekommen, geschweige denn über ihre Türschwelle. Langsam mußte sie bekifft sein.

Er saß neben ihr auf dem Bett, ziemlich nahe. Das war merkwürdig. Vor einer Minute war er noch durch die Wohnung gelaufen. Wann hatte er sich hingesetzt? Sie mußte sehr bekifft sein.

»Und jetzt?« flüsterte sie.

12. JUNI 1970

Judith rannte den letzten Block hinunter. »Es tut mir leid.«

»Gottverdammt. Ich erinnere mich, daß ich dir nie an einer Straßenecke begegnen sollte.«

»Ich habe gesagt, es tut mir leid.« Judith wäre beinahe umgekehrt und zur Metro zurückgegangen. Wenn Carol den ganzen Abend mies gelaunt sein würde, könnte sie ihr auch nicht die großen Neuigkeiten erzählen. Die beiden jungen Frauen liefen zur Third Avenue Bar und bestellten Drinks, die sie in kleinen Schlucken tranken.

Zu Anfang hatte die Singleszene Spaß gemacht, nachdem sie und Carol einmal das schäbige Gefühl überwunden hatten, offensichtlich auf dem Fleischmarkt zu sein. Hier in dieser Bar hatte sie ein paar Verabredungen ergattert, genauer gesagt: einige Ficks. Einen davon mit einem Zahnarzt, der mit seiner Mutter in einem Reihenhaus in Queens lebte. Roter Klinker, Doppelhaushälfte. Würde sie jemals ihren Roman schreiben, käme der Zahnarzt darin vor, ganz sicher.

Im letzten Frühjahr waren Carol und sie zu den demokratischen Clubs auf der Upper West Side und in Chelsea gegangen. Zerschnittene Finger waren alles, was beim Eintüten der Flugblätter für einen Kongreßkandidaten in dem schäbigen Klubhaus herausgekommen war.

In den Bars war mehr los. Ein Karussell schneller Augenblicke. Hm, Nee, Möglich. So lange man nicht den Fehler machte, sich in den Blicken eines Lahmarsches zu verfangen, konnte man seine Selbstachtung behalten und hatte alle Möglichkeiten. Carol konnte wunderbar solche spotlightartigen, schamlosen Signale aussenden. Du, nein, du doch nicht! Ohne Carol Marks hätte sie niemals den Mut gehabt, an solche Orte zu gehen. Letzten Sommer, als sie diesen verrückten Charterflug nach London gemacht hatten, war es irre gewesen, Carol in eine Bar tänzeln und ein Gespräch beginnen zu sehen. Sie waren wirklich sehr unterschiedliche Menschen. Nachdem sie siebzehn Tage lang Hotelzimmer geteilt und alle Mahlzeiten gemeinsam gegessen hatten, grenzte es an ein Wunder, daß sie sich immer noch etwas zu sagen hatten, als sie nach Hause kamen. Es war schön, eine gute Freundin zu haben. Seit der High School hatte sie keine gehabt, so eine, mit der man tratschen und Jungens durchhecheln konnte. Entschuldigung, Männer. Jägerinnen auf Männerfang, so nannten sie sich. Aber wo waren die Männer?

»Seid aus Jersey, was?«

Ein Lahmarsch. Warum wollten einem die Lahmärsche immer die eigenen Fehler anhängen? Jersey! Machten sie so einen Eindruck auf diesen übergewichtigen feinen Trottel mit seinen Schweißperlen auf der Stirn?

Judith lieferte ihm ihre ›Erschrick-und-verpiß-dich‹-Nummer. »Wir sind ein weiblicher Rotary-Club aus Oklahoma, zu einem großen Kongreß in der Stadt.«

Carol schüttelte den Eiswürfel in ihrem Drink und unterdrückte einen Gluckser.

BB, Bevor Barry, hatte das Leben begonnen, wie eine lange Kette von Zahnärzten auszusehen, die mit ihren Müttern in geklinkerten Doppelhaushälften in Queens lebten. Nun folge der

Straße der roten Klinker. Du folgst der roten Klinkerstraße!

»Irgendwas Lohnendes?«

»Nee. Siehst du was?«

»Nee. Laß uns hier raus und einen Hamburger einschieben.«

Carol schlurfte den Rest ihres Drinks. Judith ließ fünfzig Cent Trinkgeld da.

Im Hamburger-Restaurant auf der Lexington Street lehnte sich Judith tief in die Kunststoffsitzecke zurück, während Carol ihr den wöchentlichen Bericht über diesen verheirateten Mann in ihrem Büro lieferte, einen Oberbuchhalter, der die Tür hinter sich schloß und sich von ihr einen blasen ließ, bevor er den 7:42 Uhr-Zug nach Syosset nahm. Gewöhnlich hörte Judith die unveränderlichen Details von Carols Geschichte gern. Das bestätigte ihre Meinung über die Möglichkeiten, verheiratete Männer ein- oder auszuspannen. Verheiratete Männer waren nie ihre Sache gewesen. Sie hatte immer an die Unberührbarkeit häuslichen Lebens geglaubt. Auch wenn sie jetzt eine nervöse Achtundzwanzigjährige war und für BB dahinschmolz. Sie konnte Carols Situation verstehen, aber für sie selbst kam so etwas nicht in Frage. Ohne Perspektive.

Carol trug ihre Lippencreme auf.

»Also, irgendwas Neues?«

Das war ihr Stichwort. Judith genoß diesen Moment in vollen Zügen.

»Ich habe einen Mann kennengelernt.« Die einfache Feststellung überwältigte sie. Für ihr Gefühl brauchte sie nichts weiter zu erklären.

»Ist er verheiratet?«

Judith gestand sich selbst ein kleines triumphierendes Schmunzeln zu.

»Ich sollte dir eigentlich gar nichts davon erzählen. Das wäre ein schlechtes Omen, bevor es überhaupt losgeht. Nein, er ist nicht verheiratet. Er heißt Barry Kantor, ist Anwalt und lebt allein mit einer riesigen Dänischen Dogge im Village.«

Sie konnte das Glücksgefühl kaum ertragen. Barry Kantor. Zum ersten Mal hatte sie seinen Namen vor einem anderen

Menschen laut ausgesprochen. Sie erwartete Nachfragen, aber Carol war still. Das Glück der einen Frau erinnert die andere an ihr Unglück. Und in diesem Moment war Judith die glücklichste Frau der Welt.

»Der beste Sex, den ich jemals gehabt habe.«

Carol guckte fast erleichtert.

»Ach so, ein Ficker.«

»Nein, kein Ficker. Ein wunderbarer Mensch.« Okay, wenn Carol es darauf anlegte: »Ein wunderbarer Mensch und ein hervorragender Mösenlecker.«

»Judith!«

»Nein, wirklich. Zwei Arme, zwei Beine, großartiger Lecker. Und alles andere auch. Ein jüdischer Anwalt. In der Bronx aufgewachsen, aber mit Manieren. Solo. Hatte ich das gesagt? Er ist Single. Ein Jahr älter als ich, neunundzwanzig. In weniger als zwei Minuten hatten wir herausbekommen, daß wir beide Einzelkinder sind.«

»Wo hast du ihn getroffen?«

Beinahe hätte sie es gesagt. ›Ich habe ihn letzten Samstagmorgen auf dem Markt in der Bank Street getroffen. Wir gingen zu mir und haben uns die Birne vollgekifft. Um zwei Uhr nachmittags.‹ Aber ein Warnzeichen blinkte in ihrem Kopf auf, und sie erfand schnell eine Notlüge.

»Eine Tante, die er in einem Verfahren vertreten hat, hat uns miteinander bekannt gemacht. Wirklich.«

Warum hatte sie Carol die kleine Lüge erzählt? Kein Zweifel, es war ein Relikt aus früheren, versnobten Zeiten. Leute wurden miteinander bekannt gemacht, man warb umeinander, heiratete und bekam Kinder. Liebe und Heirat. Wie sollte Barry Kantor in solch eine Vorstellung passen? Die Erinnerung an den letzten Samstagmorgen in ihrer Wohnung schoß ihr durch den Kopf: die Jalousien heruntergelassen, sie beide eng umschlungen auf dem indischen Teppich.

»Er hat mich in ein phantastisches italienisches Restaurant auf der Bleecker Street geführt.«

Jetzt trieb sie es auf die Spitze. Im nächsten Moment würde

sie über Vorspeise und Zabaglione herumfaseln. Würde Carol weniger beeindruckt sein, wenn sie ihr die Wahrheit darüber erzählte, wie sie Barry Kantor getroffen hatte? Eine junge Frau, die einem verheirateten Mann im Büro einen bläst, bevor er mit der Bahn in den Vorort fährt, ist nicht besser als eine junge Frau, die mit einem Fremden in ihrer Wohnung einen Joint raucht. Oder?

Aber Carols billige Affäre hatte nichts gemein mit ihrer eigenen großen neuen Liebe. Darum zog sie es vor, die anständige Version zu erzählen. Wenn sie fest mit Barry Kantor zusammen sein würde, dann könnten sie darüber lachen, wie sie sich kennengelernt hatten. Eines Tages könnten sie es vielleicht gar ihren Kindern erzählen.

JUDITH

Einmal, ich war vielleicht acht Jahre alt, verirrte ich mich auf dem Nachhauseweg von der Schule. Ich ging eine andere Straße als gewöhnlich, verlor die Richtung, und als ich die Avenue U zu finden versuchte, war sie nicht dort. Immer wieder bog ich um Straßenecken in der Gewißheit, Tookies Polsterei und das Jüdische Zentrum von New Parkway zu sehen, aber ich kannte keines der Häuser und Geschäfte. Es wurde dunkel. Ich setzte mich auf den Bürgersteig und begann zu weinen. Ein Mann kam vorbei und fragte, wo ich wohnte. Er brachte mich direkt nach Hause, bis zur Tür. Als ich oben ankam, fand ich Mama vollkommen aufgelöst vor. Hysterisch. Sie hatte die Polizei gerufen. Die suchte nach mir.

Ohrfeige. Wo warst du? Ohrfeige.

Ma, ich habe mich verlaufen.

Ohrfeige. Ich habe dir gesagt, du sollst sofort nach Hause kommen. Immer sofort nach Hause kommen. Ohrfeige. Mit wem hast du gespielt? Was haben sie mit dir gemacht?

Ich habe nicht gespielt. Hör auf, mich zu schlagen, Ma, ich habe mich verlaufen. Mein Lehrer hat mich gefunden und nach Hause gebracht.

Mamas Zorn ließ nach, als sie das magische Wort ›Lehrer‹ hörte. Das war der Moment, in dem ich lernte, daß eine Notlüge für ein kleines Mädchen viel bewirken kann.

JULI 1970

»Ich schreibe einen Roman«, sagte sie ihm. »Das ist es, was ich wirklich tue, zumindest an den Tagen, an denen ich keinen Vertretungsunterricht gebe. Ich dachte, du solltest das wissen für den Fall, daß du eine Abneigung gegen Schriftstellerinnen hast.«

Sie sah ihn kurz an. Sie schlenderten die Uferpromenade auf Coney Island entlang. Keiner der beiden war seit der High School auf Coney Island gewesen.

»Ich bin beeindruckt. Nichts hat mich je dazu gebracht, freiwillig vor einer Schreibmaschine zu sitzen, außer wenn ich eine Abschlußarbeit schreiben mußte. Und dann versuchte ich immer, jemanden zu finden, der mir das für ein paar Dollar machte. Willst du erzählen, worüber du schreibst?«

»Ich glaube nicht, daß ich es sagen sollte. Es gibt diese Theorie, daß man, wenn man darüber spricht, es nicht schreiben wird.«

»Wie du meinst. Ein Roman von Judith Winograd? Laß mich raten. Es geht um ein Mädchen aus Brooklyn, das die große Brücke nach Manhattan überquert, einen Job als Hilfslehrerin bekommt, um ihre Schreiberei zu finanzieren, und dann diesen Typen auf dem Markt in Greenwich Village kennenlernt – «

»Verdammt, Mensch, Barry Kantor.«

»War ich nahe dran?«

»Nein. Ja. Gut, es geht um eine junge Frau aus Brooklyn, die Lehrerin wird, aber es ist nicht autobiographisch. Ich meine, man muß über das schreiben, was man selbst kennt«, sagte sie unsicher.

»So wie in diesem fünfziger-Jahre-Kitscherfolg ›A Tree Grows in Brooklyn‹.«

»Die wurde keine Lehrerin. Sie arbeitete in einem Büro, aber du hast recht, sie schreibt weiter.«

»Wahnsinnige Erinnerung, hee?«

Er schwieg für eine Weile.

»Kannst du dich an die Szene erinnern, in der Francie und Neeley mit einem Weihnachtsbaum beworfen werden?«

»Barry, das war meine Lieblingsszene in dem ganzen Buch!«

»Oh ja, viele Leute liebten diese Szene.«

»Was hast du noch gelesen als Kind?«

»Du meinst, etwas, das mich wirklich beeindruckt hat? Laß mich einen Moment nachdenken.«

»Ich weiß, was du sagen wirst.«

»Was?«

»Fänger im Roggen.«

»Ich wollte ›The Amboy Dukes‹ sagen.«

»Oh«, rief sie, »das Buch habe ich verschlungen.«

»Klar. Noch ein Buch über Brooklyn.«

Sie kniff ihn aus Spaß in den Arm.

»Also, magst du die Vorstellung, daß ich Schriftstellerin bin?«

Er griff sie am Handgelenk und drehte ihr den Arm auf den Rücken. Es tat weh, aber sie wollte keinen Aufstand machen. Schließlich quiekte sie, und er ließ los.

»Okay«, sagte er, »das steht zur Wahl: eine Wurst bei Nathans oder einen Kartoffel-Knish bei Mrs. Stahl.«

»Glaubst du, daß es Mrs. Stahl noch gibt? Würdest du den Laden finden?«

»Wetten, daß?«

Er führte sie unbeirrt den Weg zurück, den sie gekommen waren. Auf der anderen Straßenseite, gegenüber vom Eingang der Hochbahn, fanden sie Mrs. Stahl. Er bestellte einen warmen Knish mit Kartoffeln und sie – einfach um anders zu sein – einen Knish mit Buchweizengrütze.

»Nächstes Mal«, sagte sie, während sie zuschaute, wie er ihren Knish aufaß, »machen wir es auf die feine Tour und gehen zu Lundy's. Ich lade dich ein.«

»Wohin?«

»Lundy's«, wiederholte sie. »Bist du nie bei F.W.I.L. Lundy's gewesen, benannt nach den vier Brüdern? Die Kellner waren alle hellhäutige Schwarze, wir nannten sie ›farbig‹. Wir gingen Sonntagsabends zum Dinner dorthin. Wir saßen im großen Speisesaal und aßen das Karpfenmenü. Aber richtig interessant war es in der Muschelbar, wo die Iren und Italiener Hummer und Weichmuscheln aßen. Bist du nie bei Lundy's gewesen? Oh, du armer, kleiner, vernachlässigter jüdischer Junge aus der Bronx.«

AUGUST 1970

Barry hatte eine Einzimmerwohnung am Waverly Place, nahe dem Washington Square Park. Eine tolle Errungenschaft in einem hübschen alten Sandsteingebäude, das noch dem Mietkontrollgesetz unterstand. Ursprünglich hatte die Wohnung einem Mandanten gehört. Judith war sich im unklaren über die genauen Umstände. Fragte sie Barry nach seinen Mandanten, wechselte er gewöhnlich das Thema. Er hatte diese Anwaltsattitüde von wegen Schweigepflicht. Da hatte er seine Prinzipien, und sie schätzte ihn dafür. Zunächst, so erzählte er ihr, hatte er einen langen Untermietvertrag gehabt und dann mit dem Vermieter eine neue Miete ohne Mieterhöhung ausgehandelt. Er war clever in solchen Sachen. Sie bezahlte für ihr zwanzig Quadratmeter großes Studio doppelt so viel wie er und bekam alle zwei Jahre eine Mieterhöhung.

New York. Manchmal meinte sie, sie wäre nicht zäh genug für diese Stadt, aber mit Barry fühlte sie sich, als könne sie zwei Stufen auf einmal nehmend das Empire State Building hinaufrennen.

Er war so praktisch. Er war der einzige Mann, den sie kannte, der sich in dieser Stadt einen Wagen hielt, einen niedlichen kleinen VW-Käfer. Sie war entzückt, wenn er in einer dieser Parkverbotszonen parkte, von denen sie nicht einmal gewußt hatte, daß es sie gab. Ein Freund in der Autozulassungsstelle hatte für ihn Journalisten-Nummernschilder ermogelt, so daß er wie ein ausländischer Diplomat seinen Käfer praktisch überall parken konnte. Sie konnte nicht einmal Auto fahren. Mädchen, die in Brooklyn aufgewachsen waren, konnten es gewöhnlich nicht, und selbst wenn sie es lernen würde, wußte sie, daß sie mit ihrem schlechten Orientierungssinn von einem Tag zum nächsten nicht mehr wüßte, wo sie den Wagen abgestellt hatte.

Barry kannte sich auch in der Metro besser aus als sie. Er würde ihr einen Metro-Eingang zeigen und sagen:

»Nimm den A-Zug zur Fifty-ninth, da erwischst du die Metro; und du sparst zehn Minuten.« Oder: »Nimm die Linie nach Flushing von der Forty-second Straße, das ist schneller als mit dem Zubringer.«

Er überlegte sich immer Abkürzungen. Wenn sie zu ihm kam, ließ er sie seinen Anzug auf dem Weg von der Reinigung abholen. Keine vergeudeten Bewegungen, keine wiederholten Anstrengungen – Effizienz hieß seine Devise. Sie würde das lernen müssen, wenn sie mit ihm Schritt halten wollte. Oh, was für einen Mann hatte sie sich da geangelt!

BB, Bevor Barry, war es anders. Sie war mit Jungens ausgegangen. Barry aber war ein Mann, ein Mann der sein Leben in die Hand nahm. Vielleicht würde er etwas Ordnung und eine Richtung in ihr Leben bringen.

SEPTEMBER 1970

Er erzählt ihr sein Leben. Treffen sie sich bei ihm, dann rauchen sie einen Joint, köpfen eine Flasche Wein, und Barry erzählt. Sie könnte ihm stundenlang zuhören:

Morris Avenue entsteht vor ihrem geistigen Auge. Abgesehen von den Hügeln könnte es genauso gut die Avenue U sein.

Der kleine Junge mit den glänzenden Rollschuhen.

»Ehrlich, Mami, ich hab sie ehrlich in einem Kampf gewonnen.«

»Erzähl das nicht deinem Vater. Der bringt dich um.«

Freitagabend kommt Mr. Kantor wegen des Sabbatts früher den Hügel der Morris Avenue hochgestapft. Barry rast den Hügel hinunter, er kann nicht anhalten. Er zischt auf Silberrädern an seinem Vater vorbei.

»Komm hierher, du kleiner ›Momser‹, du Bastard, wo hast du die Rollschuhe gestohlen? Ich schlag dich, ich prügel dich halbtot.«

Barry verkriecht sich unten im Treppenhaus. Er schleicht in den Heizungsraum und schläft neben dem Lastenaufzug. Er versteckt sich zwei Tage lang. Der Hausmeister bringt ihm ein Butterbrot. Die Nachbarn kommen und gehen, sie sehen ihn, aber sie sagen nichts. Sie genießen den Spaß. Der große Macher aus dem fünften Stock, dieser Buchhalter mit einer Superkarriere und weitreichenden politischen Verbindungen, der kann seinen meschugge gewordenen Sohn nicht unter Kontrolle halten.

Schließlich steckt ein Nachbar es dem Abe Kantor.

»Dein Sohn, diese geheiligte Plage, ist ganz nahe.«

Welch ein Gelächter im ganzen Haus, nur nicht im Appartement 5-C.

»Lily, hol mir den Gürtel.«

Am nächsten Tag läuft Mrs. Kantor mit Barry zum jüdischen Waisenhaus am Grand Concourse.

»Ich möchte ein Kind abliefern, es ist ungezogen.«

Barry schreit. »Mami, Mami, nimm mich mit nach Hause, ich werde artig sein.«

Mrs. Kantor läßt sich erweichen. Barry darf nach Hause gehen. Aber Woche für Woche geht sie mit ihm am Waisenhaus vorbei, um ihn daran zu erinnern, was mit unartigen Kindern passiert. Außerdem bringt sie ihn manchmal zu dem weißgestrichenen Gerichtsgebäude in der 161sten. Das passiert mit dir, wenn du älter bist, sagt sie ihm, denn hier enden alle jugendlichen Kriminellen.

10. OKTOBER 1970

Jede Geschichte, die Barry ihr über die Bronx erzählt hat, endet mit einem Ledergürtel oder einem Holzkleiderbügel.

»Was tat dir mehr weh?« fragt sie. Sie liegen im Bett.

»Was? Hör auf damit, Judith.«

»Nein, ich muß es wissen.«

»Der Gürtel tat mehr weh. Aber den Kleiderbügel habe ich jeden Tag zu spüren bekommen. Was tust du da, machst du Notizen für deinen Roman?«

»Barry!« Wie kann er denken, daß sie ihn nach Details ausfragt, um sie zu Papier zu bringen? Er weiß ja gar nicht, wie sie ist, er ist nie einer zuverlässigen Frau begegnet.

»Ich schreib nicht über dich, Barry.«

»Das solltest du auch besser nicht tun.« Er streckt sich und schaltet den Fernseher aus.

»Barry – «

»Schlaf jetzt, Judith. Wenn wir nicht um neun Uhr morgen früh am Bear Mountain sind, kannst du es vergessen.«

Ohne ein Wort zu sagen liegt sie zehn Minuten lang still da.

»Barry, hat irgend jemand, deine Mutter, die Nachbarn, irgendein Mensch, versucht einzugreifen?«

»Bist du immer noch wach?«

»Nach dem, was du mir erzählt hast, kann ich nicht schlafen.«

»Das ist vor langer Zeit passiert, Judith. Daran kannst du heute nichts mehr ändern.«

Er dreht sich weg von ihr, auf die andere Seite.

»Meine Mutter hatte panische Angst vor ihm, und die Nachbarn hatten alle Hände voll zu tun mit ihren eigenen Kindern.«

»Niemand hat versucht, ihn aufzuhalten?«

»Aufzuhalten?«

Die Frage scheint ihn nachdenklich zu machen.

»Warte, ja, meine Tante Rose.«

Tante Rose. Judith sucht ihre Erinnerung nach seinen Tanten, Onkeln und Cousins ab.

»Die Mutter deines Cousins Howie?«

Keine Antwort. Er schnarcht.

11. OKTOBER 1970

Judith betrachtete ihre neuen Sandalen. Sie waren mit Schlamm verschmiert, vollkommen hinüber. Er hatte ihr gesagt, wenn sie keine Wanderstiefel hätte, sollte sie Turnschuhe anziehen. Warum hatte sie beschlossen, daß dies der Tag sei, an dem sie ihre Unabhängigkeit beweisen würde? Die letzte Stunde war eine fürchterliche Wanderung bergauf gewesen. Wären sie an einem interessanten Ausblick vorbeigekommen, sie hätte es nicht bemerkt. Alles was sie hatte tun können, war einen Fuß vor den anderen setzen und versuchen, ihn nicht aus den Augen zu verlieren.

»Barry!«. Er drehte sich unwirsch um. »Ich muß Pause machen.«

»Ein paar Meilen weiter kommt ein Rastplatz.«

»Barry, ich muß jetzt Pause machen.«

»Ich warte weiter vorn auf dich.« Er war verschwunden.

Judith setzte sich auf einen Felsen und untersuchte ihren linken Hacken. Sie würde eine Blase bekommen, und die Lasche ihrer Sandale löste sich. Einige Meilen? Das würde sie nie durchhalten. Entnervt stand sie auf und schleppte sich vorwärts auf der Suche nach der bekannten Gestalt im karierten Hemd, die unter dem Gewicht des Rucksacks die Schultern nach vorn stemmte. Er trug die Wasserflasche, die Butterbrote, seine Kamera und ihren zweiten Pullover. Alles, was sie zu tragen hatte, war sie selbst. Los doch Judith, sagte sie grimmig zu sich selbst. Eins, zwei, eins, zwei, finde einen Rhythmus. Sie hatte ihm gesagt, sie liebe die Natur. Was für eine Lüge. Ein Blick auf ihre Sandalen hatte ihm genügt, um zu wissen, daß sie niemals zuvor Wandern gewesen war. Immerhin war sie tapfer, das sollte er ihr zugestehen.

Sie folgte einer Wegbiegung, und dort stand er.

»Warum hast du so lange gebraucht?«

»Barry!« Mit letzter Kraft lief sie auf ihn zu und schlang ihre Arme um seine Hüften.

»Ich dachte, ich hätte mich verlaufen.«

»Du kannst dich hier nicht verlaufen, Judith. Geh einfach den Markierungen nach.«

Nach der Rast wollte er weiterlaufen.

»Gib mir etwas Zeit«, sagte sie. »Ich brauche noch fünf Minuten.«

Er nahm seinen Rucksack ab und schleuderte ihn auf den Boden.

»Erzähl mir von deiner Tante Rose. Sie war die Mutter von Howie, richtig?«

»Mein Gott, Judith, du bist ja besessen, weißt du das? Du kannst es nicht lassen.«

»Ich möchte mehr über Tante Rose wissen.«

»Da gibt es nichts zu erzählen.« Er zündete sich einen Joint an.

»Laß uns einen Handel machen. Ich werde dir über meine Tante Evelyn erzählen.« Judith redete hastig. »Tante Evelyn war meine jungfräuliche Tante, die mit meiner Großmutter Winograd in Carnacie lebte. Sie war Verkäuferin bei Gimbels und machte mir hübsche Geschenke, aber sie kniff meine Backe immer so lange, bis es weh tat. Wenn mein Vater mich in ein Buch vertieft sah, ärgerte er mich, und sagte, daß ich wie Tante Evelyn würde, wenn ich nicht aufpaßte. Das hieß, ich würde unverheiratet bleiben.«

Es tat ihr leid, daß sie das gesagt hatte. Warum hatte sie vom Heiraten gesprochen?

»Vielleicht wirst du nicht heiraten.«

»Ja, vielleicht nicht.«

»Macht dir das angst?«

»Nichts macht mir angst, Barry, nicht einmal du.«

Er schaute sie spöttisch an, und sie blickte zu Boden. Sie hatte vor allem Angst, wem wollte sie etwas vormachen? Sie saß da und fühlte sich schutzlos. Was sie am meisten ängstigte, war diese tiefe, unerschöpfliche Quelle von Wut in ihr. Manchmal hatte sie die Angst, daß sie, wenn sie anfangen würde zu schreien, nie mehr aufhören könnte. Aber natürlich wußte er das. Er wußte alles über sie, ohne auch nur zu fragen.

»Tante Rose«, wiederholte sie.

»Okay. Sie hatte hübsches Haar. Die jüngere Schwester meiner Mutter. Jeden Samstagmorgen kam sie mit Howie zu uns. Mutter und sie saßen über Kaffee mit Kondensmilch zusammen und erzählten sich Geheimnisse. Bei Sachen, die wir nicht hören sollten, wechselten sie ins Jiddische. Zwei Frauen, die sich Geheimnisse erzählten. ›Geht spielen‹, sagten sie uns. ›Geht spielen.‹ Also spielten Howie und ich Fangen im Hausflur, und ich hab den kleinen Kerl fertiggemacht, wo ich nur konnte.«

»Und?«

»Und? Mein Vater kam nach Hause und hörte den Lärm. Dann kam er mit dem Holzkleiderbügel angerannt. ›Ich brech dir alle Knochen.‹ Ich versuchte, ihm auszuweichen, aber er war ziemlich schnell. Wenn er richtig loslegte, empörte sich Tante Rose. Sie schrie: ›Hör auf, Abe, du prügelst ihn ja zum Schwachsinnigen.‹«

»Ja?«

»Was ja? Howie wimmerte rum und versteckte sich in der Abstellkammer, Tante Rose und meine Mutter klammerten sich aneinander, um am Leben zu bleiben, und ich bekam den Rest meiner Dresche.«

»Das ist alles?«

»Ich hab dir doch gesagt, daß es nichts zu erzählen gibt.« Er schnallte sich den Rucksack auf den Rücken und lief den Pfad hinab.

JUDITH

Jiddisch stand gleichbedeutend für dreckige Witze, Flüche, Pointen und Spötteleien. Der Rest dieser lebhaften Sprache war, bevor wir zur Welt kamen, über Bord geworfen worden, als die Schwestern Leah und Rivka zu Lily und Rose wurden, und als in einem anderen Teil der Stadt meine Tante Yetta sich zu Evelyn machte und einen Job annahm, in dem sie bei Gimbels Damenunterwäsche zu durchschnittlichen Preisen verkaufte.

Aber zu Hause in der Familie, konnten die Dinge bleiben, wie sie waren. In der Bronx nannte Barrys Vater, wenn er den Gürtel herauszog, seinen Sohn ›momser‹, Bastard. Bei anderen Gelegenheiten nannte er ihn ›Shmendrik‹. ›Hey, Shmendrik‹. Darauf hörte Barry. ›Shmendrik‹ bedeutet glückloser kleiner Mistkerl ohne Grips, aber im Jiddischen klingt es noch verletzender. Eine andere Variante war ›Putz‹, genau übersetzt heißt das Penis. Es gibt auch den Ausruf ›Hey, Putz, zeig mir deinen Pimmel.‹ Ich bekam in Brooklyn, wenn ich Milch vergossen oder die Hosen naß gemacht hatte, eine geknallt mit der Bemerkung ›Ich hab dir in drerd.‹ Geh zur Hölle. Hatte ich etwas ganz besonders Schlimmes getan, etwa in Onkel Joes Auto gekotzt oder meine Buntstifte auf dem Teppich verschmiert oder – das war die Höhe, der Gipfel meiner Aufsässigkeit – wenn ich die Flasche mit den Nasentropfen hinter dem Sofa versteckt hatte, keifte sie: ›Aiii, livergut!‹ So habe ich es gehört. Livergut. Eine blutige, breiig schleimige und ekelerregende lilafarbene Masse aus Innereien. ›Aiii, livergut!‹ Ich. Die häßlichste Melodie meiner Kindheit war das, das Schicksal, das ich bekämpfte, die lebenslängliche Verurteilung, der ich widerstand. Ich lag dann neben der Heizung und heulte mir die Augen aus dem Kopf, während die peinigenden Silben in meinen Ohren hämmerten. ›Ich bin kein Livergut, ich bin keine Livergut. Ich werd's ihnen beweisen.‹

Eines Tages, als wir schon zusammenlebten, erzählte ich Barry von ›Livergut‹. Er kratzte sich am Kopf.

»Irgend etwas stimmt da nicht. Du hast es falsch verstanden.«

»Er ließ mich das Wort mehrere Male wiederholen. Ich flüsterte es und war beschämt. Plötzlich schnippte er mit den Fingern.

»›Lieber Gott!‹ Das hat sie gesagt: ›Aiii, lieber Gott.‹ Du hast es all die Jahre falsch verstanden.«

Wir waren, wie man sagt, eine verwirrte Generation.

»Du Jap, du Jüdisch-Amerikanisches Prinzeßchen«, sagte er unvermittelt.

Sie hatten miteinander geschlafen, lagen im Bett und teilten sich eine Zigarette.

»Du wartest darauf, daß ich dir den Aschenbecher hole.«

Sie schaute sich um und zog widerwillig ihre Finger aus einem Büschel seiner lockigen schwarzen Haare. Der Aschenbecher stand immer auf seinem Nachttisch. Nun, jetzt stand er nicht dort. Sie stieg aus dem Bett und lief auf der Suche nach einem Aschenbecher durch die Wohnung. Schließlich fand sie in der Küche eine Untertasse und brachte sie ihm.

»Das ist kein Aschenbecher, Judith.«

»Barry, ich hab keinen anderen Aschenbecher gesehen.«

»Wo hast du gesucht?« Er rannte ins Badezimmer und schlug die Tür hinter sich zu. Sie hörte das Wasser laufen. Seine Dusche.

Barry teilte seine verschiedenen Tagesabschnitte durch Duschen ein. Ihr gemeinsames Erlebnis im Bett wurde abgewaschen, er bereitete sich auf den nächsten Punkt der Tagesordnung vor. Abendessen. Sie fragte sich, ob sie dabeisein würde. Er hatte nichts von Abendessen gesagt, als er sie vor einigen Stunden angerufen und gefragt hatte, was sie machte. Was hatte sie gemacht? Natürlich auf seinen Anruf gewartet.

Sie war jetzt fünf Monate mit Barry Kantor zusammen und wußte immer noch nicht, woran sie eigentlich war. Sie konnten friedlich daliegen, sich mit Mund und Händen verständigen, ohne ein Wort zu sagen. Im nächsten Moment konnte er nervös aufspringen und wegen einer kleinen Regelübertretung, die ihr unwissentlich unterlaufen war, an ihr herummäkeln. Tief durchatmen, sagte sie sich, atme tief durch. Manchmal, wenn sie mit Barry zusammen war, vergaß sie zu atmen.

Er kam aus der Dusche, ein Handtuch um seine Hüften geschlungen. Mein Gott, ein Bild von einem Mann.

»Beeil dich«, sagte er und rubbelte sich den Kopf trocken. »Der Spaß ist vorbei. Ich hab einen Haufen Arbeit.«

Er deutete mit seinem Daumen auffordernd zum Badezimmer. Sie wurde entlassen. ›Nein, sie würde sich das nicht gefallen lassen.‹

»Irgendwann mußt du zu Abend essen, Barry. Das könntest du genauso gut mit mir tun.«

»Ich hol mir später was auf die Faust. Ich muß jetzt allein sein, Judith.«

Er kramte unruhig in einer Schublade mit Unterwäsche.

»Es wird nicht lange dauern.«

Er gab nach. »Okay, auf die Schnelle. Dann gehst du nach Hause.«

Er zog seine Hosen an und schnappte Thors Hundeleine.

Im Waffelladen auf der Eighth Street ließ er einen Schwall von Vorwürfen gegen sie ab.

»Du gibst mir das Gefühl, eingesperrt zu sein, Judith. Manchmal glaube ich, daß du all das bist, was ich in einer Frau suche, und dann bekommst du wieder diese versnobten jüdischen Allüren. Du bist eine Nörglerin und ein Dummerchen. Du erwartest von jedem, daß er hinter dir herräumt.«

»Das stimmt nicht. Das tue ich nicht.«

»Streite nicht mit mir herum. Du kaufst teure Kleider, und deine Wohnung ist ein Saustall.«

›Manchmal glaube ich, daß du all das bist, was ich in einer Frau suche.‹ Er hatte es tatsächlich gesagt, er hatte es gesagt. Er war so im Unrecht mit dem Vorwurf, sie sei ein Jüdisch-Amerikanisches Prinzeßchen. Das war schon aufgrund ihrer Herkunft falsch, und er wußte das. Es war einzig seine Angst vor einer festen Beziehung, weil mit der kalten Hexe, die er geheiratet hatte, als er in Fort Jackson stationiert gewesen war, alles schiefgegangen war.

»Ich dachte, du magst es, wie ich mich anziehe.«

Er wandte sich an die Kellnerin. Schon wieder wies er sie zurück. Judith ermahnte sich zu atmen.

»Ich dachte, dir gefällt, wie ich mich kleide, Barry.«

»Du nörgelst schon wieder an mir rum.«

Sie sah diesen Blick in seinen Augen, der sagte: ›Halt dich zurück.‹

Vor dem Restaurant band er den geduldigen Hund los und fütterte ihn mit einem von geschmolzener Eiskrem aufgeweichten Waffelstück.

»Ich werde dich im Lauf der Woche anrufen.«

Sie hatte verloren. Gut. Es war nur ein kleines Scharmützel gewesen; sie würde nicht davonrennen, das sollte er bald merken.

DEZEMBER 1970

Carol nimmt Judith in die Wohnung einer Freundin mit, wo sich eine Gruppe mit dem Namen ›Frauenbefreiungs-Bewegung‹ trifft. Acht Frauen in ihrem Alter sitzen in einem kärglich möblierten Wohnzimmer und reden über ihre Abtreibungen.

Judith starrt auf einen Fleck am Boden. Carol zupft an einem nicht vorhandenen Fussel auf der Sofalehne. Die beiden Freundinnen, sonst so gesprächig, wenn es um Sex geht, fallen auf mit ihrem Schweigen. Außerdem sind sie anders angezogen. Carol und Judith tragen Röcke.

Später fragt Carol ihre Freundin: »Wie fandst du es?«

Judith denkt nach.

»Ich glaube, das ist eine Horde von Lesben.«

Carol lacht. »Eine ziemlich blöde Art, neue Männer kennenzulernen.«

JUDITH

Als ich dreizehn war, brachte Mama mich zum Arzt. Ich hatte meine Periode noch nicht, und meine Brust war flach wie ein Pfannkuchen. Er sagte ihr, sie solle sich keine Sorgen machen, einige Mädchen entwickelten sich später als andere.

Ein Jahr später waren wir wieder in seiner Praxis. Mit der Menstruation hatte sich immer noch nichts getan, obwohl meine Brüste sichtbare Fortschritte gemacht hatten. Nicht so viel, daß es einen BH gerechtfertigt hätte, aber doch genug, um Doktor Juriansky mit Wonne daran rumkneten zu lassen, während ich auf dem Untersuchungsbett in mich zusammenkroch.

Also würde ich endlich doch wie ein weibliches Wesen aussehen.

Als ich siebzehn war, gab es eine Fehlanzeige. Eines Abends zog ich meinen Schlüpfer aus und sah einen herrlichen roten Fleck.

»Sie ist da, sie ist da!« Ich lief in Mamis Schlafzimmer und wedelte mit meiner weiß-roten Fahne. Wir umarmten uns, eines der wenigen Male ...

Es tut weh, daran zu denken.

Wir umarmten uns. Ich kann mich an keinen glücklicheren Moment in Mamas Wohnung erinnern. Ihre Judy war normal. Ich war kein Schwindel und kein Reinfall. Ich war so wie alle anderen, nur hatte ich etwas länger dazu gebraucht.

Am nächsten Tag setzte die Blutung aus.

Okay, man nennt das unregelmäßigen Eisprung. Heute weiß ich, daß viele Frauen das haben. Eine Unterproduktion der Schilddrüse oder so etwas. Ich bekam Medikamente, und alles funktionierte prima, aber trotzdem begann ich mich zu fragen, was mit mir nicht stimmte, warum ich nicht wie alle anderen war. Nachdem ich Barry kennengelernt hatte, hörte ich auf, darüber nachzudenken, ob ich schwanger werden könnte oder nicht, weil er mir sagte, daß ihm das gleich ist.

Barry ist außer meinen Eltern der einzige Mensch, der mein Geheimnis kennt.

JANUAR 1971

Shelley List und ihre drei achtjährigen Helfer klebten einen großen Bogen weißen Papiers an die Rückwand des Klassenzimmers. Heute würde sie mit den Drittklässlern ein Wandgemälde beginnen.

Die Kunstlehrerin verteilte die Schachteln mit Plakatfarben

und die Bürsten. Roberto, ihren Liebling, schickte sie los, einige Becher am Trinkbrunnen im Korridor mit Wasser zu füllen. Dann teilte sie die Klasse in Fünfergruppen auf und ließ sie mit der Arbeit beginnen.

»Okay Kinder«, verkündete sie, »wir werden ein großes Landschaftsbild von New York im Winter malen. Malt alles, was ihr wollt, auch Wörter meinetwegen und habt keine Scheu, euch alles mögliche auszudenken.«

Wandbilder waren immer ein Renner. Die Kinder ließen sich ganz auf das Bild ein, und man wußte nie, was sie sich einfallen lassen würden. Sie ging zufrieden an der Wand auf und ab, während Bäume und Gebäude deutliche Formen annahmen. Ob sich Michelangelo so gefühlt hat? fragte sie sich.

»Miss List, die rote Farbe fehlt.«

»Miss List, ich kann auch keine rote Farbe finden.«

Shelley fluchte leise. »Roberto«, sagte sie, »geh nach nebenan zum Raum 108 und frag Mrs. Mandel, ob sie dir bitte aus ihrem Schrank den Farbenkarton leihen könnte.«

Sie setzte ihre Besichtigung fort, ermunterte die eine Gruppe und gab der anderen Ratschläge. Roberto brauchte eine Ewigkeit für seinen Besorgungsgang. Was war heute mit ihm los?

»Miss List, ohne Rot kann ich nicht weitermachen.«

»Versuch es mit Orange, mein Schatz.«

»Nein, das geht nicht, das würde mein Bild kaputtmachen.«

Roberto kam verstört und mit leeren Händen zurück. »Ich bin nicht reingekommen.«

»Was meinst du damit?«

»Die Tür ist abgeschlossen oder so etwas. Ich kam nicht rein.«

Shelley glaubte ihm nicht, aber es war nicht der richtige Moment, ihren Ärger zu zeigen. Sie übergab Roberto die Klassenaufsicht und verließ den Raum, um der Sache auf den Grund zu gehen.

Die Tür von 108 schien verriegelt zu sein, und der Lärm, der von drinnen kam, konnte nur eines bedeuten. Die Klasse war außer Kontrolle.

»Aufmachen da drinnen. Ihr bekommt alle einen Verweis.« Sie schlug so lange gegen die Tür, bis geöffnet wurde.

Dreißig kichernde Kinder liefen schreiend wie Indianer durch den Raum, Radiergummis und Papierkügelchen flogen durch die Luft.

»Hört sofort auf damit. Alle an ihre Plätze, ich gebe euch drei Sekunden. Eins ... zwei ... du da – mach das Fenster zu!« Shelley bellte ihre Befehle, die keinen Zweifel daran zuließen, wie ernst es ihr war. Plötzlich sah sie die Vertretungslehrerin wie versteinert an ihrem Tisch sitzen.

»Warum haben Sie das nicht unterbunden?« zischte sie.

»Ich wußte nicht, wie«, flüsterte die Frau.

Am gleichen Nachmittag erzählte Shelley den Vorfall im Lehrerzimmer.

»Wie zum Teufel heißt die Frau, die heute die Vertretung für Mandel gemacht hat? Ich mußte die Tür aufbrechen, und es herrschte das absolute Chaos. Sie sitzt da in ihrem langen Rock und Stiefeln, einen Schal um ihre schicke weiße Bluse gewickelt. Wie gelähmt. Die Kinder hatten sie als Geisel genommen.«

»Oh, Winograd, du meinst wohl Judy Winograd.«

»Sie gehört nicht in solch eine Schule.«

»Ich bin sicher, sie würde dir zustimmen, aber was können wir machen?«

JUDITH

Irgendwo fand er eine Kama Sutra-Tafel, eins von diesen Dingern, die fünfzig verschiedene Stellungen zeigen – die meisten so ungewöhnlich verdreht, daß ich mir überhaupt nicht vorstellen konnte, wie zwei Menschen so noch ineinander kommen, geschweige denn es in dieser Stellung aushalten können, selbst wenn sie Yogameister wären. Aber er war begeistert und sagte, er wolle 1971 alle fünfzig Stellungen ausprobieren. Das sei sein Vorsatz für das Neue Jahr. Er klemmte die Tafel als Ratgeber neben dem Bett an die Wand.

Ich bin so unglaublich orgastisch mit ihm, daß es ganz gleich ist, wie er mich dreht oder was er macht. Er hat irgend etwas ganz tief in mir ausgelöst, etwas befreit, von dem ich gar nicht wußte, daß es das gab. Vielleicht liegt es auch am Dope, ich weiß nicht. Bevor wir bumsen, kiffen wir uns zu, das heißt, ich kiffe mich zu. An ihm bemerke ich nie eine Veränderung. Ich denke, vielleicht ist das auch ein Grund, warum wir beide so scharf aufeinander sind. Er ist cool und losgelöst, und ich bin wie eine weiche Masse.

»Leg dein rechtes Bein über meine linke Schulter.«

»So?«

»Jaaa. Jetzt mußt du herumreichen und mit der rechten Hand meine Eier packen.«

»So?«

Egal wie, es kommt mir immer und immer wieder.

»Stell dich gegen die Wand, mit dem Gesicht zu mir. Nein, Gesicht zur Wand. So ist es besser. Wie ist das?«

Es war so schön, ich konnte nicht einmal antworten.

»Jetzt leg dich auf die Erde und klemm die Beine hinter deinen Kopf.«

»Ich kann nicht atmen.«

»Halt die Klappe und mach es.«

Auch so hatte ich einen Orgasmus.

»Weißt du was?« sagte er eines Abends. »Ich brauch dich nur anzugucken, und schon hebst du ab. Dir kommt's so schnell, das ist gar keine Herausforderung. Liebling, du solltest ins Buch der Rekorde eingehen.«

FEBRUAR 1971

Barry und Judith fuhren die Strecke nach Stowe praktisch ohne Unterbrechung, während die meiste Zeit ein Basketballspiel aus dem Autoradio tönte. Sie waren spät losgekommen, weil im Skiverleih geschlampt worden war. Eine unerträgliche Dreiviertelstunde lang hatte sie geglaubt, sie würden überhaupt nicht fahren können, weil der Laden keine Stiefel in Barrys Größe hatte. Nach drei Stunden Fahrt bat sie ihn, an einem Rastplatz anzuhalten, aber er wollte seinen Schwung ausnutzen. Judith versuchte über die nächsten fünfzig Meilen, nur nicht an ihre Blase zu denken. Sie glaubte schon, sie würde platzen, als er sagte, es sei Zeit zum Tanken. Er war wie ein Besessener auf der Straße, vollkommen rücksichtslos.

»Der einzige Weg dorthin zu kommen, ist dort anzukommen«, murmelte er und kurbelte auf der Suche nach Spielergebnissen an den Radioknöpfen herum.

Die Wegbeschreibung zur Skihütte war sehr genau. Seine Freunde schliefen schon, als sie ankamen, aber auf dem Küchentisch lag eine Nachricht in Druckbuchstaben: »Haut euch im Wohnzimmer hin. Das braune Sofa läßt sich zum Doppelbett machen. Wir sehen uns auf der Piste. Roger und Sue.«

Erschöpft schliefen sie ein.

Alle Leute aus dem Haus waren schon unterwegs, als die beiden aufwachten. Nur Roger war zurückgeblieben, um sie einzuweisen. Keiner der beiden war je zuvor Ski gelaufen. Barry zog seine alten Jeans und eine Daunenweste an. Er lachte, als Judith in einem hellblauen Skianzug, den sie bei Saks gekauft hatte, aus dem Badezimmer kam.

Roger brachte sie zu einem Anfängerhügel und zeigte ihnen die Grundbewegungen. Es war schwer für Judith, die Stöcke und die Skier zu koordinieren. Dauernd fiel sie hin. Als sie zum zehnten Mal den Schnee abbürstete und sich nach Barry umschaute, fuhr er gerade einen kleinen Hügel hinunter, geradeso, als sei er schon immer Ski gelaufen.

Nach dem Mittagessen in der Skihütte gingen die drei zurück zum Anfängerhügel. Judith merkte, daß Barry von ihr enttäuscht war. Roger sagte, sie solle Schneepflug üben, er würde Barry zum Tellerlift mitnehmen. Als die beiden nach einer Stunde zurückkamen, grinste Barry und atmete schwer.

»Mensch, der ist ein Naturtalent«, rief Roger begeistert.

»Hör zu Judith«, sagte Barry und atmete kleine weiße Wolken aus. »Wir werden den Sessellift probieren. Roger meint, ich könnte schon eine Abfahrt riskieren. Wir kommen in ein paar Stunden zu dir zurück.«

Sie fühlte sich verstoßen.

Abends im Quartier wurde sie den anderen vorgestellt. Beim Essen kreisten die Gespräche um Liftgebühren und Wartezeiten und darum, als was für ein Naturtalent sich Barry Kantor entpuppt hatte.

Am nächsten Morgen quetschten sie sich zu sechst in ein Auto. Mit einem freundlichen Winken wurde sie am Anfängerhügel abgesetzt. Sue schlug ihr vor, einen Skilehrer zu mieten, Skiasse gab es genug.

»Ist es okay, wenn du heute zum Mittagessen allein bist?« fragte Barry.

Natürlich sagte sie ja.

Judith übte ihren Schneepflug; Skispitzen zusammen, Enden auseinander, bis sie sich mutig genug fühlte, den Tellerlift auszuprobieren. Sie stand in der Schlange, und jedesmal, wenn sie an die Reihe kam und das Tau griff, glitt es ihr aus den Händen, so daß sie auf den Hintern fiel. Sie fühlte sich erniedrigt, als die Leute hinter ihr schrien:

»Hey, aus dem Weg da!«

Bei ihrem vierten Versuch hörte sie eine Stimme hinter sich sagen: »Kann ich helfen?«

Der Kerl schlang seine Arme um sie und brachte sie so den Hügel hinauf. Den Rest des Nachmittags lief er mit ihr Ski, und einmal gelang es ihr sogar, sich allein am Tellerlift festzuhalten.

»Du hast nicht viel Kraft in den Händen«, sagte er.

»Aber das wird noch kommen.«

Er hieß Skip Anderson und war Student an der Universität von Vermont. Ein wirklich netter Junge, dem es Spaß machte, solchen Skihäschen freien Unterricht zu geben. Skihäschen trugen modische Schneeanzüge und hatten keinen blassen Schimmer vom Skilaufen. Ja klar, sie war ein Skihäschen.

Sie übte gerade Abbremsen mit Skip, entspannte sich und begann, dieses Wochenende zum ersten Mal zu genießen, als sie Barry und Roger sah. Sie winkte ihnen fröhlich zu und erklärte Skip, daß dies die Leute seien, mit denen sie gekommen war. Er nickte und fuhr mit einem »Wir sehen uns auf der Piste« davon.

Als sie zum Haus zurückkamen, sagte Barry: »Judith, komm nach draußen. Ich will dich etwas fragen.«

Sie standen einander gegenüber und schauten einander an. Seine Stimme klang bedrückt.

»Wer war der Kerl, dem du heute schöne Augen gemacht hast?«

»Welcher Kerl? Du meinst den Studenten, der mir beim Tellerlift geholfen hat – «

Ohne Warnung ohrfeigte er sie brutal links und rechts.

»Tu mir das nie wieder an«, sagte er.

»Barry – «

Ihre Ohren dröhnten. Sie schluckte schwer.

»Du hast mich absichtlich vor meinen Freunden zum Narren gemacht, Judith.«

Er hob die Hand, um sie wieder zu schlagen. Sie schaute ihn entgeistert mit geöffnetem Mund an. Tränen brannten in ihren Augen.

»Barry, du verstehst nicht. Ich liebe dich.«

Er drehte auf dem Absatz um und ging ins Haus zurück.

Einige Minuten später folgte sie ihm.

Barry war ungewöhnlich gesprächig beim Abendessen, aber Judith blieb still.

Ihr Auto war das erste, das sich auf den langen Weg zurück in die Stadt machte.

»Eine Maus«, sagte Sue zu Roger, als sie ihm mit dem Skigepäckträger half. »Barry hat sich eine kleine graue Maus zugelegt. Was meinst du, wie lange das dauert?«

JUDITH

Er ist in einer fürchterlichen emotionalen Krise. Nur zwei oder drei Menschen wissen davon, denn er läßt absolut nichts raus. Das einzige, was ich tun kann, ist abzuwarten. Letzten Monat mußte Thor, seine schöne Dänische Dogge, ins Tierheim gebracht werden, und vor zwei Wochen starb sein Vater. Ich hatte nie die Gelegenheit, Mr. Kantor kennenzulernen, aber ich weiß, daß es einmal einen fürchterlichen Skandal gab, als Barry noch in der High School war. Irgendeine Geschichte, die vom Alkoholmonopolamt untersucht wurde. Die Politiker aus der Bronx wuschen ihre Hände in Unschuld und ließen Abe Kantor alles auf seine Kappe nehmen. Barrys Vater wanderte nicht in den Knast, aber es gab eine Anhörung und eine Verwarnung, und er war seine Zulassung als Wirtschaftsprüfer los.

Letzte Nacht habe ich Barry zum zweiten Mal in die Luft gehen sehen. Er hatte all die Vorbereitungen für die Beerdigung seines Vaters getroffen und viel Zeit mit seiner Mutter verbracht. Aber er hatte dabei keine Gefühle hochkommen lassen. Ich wollte ihm dabei helfen. Auf dem Nachhauseweg aus einem Restaurant liefen wir die West Fourth Street hinunter, und ich sagte, ohne daß ich flappsig wirken wollte:

»Es gibt auch die Möglichkeit, daß der Tod eines Elternteils eine Befreiung sein kann, so eine Art letzter Schritt zum Erwachsenwerden.«

Er nahm mich bei den Schultern und stieß mich. Ich fiel nach hinten und schlug mit dem Kopf gegen eine Mauer.

Wir standen da und rangen um Atem, als hätten wir beide ein Ungeheuer gesehen. Ich begann zu zittern. Mein Hinterkopf schmerzte, aber das war egal. Viel wichtiger war diese intensive Verbindung zwischen uns. Ich fühlte mich so wach, so lebendig.

»Judith, rede nie wieder in solch einem Ton über meinen Vater«, sagte er, »wenn du nicht willst, daß ich aus deinem Leben verschwinde.«

Ich hatte etwas Schlimmes getan. Ich hatte nicht genügend Respekt für seinen Vater gezeigt. Aber er hatte mir diese grausamen Geschichten erzählt über die Prügel mit dem Ledergürtel! Ich hatte nicht begriffen, daß er den alten Mann auch liebte.

Er hat meinen Kopf nicht absichtlich gegen die Mauer geschlagen. Es war ein Unfall. Wir haben uns mißverstanden, so wie an dem Wochenende in Stowe, als er dachte, ich würde auf der Piste herumflirten.

Dieser Mann ist so unglaublich fürsorglich, so unwahrscheinlich sensibel.

Diese neugierigen New Yorker! Da war eine Frau, die ihren Hund ausführte. Sie muß die ganze Geschichte gesehen haben, denn sie stand wie angewurzelt drei Meter entfernt auf dem Bürgersteig.

»Lady, was glotzen Sie so?« sagte ich. Sie machte sich schnell davon. Gut. Das war meine Art, Barry zu zeigen, daß ich ihm an dem, was vorgefallen war, keine Schuld gab.

Da ist so vieles, das ich nicht begreife an Barry, aber eines verstehe ich ganz genau: Wir haben uns verbunden. Ich habe ihn berührt. Und ich werde ihn nicht aus meinem Leben gehen lassen. Niemals.

MÄRZ 1971

Kathy Novawicki Norton, eine der Frauen, die mit in der Skihütte gewesen waren, rief Roger an, um ihn nach Barry Kantor zu fragen.

Roger lachte.

»Er gehört zu der Art von Leuten, die billigen Scotch in eine Chivas Regal Flasche umfüllen, wenn sie zu einer Buddelparty eingeladen sind.«

»Ach Roger, das haben wir alle irgendwann einmal gemacht.«

»Im Moment bin ich ziemlich sauer auf ihn. Sues Freundin Doris wollte an dem Wochenende auch nach Stowe kommen, und ich gab Sue den Tip, sie solle Barry anrufen, um eine Mitfahrgelegenheit zu organisieren. Er sagte ihr, daß das für ihre Freundin zwanzig Dollar extra kosten würde. Also kam Doris nicht. Sue hat eine Stinkwut auf mich.«

»Ist er ein guter Anwalt? Darum geht's mir.«

»Oh, als Anwalt meinst du. Ja klar. Sicher. Er hat sein Examen an der New York University gemacht.«

»Ich will mich von Ron scheiden lassen. Auf die sanfte Art, aber schon mit endgültiger Absicht. Das Leben mit einem Praktikanten bei Sloan-Kettering ist nicht gerade aufregend, vielleicht fange ich wieder als Model an.«

»Mist, tut mir leid, das zu hören. Wie lange wart ihr zusammen, ein Jahr? Ich hab ihn ja nur einmal getroffen, aber er schien ein netter Kerl zu sein. Ja, Barry hat solche Ehegeschichten schon gemacht, wenn du danach fragst. Ich dachte, du hättest ein persönliches Interesse an ihm.«

Kathy kam pünktlich um drei Uhr in Barry Kantors Büro an.

»Hey, hast du den Menschen gesehen, der gerade rausgegangen ist?« fragte er. »Ein erstklassiger Fälscher, einer der Besten in dem Geschäft.«

Er machte viel Aufhebens, seine Sekretärin anzuklingeln, damit sie Kaffee brachte, obwohl Kathy sagte, sie habe gerade zu Mittag gegessen und wolle nichts haben.

Sie schaute flüchtig auf die schmuddeligen ockerfarbenen Wände, die dringend einen neuen Anstrich nötig hatten.

»Ich hätte nach dem Studium in eine Kanzlei downtown eintreten können«, erzählte er ihr, »aber wer kann schon diese Snobs ertragen mit ihren kunstholzgetäfelten Bürowänden und dicken Teppichböden? Ich verdiene doppelt soviel wie ein Sozius im dritten Jahr in einer dieser Firmen.« Er öffnete die Schublade mit den Unterlagen seiner Mandanten und zeigte ihr die Namen auf den Akten. Sie nickte höflich.

»Zuverlässig«, sagte er, »ich bin sehr verbindlich«, und zwinkerte sie schnell durch seine Brillengläser an. Sie starrte auf die unbekannten Namen und war sich nicht sicher, worauf er hinauswollte.

Nachdem der Kaffee gebracht worden war, nahm er eine Akte heraus und bat sie um eine Auflistung von Rons Besitztümern. Sie erwähnte den Mercedes, die Eigentumswohnung am Sutton Place, ein Hochzeitsgeschenk seiner Eltern, und das Aktienpaket, das sein Vater für ihn angelegt hatte, mit den einträglichen IBM-Papieren, die er nicht anrühren sollte, und den Xerox-Aktien, die Kopfzerbrechen bereiteten. Barrys Augen fingen an zu strahlen. Er beauftragte sie, die Höhe ihrer gemeinsamen Ersparnisse herauszufinden und das Konto zu überprüfen, ehe Ron ihr zuvorkäme.

»Voraussetzung ist, daß ich ein Drittel deiner Anteile bekomme. Wir werden ihn schön in die Mangel nehmen.«

Kathy sagte, sie wolle darüber nachdenken. Sie wollte eine Trennung auf die sanfte Art, keine Kriegserklärung.

Kantor schickte ihr eine Rechnung über zweihundert Dollar für die erste Beratung. Kathy wollte eigentlich nicht bezahlen, aber sie hatte keine Lust, in unbedeutenden Gerichtsverfahren aufgerieben zu werden. Also, was sollte es. Sie hatte eben eine neue Erfahrung gemacht.

Später, als sie bei einem anderen Anwalt war, fand sie heraus, daß gewöhnlich nach Stunden abgerechnet wird.

Sie und Ron beschlossen, es noch ein weiteres Jahr miteinander zu probieren. Alles, was es sie gekostet hatte, waren die zweihundert Dollar für Kantor und sechzig für den anderen Anwalt. Sie sagte sich, daß sie noch einmal günstig davongekommen war.

APRIL 1971

Judith trug in ihr Tagebuch eine Liste von Barrys Stärken und Schwächen ein. Unter ›Schwächen‹ schrieb sie:

›Brille. Sehr eitel, wenn es darum geht, sie zu tragen. Weigert sich aber, Kontaktlinsen auszuprobieren. MUSS MIT IHM LOSGEHEN, UM EINE DESIGNERBRILLE ZU KAUFEN. Schildpatt?‹

Sie kicherte und machte eine andere Eintragung:

›Zähne. Wahrscheinlich vererbt. Haßt es, zum Zahnarzt zu gehen. Wer tut das nicht?‹

Nach reiflicher Überlegung formulierte sie ihre dritte Eintragung:

›Jähzorn. Großes ungelöstes Problem aus der Kindheit – muß rausfinden, was in der Militärzeit passiert ist – greift gerne das System an, um sich zu rächen. Siehe Stärken.‹

Nach dem Abschluß der Rubrik ›Barry‹ schrieb sie eine Rubrik ›Judith‹. Unter ›Stärken‹ vermerkte sie:

›Schöne Augen.

Gute Zähne.

Ruhig (einigermaßen).‹

Unter ›Schwächen‹ schrieb sie zunächst ›Siehe an anderen Stellen in diesem Tagebuch‹, strich es dann durch und schrieb ›Barry Kantor‹.

Sie schloß das Buch.

3. MAI 1971

Barry machte im Wohnzimmer Platz für ihren Schreibtisch und den Schreibmaschinenschrank. Er sagte, sie könne die Bücher und die Kleider im Schlafzimmer abstellen, dort, wo er seine Umzugskartons stehen hatte. Die beiden schleppten den ganzen Samstag und Sonntag Judiths Sachen. Er war so zuvorkommend. Natürlich war es einleuchtend. Sie bezahlte noch die Miete für ihr Studio in der Perry Street, aber sie war seit Ewigkeiten nicht mehr dort gewesen, außer, um Sachen abzuholen. Sie mußte zugeben, daß es eine fürchterliche Geldverschwendung war, eine zweite Wohnung zu haben. Sie hatten es nie direkt gesagt, aber sie lebten zusammen. Der freie Platz im Wandschrank war lächerlich klein, also blieben die meisten ihrer Sachen in Einkaufstüten, aber das störte sie nicht. Das Hauptproblem war, daß sie einen Ort brauchte, wo sie an den wertvollen freien Tagen, an denen sie keine Unterrichtsvertretung machte, an ihrem Roman arbeiten konnte. Aber das Problem war jetzt gelöst.

Carol, von der Judith allmählich dachte, daß sie doch keine so gute Freundin war, meinte, daß die neue Wohnungssituation keine gute Lösung sei.

»Warum sollte er dich heiraten, wenn er sowieso schon mit dir zusammenlebt?«

»Gott, Carol, du hörst dich an wie meine Mutter.«

Sie schwatzten am Telefon. Das hatten sie eine ganze Weile nicht getan. Sie wollte in Kontakt bleiben mit Carol, über ihre neuesten Affären und all das auf dem laufenden gehalten werden, aber neuerdings hatte sie nicht mehr so viel Zeit.

»Also, was wirst du deiner Mutter erzählen?«

»Nun, sie weiß offenbar, daß etwas im Busche ist. Ich bin nie in der Perry Street, wenn sie dort anruft. Hör mal, sie bewundert ihn. Er weiß, wie man kleine alte jüdische Ladies um den Finger wickelt. Er hört sich an wie ein Talmud-Schüler, wenn er mit ihr redet, die Art, wie er dieses Kleiner-Junge-Lächeln aufsetzt und mit seinen langen Wimpern pliert, das ist zum Schreien.«

»Was immer du tun wirst, gibt deine Wohnung nicht auf! Das ist dein Trumpf in der Hinterhand.«

»Carol, ich spiel doch nicht Poker. Ich lebe mit einem Mann, den ich zufällig liebe. Es gibt etwas, das nennt man Verbindlichkeit, und genau die haben wir. Wir brauchen keinen Ehering. Schau dich mal um, wieviele Menschen in unserer Umgebung sich abkapseln. Wenn du das nicht einsiehst, warum gibst du dann nicht wenigtens zu, daß du eine hoffnungslose Hinterwäldlerin bist?«

Das Gespräch begann sie zu langweilen. Judith schaute auf ihre Uhr. Der Abend war halb vorbei, und sie war immer noch nicht an die Schreibmaschine gekommen. Barry würde bald zu Hause sein, und sie hatte sich geschworen, einige Seiten geschrieben zu haben, die sie ihm zeigen könnte. Carol war eine Nulpe. Woher hatte sie das Wort ›Nulpe‹? Oh, wahrscheinlich von Barry, das konnte abfärben, wenn sie es häufiger gehört hatte. Sie hielt den Hörer von ihrem Ohr weg und griff in die Schublade nach einer Schachtel Zigaretten. Die Vorstellung, eine wirklich gute Feundin zu haben, der man alles erzählen konnte, gefiel ihr, aber in Wirklichkeit zog sie die Gesellschaft von Männern vor. Das war schon immer so.

»Aha – hm.«

Carol redete immer noch. Gut. Wenn sie ab und zu mit einem angemessenen Aha – hm reagierte, würde es Carol gar nicht auffallen, daß sie schon abgeschaltet hatte.

Blablablabla, eine vollkommene Nulpe. Sie sollte Carol in ihrem Roman verarbeiten. Nein, besser sofort eine Kurzgeschichte daraus machen. Titel ›eine vollkommene Nulpe.‹ Hört sich an wie ein Stück aus dem ›New Yorker Magazine‹, nicht wahr? ›Eine vollkommene Nulpe‹ von Judith Winograd. Oder vielleicht nur ›Die Nulpe‹ von J. Winograd. Heutzutage war Minimalismus angesagt. Sie könnte es im Stil von Dorothy Parker schreiben. Sie müßte sich einen Rekorder nehmen und einen von Carols Monologen Wort für Wort aufzeichnen. Lediglich ihre eigenen Aha's und Hm's herausnehmen. Nein, die Aha's und Hm's besser drin lassen. Das würde das Schriftbild etwas auflockern.

»Ach, hör mal, Carol. Muß weitermachen. Barry kommt bald nach Hause, und ich muß noch einige Dinge erledigen.«

Endlich erlöst. Sie schaute auf die Uhr. Dreiundzwanzig Uhr. Wo blieb er?

JUNI 1971

Als sie Schritte die Treppen herunterkommen hörte, öffnete Mrs. Laemmerle ihre Tür.

»Oh, Sie sind es«, sagte sie. »Ich dachte, es wäre vielleicht die kleine Neue in ihrem Stockwerk.«

Marianna nickte knapp und versuchte an ihr vorbeizukommen, aber Mrs. Laemmerle war nicht die Art von Frau, die man gleichgültig beiseite schieben konnte, nicht einmal, wenn man zu spät zur Arbeit kommen würde.

»Wissen Sie, ob sie Wino-, Wino – irgendwas heißt? Ohne meine Brille kann ich wirklich nicht lesen. Dies steckte in meinem Briefkasten, aber ich glaube, es ist für sie. Von Lord & Taylor. Sieht man den Umschlag, weiß man schon, daß es eine Rechnung ist.«

Marianna blickte rasch auf den Brief, dann auf Mrs. Laemmerle, die in ihrem geblümten Hausmantel durchaus zu einem längeren Gespräch aufgelegt zu sein schien. Woher zum Teufel soll ich wissen, für wen dieser Brief ist, dachte sie verärgert, und warum muß diese Wichtigtuerin immer ihre Tür aufmachen, wenn sie ein Knarren auf der Treppe hört?

»Geben Sie ihn dem Briefträger zurück, Mrs. Laemmerle. Ich würde es so machen.«

Sie warf ihre blonde Mähne nach hinten, und bevor Mrs. Laemmerle noch etwas sagen konnte, war sie schon durch die Eingangstür draußen.

Marianna Buchanan hatte die ganze Busfahrt über schlechte Laune. Wenn Freunde sich bewundernd über ihre reizende Wohnung in solch einer ruhigen, grünen Straße im Village äußerten, entgegnete Marianna eilig, daß es durchaus Nachteile habe, in einem renovierten Sandsteingebäude zu wohnen. Nachteile, an die sie, bevor sie aus dem Gebäude mit Türsteher und Fahrstuhl an der Upper East Side hierher gezogen war, nie gedacht hatte. Der Kamin nahm fast eine ganze Wand ihres Wohnzimmers ein und wurde an den kältesten Wintertagen nicht warm genug. Der teilzeitbeschäftigte Hausmeister wohnte zwei Blocks entfernt und war an Wochenenden nie zu erreichen. Und dann war da noch Mrs. Laemmerle, die im Erdgeschoß wohnte und sich wie eine Conçierge benahm.

Nun hatte sich ihr Nachbar also jemanden in die Wohnung geholt. Darum wahrscheinlich der Lärm, den sie letzten Monat im Treppenhaus gehört hatte, gerade bevor sie nach Virginia fuhr. Möbel wurden hereingetragen. War es bei ihm nicht schon eng genug? Um genau zu sein, war sie nie zur Besichtigung in seine Wohnung eingeladen gewesen und er nicht in ihre. Als sie in das Haus einzog, hatte sie einen lächerlichen Treppenhausflirt mit Barry Kantor gehabt. Nachdem sie halbherzig eine Verabredung zum Abendessen getroffen hatten, mußte sie einen Tag vorher absagen, weil sie einen Auftrag außerhalb der Stadt zu erledigen hatte. Er schien nicht die Absicht zu haben, eine neue Verabredung zu machen. Die gelegentlichen Plaudereien hatten aufgehört, als die Frauen, die im Appartment 3-A ein- und ausgingen, anfingen, Marianna zu nerven. Eines seiner Flittchen hatte doch tatsächlich um zwei Uhr morgens bei ihr geklingelt, um in das Haus zu kommen.

Marianna beschloß, nicht mehr an ihre Nachbarn am Waverly Place zu denken, statt dessen begann sie, sich auf den vor ihr liegenden Arbeitstag zu konzentrieren. Versuchen, das Interview mit Balanchine zu verabreden. Die Werbeleute überzeugen, daß der Bericht über das neue Ballett ohne einige Töne vom großen Meister und einige Bilder von ihm mit Farrell nicht auskommt. Prüfen, was die Leute in der Dokumentation über diese Hungersnot in der Appalachen-Geschichte herausbekommen haben. Die Chefredaktion bitten, daß sie die Reportage über die Panthers machen kann, weil ihre Kontakte in Oakland viel besser sind, als die des Büros in San Francisco.

Alles in allem, dachte Marianna, war es ein gutes Jahr. Sie hatte die Hoffnung aufgegeben, Moderatorin zu werden. All das Geld für die Sprachschule, die etwas Lebendigkeit in ihren einfachen Mittelwest-Akzent hatte bringen sollen, war vergeudet. Aber sie hatte der Chefredaktion bewiesen, daß sie eine verdammt gute Produzentin vor Ort sein konnte. Ihre Karriere hatte einen kräftigen Sprung nach vorn gemacht. Natürlich hatte die Frauenquotierung in der Fernsehanstalt einiges bewirkt, aber was sie wirklich nach vorn gebracht hatte, war die Sendereihe über Ehefrauen von Kongressabgeordneten, die sie ohne Hilfe des Washingtoner Büros gemacht hatte. Sie hatte es vom Lokalsender zum nationalen Fernsehen gebracht. In einigen Jahren würde sie hochbrisante Dokumentationen machen oder Korrespondentin in Paris sein.

SEPTEMBER 1971

Mr. und Mrs. Winograd stiegen mit der Keksdose, die sie bei Sutters besorgt hatten, die drei Stockwerke hinauf. Auf dem Treppenabsatz hielt Judiths Mutter an, legt die Hand aufs Herz und sammelte sich, bevor sie sprach.

»Mir fällt auf, daß er nicht einmal deinen Namen an die Tür geschrieben hat.«

Die Eröffnungssalve, schon abgefeuert, bevor sie die Wohnung betreten hatte. Ohne es zu wollen, zog Judith ihre Schultern ein. Ihre Eltern konnten innerhalb von zwei Sekunden eine fürchterliche Situation schaffen und den Schutzmantel von Judiths Nervenkostüm reißen. Wenn sie nicht aufpaßte, würden sie, noch bevor Barry nach Hause kam, aufeinander einbrüllen. Er hatte diesen Morgen eine kleine blaue Tablette, zehn Milligramm Valium, auf dem Nachttisch liegen lassen. Zur Sicherheit, hatte er gesagt. Bisher hatte sie nie mehr als fünf Milligramm genommen.

»Das ist wegen des Vermieters, Ma. Barry wird ihm einen Brief schreiben, nachdem er im November den neuen Mietvertrag unterzeichnet hat.«

»November.« Ihre Mutter seufzte. »So etwas hatte ich nicht erwartet, wenn ich meine Tochter in ihrem ..., ihrem neuen Zuhause sehen würde.« Sie würgte an dem ›Zuhause‹.

Judith erinnerte sich, daß die Mutter genau diesen mißbilligenden Unterton in der Stimme gehabt hatte, als sie zum ersten Mal in die Perry Street kam. ›So etwas habe ich nicht erwartet.‹ Was zum Teufel erwartete sie? Eine Hochzeit in einer Festhalle am Kings Highway, mit ihren Cousins aus Cleveland, die sie ihren Lebtag nicht gesehen hatte? Ihre Mutter würde ihr nie verzeihen, daß sie ihren Cousins aus Cleveland die große Chance genommen hatte, nach New York zu kommen.

»Von außen ein schönes Haus«, warf ihr Vater, der Friedensstifter, ein. »Sehr solide. Ich hatte es mir schlimmer vorgestellt. Was für Menschen leben in solch einem Haus, Judith?«

Er sprach ihren Namen ›Juditt‹ aus. Sie war fast dreißig, und es trieb sie immer noch zur Verzweiflung, daß sie ihr einen Namen gegeben hatten, dem seine Zunge nicht gewachsen war.

»Schwule und Perverse, Daddy, meinst du das?«

»Iih.«

Er bemerkte die ironische Antwort nicht, aber ihre ausgebuffte Mutter ließ so etwas nicht durchgehen.

»Sie nimmt uns auf den Arm, Max. Unsere weltgewandte Tochter denkt, daß ihre Eltern ein paar Ignoranten sind, weil wir uns nicht so vornehm ausdrücken wie sie. Wir sind nicht von gestern, mein Kind. Ich sage immer, wie man sich bettet, so schläft man. Eines Tages, wenn es bereits zu spät ist, wirst du bemerken, daß wir nur dein Bestes wollten.«

Judith ließ ihre Mutter im Wohnzimmer stehen. Sollte sie ihre Predigten den vier Wänden und dem Kamin halten. Sie lief den Flur entlang, ihrem Vater nach, der gerade die Glastüren zum Schlafzimmer aufdrückte. Ihr Schrank von Fibber McGee. Der Rest der Wohnung war tadellos aufgeräumt. Welcher Urinstinkt ließ ihn direkt auf die Stelle zulaufen, an die sie und Barry ihren Plunder warfen?

Ermutigt durch ihre Mutter, steigerte sich ihr Vater in eine dramatische Pose.

»So läßt du einen Anwalt seine Bücher und seine Kleidung aufbewahren? Einen Anwalt?« Er schüttelte den Kopf.

»Das sind zufällig meine Bücher, Daddy.«

Er hörte es nicht. »Das ist vielleicht eine Wirtschaft hier. Von deiner Mutter hast du das nicht.«

Bemerkenswert, daß sie allein Schuld an dem unaufgeräumten Zimmer haben sollte. Ihr Vater hatte immer noch diesen aus Europa mitgebrachten Respekt vor Akademikern. Sie waren ein besonderer Menschenschlag, der sich nicht mit jemandem wie ihm und seinesgleichen abgab. Die Besten. Wenn die Tochter von Max Winograd sich durch einen eigenartigen Zufall mit einem der zukünftigen Besten eingelassen hatte, dann konnte er sich ausmalen, daß diese Beziehung in einem Fiasko enden würde. Die unheilverkündenden Anzeichen hatte er schon gewittert.

Also hatte sie ihn wieder enttäuscht, oder besser, seine Zweifel bestätigt. Sie war sich nie sicher, was schlimmer war: die ständigen schroffen Herabwürdigungen ihrer Mutter oder die eingefleischte Miesmacherei ihres Vaters – oder war das ein und dasselbe?

Ihre Mutter hatte in der Küche die Dose geöffnet und legte die Kekse auf einen Teller.

»Muuuutter, vor dem Abendessen? Ich habe einen Tisch im Coach House reserviert.«

Ihre Mutter machte dem Vater, der mit blödem Gesichtsausdruck dastand, ein Zeichen.

»Max hat ein Sandwich gegessen, bevor wir kamen.«

»Warum, warum? Ich habe euch gesagt, daß wir alle zum Abendessen ausgehen, wenn Barry nach Hause kommt.« Sie merkte, wie ihre Stimme schriller wurde.

»Max hat es vergessen.«

»Mach dir keine Gedanken um mich, Judith. Ich werde einen Teller Suppe und Brot essen.«

»Ich kann es nicht glauben. Ich glaub es einfach nicht.« Sie schrie. »Das habt ihr absichtlich gemacht!«

Sie blickten Judith verständnislos an. Diese Wutausbrüche, plötzliche Eruptionen. Ihre Tochter. Peinlich berührt standen die Eltern da.

Judith hörte den Schlüssel im Schloß. »Barry.«

Sie raste zur Tür und küßte ihn heftig auf den Mund. Er schaute an ihr vorbei und wußte, was los war.

»Goldie, Max. Gut seht ihr aus! Seid ihr schon lange hier? Ich werde schnell duschen und gleich fertig sein. Judith hat im besten Restaurant im Village vorbestellt. Hat sie euch das gesagt?«

Ihre Eltern strahlten ihn an. Der Erlöser war gekommen.

JUNI 1972 - OKTOBER 1973

Judith trat einer Autorenwerkstatt bei, die sich einmal wöchentlich auf der Lower East Side traf. Zuerst hatte sie keine Lust dazu gehabt, aber Barry hatte ihr geraten, es zu versuchen. Vielleicht könnte sie so ihre Schreibhemmung überwinden.

Diese Treffen genoß sie, teils Gruppenberatung, teils gegenseitige Kritik. Aber vor dem Abend, an dem sie aus ihren laufenden Arbeiten lesen mußte, fürchtete sie sich. Als es dann soweit war, geriet sie in Panik und ging nicht hin. Zum Glück rief die Gruppe sie zu Hause an, und rang ihr das Versprechen ab, daß sie in der nächsten Woche wieder kommen würde. Der wahre Grund für ihre Panik war, daß sie keine Arbeiten vorzuzeigen hatte. Nachdem sie den Sechziger-Jahre-Klassiker ›Up the down Staircase‹ gelesen hatte, schrieb sie an ihrem Roman über die Lehrerin nicht weiter. Und die Kurzgeschichten, die sie begonnen und an denen sie, bevor sie Barry kennenlernte, unregelmäßig gearbeitet hatte, erschienen ihr, als sie sie noch einmal las, so dünn, daß sie sie wegschmiß. Das einzige, was sie in den letzten anderthalb Jahren geschrieben hatte, waren gelegentliche Eintragungen in ihrem Tagebuch.

Die Gruppe einigte sich darauf, daß sie sechs Monate bleiben konnte, auch wenn sie nichts lesen würde. Dann sollte noch einmal über Judith beraten werden. Zur Gruppe gehörten vier Männer, die regelmäßig kamen, und drei gelegentliche Besucher. Unter ihnen war eine rothaarige Frau, die Judith auf den ersten Blick mißfiel: Sie kam in Latzhosen und verteilte Flugblätter für Gedichtlesungen und Antikriegsdemonstrationen.

Judith mied die Lyriklesungen, ging aber mit Barry zu einer der Demos. Das war eine große Sache unten in der Whitehall Street, mit Barrikaden und berittener Polizei. Aber es gefiel ihnen nicht. Barry war so spontan und ungestüm, daß sie beide befürchteten, er könnte irgendwann verhaftet werden, und das war kein Ruhmesblatt für einen Anwalt.

Die Gruppe war geteilter Meinung über Judith. Sollte man sie ernst nehmen oder nicht? Die meisten glaubten es nicht, aber Larry und Mark waren sich einig, daß hinter Judiths sprödem Äußeren, das sie beide anmachte, ein zerbrechlicher, verletzbarer Kern verborgen war.

»Das liegt am Augen-Make-up«, spottete Pam, die Frau in Latzhosen. Larry und Mark wünschten sich insgeheim, daß Pam mal wieder Augen-Make-up benutzen würde, aber so etwas sagte man nicht mehr zu jungen Frauen. Die würden glatt ausflippen. Die Wut junger Frauen in diesen Tagen war erstaunlich.

Art Houseman, der an einer sich über vier Generationen erstreckenden Familien-Saga schrieb und der immer etwas Vorzeigbares mit in die Gruppe brachte, meinte, Judith beeinträchtige die Qualität der Treffen. Aber er gestand ein, daß sie eine gute Zuhörerin war, die, wenn er seine Sachen vorlas, an den richtigen Stellen lachte. Er war mit Larry und Mark einer Meinung, daß sie keine Emanze war.

»Vielleicht ist das ihr Problem. Wenn sie nach Gesellschaft sucht, sollte sie in eine Selbsterfahrungsgruppe gehen. Aber das ist nicht unser Anliegen.«

Bob Rothman, der ein Theaterstück über Vietnam schrieb und donnerstags zu einem Straßentheaterkollektiv ging, glaubte, daß Judith an demselben Problem litt wie viele Autorinnen.

»Sie bekommen keine Chance, Erfahrungen zu machen. Bei allen wichtigen Ereignissen in der Geschichte, bei allen weltbewegenden Abenteuern sind sie außen vor. Trotzdem behaupte ich nicht, daß sie nicht das Zeug zur Autorin hätte«, sagte er zu Art.

»Vielleicht täuscht sie uns. Grace Paley überraschte viele Leute aus der Antikriegsbewegung, die sie nur von den Demos kannten. Ich meine, zack, plötzlich erschien sie im ›New Yorker Magazine‹. Talente entpuppen sich auf unterschiedlichen Wegen. Geht es in unserer Gruppe nicht gerade darum?«

Larry nickte. »Ja. Ich hatte einen Freund in Cornell, der gemeinsam mit Nabokov in einem Seminar saß, bevor der Lolita schrieb. Der Freund hatte keine Ahnung, daß der Mensch Literat war.«

Der Gedanke munterte sie auf. Nicht jeder war solch ein Durchstarter wie Hemingway und Mailer.

Eines Abends fragte Bob, ob Judith jemals daran gedacht habe, ein Kinderbuch zu schreiben. Hatte sie nicht.

»Ich bin mit einem Lektor bei Scholastic befreundet«, erzählte er ihr. »Die sind immer auf der Suche nach neuen Talenten, das ist ein riesiger Markt. Natürlich beuten sie die Autoren bei Kinderbüchern auf erschreckende Weise aus, die Honorare sind ein Witz, aber es ist eine Art, sich ein regelmäßiges Einkommen zu schaffen. Du bringst ihnen was Interessantes, die Bücher werden neu aufgelegt, und wenn du eine schnelle Schreiberin bist, kannst du über die Jahre eine Art Garantiesumme aushandeln.«

»Ich bin keine schnelle Schreiberin. Ich hadere mit jedem Satz, so als würde ich ihn in Stein eingravieren.«

»Nun, geh es doch mal von dieser Seite an: In Kinderbüchern sind die Sätze kurz, und man muß auch nicht so viele Worte schreiben.«

»Ich werde drüber nachdenken«, lachte sie. Sie wußte, daß er ihr helfen wollte, aber sie fühlte sich auch etwas erniedrigt, so als nähme er ihre Absichten weniger ernst als die der anderen. Sie mußte einfach ihren ganzen Mut zusammennehmen und etwas, das sie geschrieben hatte, mit in die Gruppe bringen, selbst wenn es nur Auszüge aus ihrem Tagebuch waren, ein paar zusammenhanglose Seiten. Dann würden sie die Art von Schreibe sehen, zu der sie fähig war.

Es würde sich alles wie von selbst regeln, sobald sie ihr Thema gefunden hatte. Wie hieß das Pirandello-Stück? »Sechs Personen suchen einen Autor«. Sie war eine Autorin, die nach sechs Charakteren, einem äußeren Rahmen und einer Grundidee suchte. Nichts war wirklich falsch, es fehlten eben nur ein paar Stücke. Sie mochte Bob sehr. Sie war sich nicht sicher, nahm aber an, daß er schwul sei. Für sie war das in Ordnung. Sie fühlte sich mit schwulen Männern wohl. Mit ihm könnte sie über Barry reden.

Vielleicht.

Bob ließ nicht locker. Sie teilten sich einen Joint und hörten sich in ihrer Wohnung – Barry war verreist – das neue Stones-Album an.

»Ich meine es ernst, Judy. Bist du erstmal veröffentlicht, hast du deine Hemmungen überwunden. Das ging mir auch so, als die ›Voice‹ meinen Artikel über das Straßentheaterkollektiv druckte.«

Er stand auf, um die Platte umzudrehen.

Judith stürzte auf den Plattenspieler zu. »Bitte, laß mich das machen, er mag es nicht, wenn Leute an seine Anlage gehen.«

Sie hatte sich etwas zu hastig bewegt. Bob schaute sie komisch an.

»Er hat letzten Monat erst das System ausgewechselt. Du weißt, wie komisch Männer mit ihrem Technikkram sind.«

»Ja, schlimm. Besitzerstolz. Großer bürgerlicher Makel.«

Sie ließen sich mit der Musik treiben, ziellos. Reden war nicht nötig. Schließlich sah sich Bob auf dem Sofa um.

»Mensch, Barry hat das beste Marihuana in der Stadt, was?«

»Hm. Besitzerstolz.«

Sie kicherten. Bob war ihr Freund. Sie schuldete ihm eine Erklärung, aber bekifft war das nicht einfach. Sie konzentrierte sich und machte einen Versuch.

»Staub. Er hat's mit Staub.«

»Mit Staub?«

»Staub auf der Anlage.«

Wieder kicherten sie. War es das, was sie sagen wollte? Was hatte sie sagen wollen? Etwas über Angst. Sie fröstelte.

»Ich will nicht das Thema wechseln, oder besser gesagt, laß uns über das von vorhin reden.«

Sie brauchte einen Moment, um seinem Gedankensprung zu folgen. Ach ja, das Thema.

»Bob, ich arbeite den ganzen Tag mit Kindern. In der verbleibenden Zeit will ich nichts damit zu tun haben.«

»Genau das ist der Punkt. Du weißt, was ein Kind bewältigen kann. Du bist im Vorteil.«

Bei der Vorstellung, sie könnte besser sein als andere, krampfte sich etwas in ihr zusammen.

JANUAR 1974

Sie wurde von den Besuchen in der Bronx ausgeschlossen. Barrys Mutter wohnte immer noch in der alten Wohnung in der Morris Avenue. Nichts konnte sie dazu bringen, umzuziehen und Barry fuhr einmal im Monat hinauf, um mit ihr zu Abend zu essen. Nach der Beerdigung seines Vaters hatte sie ihn einige Male begleitet, aber Mrs. Kantor war so ablehnend ihr gegenüber gewesen, daß sie und Barry meinten, es sei besser, wenn sie wegbliebe.

Seine Mutter, erzählte Barry, wischte immer noch jeden Tag in seinem alten Zimmer Staub. Ihr Haar war weiß geworden, die Augen machten nicht mehr richtig mit, aber sie ließ immer noch gern einen Schwall von Flüchen los, über den schlechten Stör bei Daitch, über die Verrückte von nebenan und darüber, wie Morris Avenue sich veränderte, jetzt wo die ›shvartzes‹, die Schwarzen, einzogen.

Barry im Haus seiner Mutter zu erleben war wie eine Offenbarung gewesen. Die Wohnung war dunkel und düster, ohne Grün, abgesehen von einem schlaffen Gummibaum auf der Fensterbank. Es war schwer zu glauben, daß diese kränkelnde, in ihr Korsett verschnürte Person in schwarzem Kleid und schwarzen Strumpfhosen sich früher in genau diesem Zimmer auf den Boden gekauert hatte, während ihr Mann einen hölzernen Kleiderbügel als verlängerten rechten Arm benutzte.

Offensichtlich hatte sie diese Zeiten vergessen.

»Solch ein guter Junge«, hatte sie zu Judith gesagt. »Der Stolz seines Vaters.«

Als Judith den dunklen Flur zur Toilette entlang ging, hatte seine Mutter etwas in Jiddisch gesagt, das Judith nicht verstand. Aber was dann kam, war laut und deutlich.

»Bekommst du bei ihr warme Mahlzeiten?«

Judith war wütend, ließ sich aber nicht anmerken, daß sie es gehört hatte.

Für sie war es in Ordnung, das Barry es vorzog, seinen Pflichten als Sohn nachzukommen, ohne sie einzubeziehen. Aber er kam jedesmal so mürrisch aus der Bronx zurück, daß Judith wünschte, seine Mutter würde endlich wieder heiraten und nach Miami ziehen. Barry hatte ihr mehrfach angeboten, er würde ihr jederzeit eine Eigentumswohnung bezahlen, aber die alte Lady schien sich nicht ändern zu wollen.

14. FEBRUAR 1974

Carol und ihr neuer Typ, Jonathan, waren bei der zweiten Flasche Wein, als es endlich klingelte.

»Ich bin es, Judith. Ich komme rauf, aber ich bin allein.«

»Merkwürdig«, murmelte Carol.

»Sind das unsere Gäste?« fragte Jonathan vom Sofa. »Nicht, daß ich die Hoffnung hätte, wir kämen heute nochmal zum Essen. Heute fällt das Abendessen wahrscheinlich aus.«

»Einer der Gäste. Nur Judith.« Sie ging zur Tür und versuchte, ihren Ärger zu unterdrücken.

Judith kam herein und fuhr sich mit den Fingern durch ihr zerzaustes Haar.

»Carol, es tut mir leid. Es tut mir wirklich leid. Barry mußte noch arbeiten. Er ist immer noch im Büro.«

»Hättest du nicht anrufen können? Du bist zwei Stunden zu spät.«

»Wirklich? Ich wußte nicht, wie spät es ist. Barry dachte eigentlich, daß er es schaffen würde.«

»Wie konntest du mir das antun, Judith?«

»Okay, ich gehe. Es tut mir leid, daß ich überhaupt gekommen bin.«

Sie sah so mitleiderregend aus, daß Jonathan einlenkte.

»Leg deinen Mantel ab, Judith. Schön, daß du da bist. Carol hat zu früh mit der Paella begonnen, das ist alles.« Er legte seine Arme um Carol und streichelte ihre Hüften. »Bring es einfach herein, Liebling, es wird toll sein.«

Unter lautem Türenknallen verschwand Carol in der Küche. Judith sah aus, als würde sie jeden Moment davonrennen.

»Hey, ihr, seid vernünftig«, sagte Jonathan. »Ich bin hungrig.«

Judith zog eine Flasche Wein aus ihrer Einkaufstasche und stellte sie auf den Tisch.

»Schön, daß du bleibst. Ich bin Jonathan Altman. Carols Zukünftiger.«

Sie aßen die ausgetrocknete Paella bei Kerzenlicht. Judith

registrierte mit Schadenfeude, daß Carol alle Register eines bürgerlichen Lebensstils gezogen hatte. Die silbernen Kerzenständer ihrer Mutter und die weiße Damasttischdecke stammten wahrscheinlich aus der Kiste mit ihrer Aussteuer.

Carol war wirklich sehr durchschnittlich. Wenn man es richtig betrachtete, hatten sie nichts gemeinsam. Das war also ihr ›Zukünftiger‹. Er hatte das tatsächlich so gesagt. Gott, wie die Menschen sich selbst etwas vormachen konnten. In sechs Monaten würde er nicht mehr da sein. Sie kannte Carols Art.

»Carol sagt, du bist Lehrerin, Judith.«

»Ich? Gut, ich arbeite für die Schulbehörde in New York, aber damit identifiziere ich mich nicht.«

Sie goß sich Wein nach. Warum hatte sie nicht eine Zigarette mit Barrys Dope mitgebracht? Die hätte sie jetzt im Klo rauchen können.

»Wie definierst du dich selbst?«

»Nun, jedenfalls nicht als Vertretungslehrerin. Ich bin Autorin.«

Immer wenn sie Leuten das erzählte, trat betretenes Schweigen ein. Komisch, du siehst nicht aus wie eine Schriftstellerin. Mach mal halb lang, Schätzchen, wir wollten alle mal Schriftsteller werden, aber die meisten von uns sind erwachsen geworden. Hast du etwas geschrieben, das ich gelesen haben könnte?

Jonathan setzte zu einer Frage an.

»Hast du etwas geschrieben, das ich gelesen haben könnte?«

Die immerwährende Preisfrage. Warum mußten alle Arschlöcher dieser Welt diese Frage stellen? Sie würde das beim nächsten Treffen ihrer Gruppe zur Sprache bringen.

Carol sprang ein.

»Ich kann nichts Unbedeutendes daran finden, Lehrerin zu sein. Das ist gesellschaftlich nützlicher als das, was ich tue.«

»Das ist ja so nett von dir«, erwiderte Judith mit eisigem Blick, »aber diesen Hilfslehrerjob sehe ich nicht als die Hauptsache in meinem Leben an.«

Um ihren Worten Nachdruck zu verleihen, gestikulierte sie heftig und stieß dabei ihr Weinglas um. Für einen Moment beobachteten die drei wie gelähmt, wie sich der feuchte Fleck auf dem Tischtuch ausbreitete.

»Keine Sorge. Weißwein macht keine Flecken.«

Jonathan tupfte den verschütteten Wein mit seiner Stoffserviette auf.

Wie idiotisch, das Glas umzuwerfen. Sie war so zittrig in letzter Zeit.

Carol kam mit einer Eistorte, auf der ein dickes, klebriges Herz prangte, aus der Küche zurück.

»Tatah! Einen schönen Valentinstag, meine Lieben. Ich hab sie selbst gemacht.«

Jonathan applaudierte. Judith gelang ein schwaches Lächeln. Sobald sie einen angemessenen Abgang finden konnte, verabschiedete sie sich. Carol wickelte ihr ein Stück von der Torte ein, sie sollte es für Barry mit nach Hause nehmen.

»Ich fand, deine Freundin war etwas abweisend«, sagte Jonathan, als er das Geschirr abräumte.

»Etwas abweisend? Sie war so unverschämt zu dir, daß ich es kaum glauben konnte. Und alles, was sie sagte, drehte sich um Barry.«

»Glaubst du, sie hat das gar nicht mitbekommen, als ich gesagt habe, daß ich dein Zukünftiger bin?« Sie waren auf dem Weg ins Schlafzimmer, und er schmuste mit der Nase in ihrem Nacken.

»Ich habe keine Ahnung, was sie mitbekommen hat und was nicht, und ich bin mir auch nicht sicher, ob sie noch meine Freundin ist. Ich habe den Verdacht, daß Miss Judith Winograd es nicht einmal auffallen würde, wenn ich sie nicht mehr anriefe. Würde ich vom Erdboden verschwinden, dann würde sie das nicht interessieren.«

»Wie ist Barry?«

»El Misterioso meinst du, den Superanwalt? Ich habe ihn nie kennengelernt. Jedesmal wenn wir zusammenkommen sollen, ist er nicht in der Stadt oder arbeitet länger. Ich glaube, sie möchte nicht, daß ich ihn kennenlerne. Zunächst dachte ich, sie hätte

Angst, ich würde ihn ihr ausspannen. Weißt du, Freundinnen sind so, ich meine, Frauen. Wir müssen jetzt Frauen sagen.«

»Du bist jetzt meine Frau.«

»Süß. Aber ich fange an zu glauben, daß etwas anderes dahintersteckt. Judith denkt, daß ich zu gewöhnlich bin für seine Ansprüche.«

»Vielleicht gibt es ihn gar nicht.«

»Oh doch, er existiert. Ich habe die Zeichen gesehen. Die Kratzer. Er gehört zu der Sorte Mann, die gern ihren Stempel hinterläßt.«

Sie knipste das Licht aus.

»Jeder nach seinem Geschmack«, murmelte Jonathan, während er nach ihrer Brust tastete.

Als Judith nach Hause kam, lag Barry im dunklen Schlafzimmer vor dem Fernseher und rauchte einen Joint.

»Warum hast du so lange gebraucht? Du hast einen phantastischen Streifen verpaßt.«

Sie hatte seine Begeisterung für Fernsehen nie verstehen können. Der Kasten lief mittlerweile ununterbrochen, mit leisem Ton oder stumm, so lange bis etwas erschien, das Barrys Aufmerksamkeit erregte. Der Fernseher lief, wenn sie abends einschliefen und wenn sie morgens aufwachten. Anfangs, als er das riesige neue Gerät gerade erst nach Hause gebracht hatte, hatte sie noch die Programmzeitschrift durchgeguckt und die Sendungen angestrichen, die sie vielleicht zusammen sehen wollten. Aber nichts von dem, was sie auswählte, fand er gut, also gab sie es auf. Ihr kam eine Sendung vor wie die nächste, und Barry war am angenehmsten, wenn er sich von einem alten Spielfilm berieseln ließ. So wie jetzt. Sonst würde er an den Knöpfen drehen, rückwärts und vorwärts, rückwärts, vorwärts. Und schlechter Stimmung sein.

»Ich glaube nicht, daß ich Carol wiedersehen werde.«

»Gut.«

»Alle beide, sie und ihr Freund, haben nach dir gefragt.«

»Ich habe dir gesagt, du sollst ihnen erzählen, daß ich arbeite.«

»Habe ich. Sie hatte am Dinnertisch für dich mitgedeckt.« Ohne daß das von ihr beabsichtigt gewesen war, hatte es nach einem Vorwurf geklungen. Dabei wollte sie nur über ihren unerträglichen Abend berichten. Judith schaute Barry kurz an. Tief versunken guckte er sich einen Carson-Monolog an. Vielleicht hatte er gar nichts gehört. Sie seufzte vor Erleichterung und kletterte ins Bett.

»Hast du die Wohnungstür verriegelt?«

Ein Schreck zog ihr den Magen zusammen. Warum konnte sie nie an die Tür denken? Barry wollte sie an eine vernünftige Routine gewöhnen. Kommst du in die Wohnung, verriegele die Tür hinter dir. Ganz einfach. Aber zwecklos, denn permanente Vergeßlichkeit war eine ihrer Schwächen. Zu Anfang hatten sie beide darüber gelacht, aber jetzt, wo sie bei ihm wohnte, war es nicht mehr so komisch. Sie stieg aus dem Bett und schob beide Riegel vor. Dann fiel ihr das Stück Kuchen mit dem Valentins-Herzen ein. Sie packte es sorgfältig in eine extra Folie und stopfte es in den Kühlschrank. Dann nahm sie es wieder heraus und suchte nach einem Aufkleber. Barry wollte einen sauberen, gut durchorganisierten Kühlschrank, in dem alles mit Aufklebern versehen war. Wie sollte sie den Kuchen markieren? Sie malte ein Herz, das sie an das idiotische Valentins-Herz erinnern würde. Das sollte reichen. Als sie ins Schlafzimmer zurückkam, drückte er einen Kanal nach dem nächsten. Ein schlechtes Zeichen.

»Warum stehst du hier rum wie eine Nulpe? Komm ins Bett.«

Sie krabbelte unter die Laken, ganz auf ihre Seite des Bettes.

Wenn Barry schlecht gelaunt war, konnte er es nicht haben, angefaßt zu werden.

Sie schloß die Augen. Das Dröhnen aus dem U-Bahn-Schacht tat seine Wirkung, sie wurde schläfrig.

Frieden.

19. FEBRUAR 1974

»Judith!«

Barry knallte Schränke und Schubladen in der Küche. Judith stolperte aus dem Bett und schaute auf die Uhr. Sieben Uhr vierzig, sie hatte den Wecker überhört. Sie würde zu spät zur Arbeit kommen. ›Barrys Prozeß‹. Er würde zu spät im Gericht sein.

»Judith!« Er brüllte vor Wut.

Die Küche war vollkommen auf den Kopf gestellt. Mehl, Zucker, Pulverkaffee, Cornflakes, das ganze Zeug stand zentimeterhoch auf dem Linoleumfußboden. Barry zerrte am Besteckkasten herum. Mit einem Schrei zog er ihn heraus. Messer und Gabeln schepperten auf dem Boden durcheinander.

Was hatte sie getan? Sie hatte gestern abend, bevor sie ins Bett gingen, das Geschirr weggestellt und die Arbeitsplatten abgewischt. Genug Milch für seinen Morgenkaffee war auch da. Die Kaffeedose! Nein, die hatte sie letzte Nacht aufgefüllt, das wußte sie.

Er trat gegen den Herd.

»Eine Kakerlake. Bevor du hier eingezogen bist, hatte ich keine Kakerlaken. Du verwandelst diesen Ort in einen Saustall.«

Er machte sich weiter am Kühlschrank zu schaffen, riß eine Schüssel und Schachtel nach der anderen heraus. Die Reste vom vergangenen Abend, die sie sorgfältig verpackt hatte.

»Was ist das für ein Scheiß?« Er schleuderte einen Packen Brot durch den Raum.

»Wie oft muß ich dir noch sagen, laß keinen Abfall hier oben über Nacht.«

Nein, wie hatte sie das tun können? Nein, und nochmals nein, sie hatte vergessen, den Müll runterzubringen.

»Es tut mir leid.«

»Tut mir leid, tut mir leid«, äffte er sie nach. »Wann hast du zum letzten Mal den Kühlschrank aufgeräumt? Muß ich alles selber machen? Schmeiß dieses Zeug weg, schmeiß es einfach weg. Hol einen großen Müllbeutel und pack es rein. Beeil dich, deinetwegen komme ich zu spät zum Gericht.«

Hastig bahnte sie sich einen Weg durch das Chaos zu dem Karton, in dem die Müllbeutel waren.

»Ich ruf den Kammerjäger an.«

»Mach das.« Er riß immer noch Sachen aus dem Kühlschrank und warf sie hinter sich. Ein einzelnes Ei klatschte gegen die Wand. »Was zum Teufel, ist das hier?« Er hielt einen zermatschten Plastikklumpen in der Hand. Von dort, wo sie stand konnte sie ihren handgemalten Aufkleber sehen. Ein Herz. Der Valentins-Kuchen vom Abendessen bei Carol.

»Wie lange ist das schon im Kühlschrank, Judith?«

Waren es vier Tage oder drei? Barry haßte ungenaue Antworten. Sie stand da wie betäubt und versuchte zu zählen.

»Antworte mir, Judith. Wie lange?«

Was hatte er verlangt, was sollte sie sagen, wenn sie die Antwort nicht wußte? Ich weiß es nicht. Das war es – die Wahrheit – die wollte er.

»Ich weiß es nicht.«

»Du weißt es nicht, Judith?« Seine Stimme erstarb.

»Mit was für einer Schwachsinnigen lebe ich eigentlich zusammen?«

Sie begann zu weinen. Große runde Tränen liefen ihre Wangen herunter. Es war so ungerecht. Sie hatte ihm eine ehrliche Antwort gegeben.

Er stolzierte aus der Küche. Sie hörte ihn in dem Schrank im Flur herumkramen. Sie kniete sich hin, um das Besteck aufzusammeln. Sie würde jedes einzelne Stück neu abwaschen und abtrocknen müssen, bevor es zurück in die Schublade kam. Es erinnerte sie an Mikado, ihr liebstes Kinderspiel. Man mußte einen Stab aufnehmen, ohne die anderen zu berühren. Wenn ein anderer Stab sich bewegte, war der nächste Spieler dran. Barry hatte recht. Sie war ein Hohlkopf. Das Valentins-Dinner war am Vierzehnten. Jetzt war der Neunzehnte, der in ihrem Kalender angestrichen war, weil Barry den Drogenhändler aus Puerto Rico verteidigte. Sie war so stolz, daß er den Fall angenommen hatte, und nun hatte sie durch ihre Dummheit und Unbedachtheit seine ganze Konzentration versaut.

Der Müll hätte in der letzten Nacht runtergebracht werden müssen. ›Schwachkopf, Schwachkopf‹. Also, wie lange hatte der Kuchen im Kühlschrank gelegen? Fünf Tage, die Antwort hieß fünf Tage. Sie würde mit der richtigen Antwort zu ihm gehen und sich entschuldigen.

Zu spät. Sie hörte, wie er die Wohnungstür zuschlug.

Judith schaute sich in der zerstörten Küche um. Sie würde alles saubermachen und den Kammerjäger anrufen. Und wenn er dann nach Hause käme, würden sie die häßliche Szene vom Morgen schon vergessen haben.

›Schule‹. In dieser Woche machte sie Vertretung in Bay Ridge. Wie spät war es? Sie schaute auf die Uhr. Wenn sie in fünfzehn Minuten an der Metro wäre und die Bahn sofort käme ... aber sie war noch nicht einmal angezogen. Ihr Gesicht war sicher verheult. In der Schule anrufen, das sollte sie machen, in der Schule anrufen und sagen ... ja, was sagen? Daß es einen Notfall gab. Ein Feuer. Ein Feuer in der Küche. Die Feuerwehrleute wären noch da, und sie könnte nicht weg. Wasserschaden. Brauche einen ganzen Tag, um die Küche aufzuräumen. ›Sag ihnen das nicht.‹ Kauf einige Dosen Kakerlakenspray und bearbeite damit die ganze Wohnung. Die Kammerjäger machen ihre Arbeit sowieso nie gründlich.

Judith ging ans Telefon und sprach mit dem Schulleiter. Sie fühlte sich viel besser danach. Barry zog sie immer damit auf, wie tollpatschig sie am Telefon sei, aber jetzt wäre er stolz gewesen zu hören, was für ein Drama sie am Telefon machte. Vollkommen überzeugend.

NOVEMBER 1974

Barry und Ed Meegan, ein Anwalt, taten sich zusammen und mieteten am unteren Broadway Büroräume für zweitausend Dollar im Monat. Sie hatten Platz für einen dritten Partner. Ed kannte jemanden vom Studium, einen Steve Tobias, der sich nach einer Gemeinschaftskanzlei umsah. Die drei Anwälte trafen sich zum Mittagessen bei Forlini's, hinter dem Strafgerichtsgebäude an der Centre Street. Die Kellner bei Forlini's waren berühmt für ihre guten Manieren. Jeden Gast im dunklen Anzug sprachen sie mit ›Euer Ehren‹ an, um nicht unbeabsichtigt einen Richter zu mißachten.

Barry bestimmte das Gespräch, während er seine Blicke durch den Raum schweifen ließ, auf Richter Saypol in der Ecke und Richter Greenfield bei einem Festmahl zeigte. Er erklärte Steve Tobias, daß er scharf darauf sei, nun endlich richtig loszulegen. Er wollte die Zeit, die er vor seinem Abschluß an der New York University bei der Armee vergeudet hatte, wieder wettmachen. Er erklärte seine Pläne für eine Kanzlei, die sich auf Straf- und Steuerverfahren, auf Scheidungsprozesse, Schmerzensgeldangelegenheiten, Firmengründungen und solche Geschichten spezialisierte.

»Haben wir sie einmal in der Kartei, dann behalten wir sie.«

Er reichte, die Gabel in der Hand, über den Tisch und spießte sich ein saftiges Stück Kalbfleisch von Steve's Teller.

»Dich lassen wir die Gerichtsarbeit machen«, sagte er und fuchtelte mit der Gabel. »Ich bin jemand, der verhandelt und verteidigt. Wenn ich genau herausgefunden habe, wozu man Ed gebrauchen kann, werde ich dir Bescheid geben.«

Steve Tobias rief am nächsten Tag Ed Meegan an und sagte: »Rechne nicht auf mich. Ich kann mir nicht vorstellen, eine Sozietät mit jemandem zu haben, der sich Teigtaschen von meinem Teller grabscht und mit vollem Mund redet.«

Ed räumte ein, daß das von Barry nicht sehr freundlich gewesen war, meinte aber, daß Steve eigentlich wohl andere Gründe habe.

»Okay, ich mochte die Art nicht, wie er mal kurz auf die Rechnung schaute und sie dann mir überließ. Wenn du nicht auch meinst, daß so was schon zeigt, wie der Kerl Juristerei betreibt, dann bist du verrückt.«

Vier Monate später stieg Ed Meegan aus seinem Vertrag mit Barry Kantor aus und tat sich mit einem anderen Anwalt zusammen. Er rief Steve Tobias an, um ihm seine neue Telefonnummer zu geben.

»Ich bezahle noch zwei Mieten für den Rest des Jahres, aber mein Gott, das ist es wirklich wert, um von diesem Geizknochen loszukommen, von diesem, diesem ›hornswoggler‹, diesem Bescheißer. Dieser Kantor will jeden hereinlegen, egal ob es um eine Tasse Kaffee geht oder um fünf Riesen.«

»Was habe ich dir gesagt?« feixte Tobias. »Teigtaschen!«

APRIL 1975

Judith rief Bob Rothman an und traf sich mit ihm zum Essen in der Nähe des Flatiron-Gebäudes, wo er als Redakteur für eine Zeitschrift der chemischen Industrie arbeitete.

Seitdem die Autorengruppe auseinandergebrochen war, hatten die beiden sich nicht oft gesehen. Von Mark hatte sie, als sie ihn zufällig im Kino traf, gehört, daß Bob sich jetzt zu seinem Schwulsein bekannte. Eine Ausnahme machte er nur bei der Arbeit, denn seine Chefs waren sehr konservativ. Sie verstand sofort. Vertraue der kleinbürgerlichen Welt nie die intimen Details deines Privatlebens an, hatte Barry ihr eingetrichtert, denn die Leute werden es bei der erstbesten Gelegenheit gegen dich verwenden. Wenn Barry in seinem Anzug vor dem Strafgericht erschien, sah er sehr etabliert aus. Ihr war es gelungen, sieben Jahre lang die Schulbehörde von New York City an der Nase herumzuführen. Gott, wenn sie daran dachte, wie sie morgens nach einem nächtlichen LSD-Trip in die Klasse stolperte, dann war das schon berauschend. Oder wie sie zwischen den Unterrichtsstunden im Lehrerzimmer einen Joint rauchte, nun, viele Leute rauchten Dope. Sie und Barry mochten immer noch einen guten Kiff, aber den psychodelischen Kram ließen sie jetzt bleiben. Sie gingen in eine neue Phase.

Nach dem ›Wie geht's dir – was machst du so‹ kam sie zur Sache. Ob Bob noch glaube, daß sie in der Kinderbuchbranche unterkommen könnte und was er tun könnte, um ihr dabei zu helfen?

»Ich habe genug vom Unterrichten, Bob«, sagte sie mit eifrigem Kopfschütteln und hoffte, daß er ihre modische neue Kraushaarfrisur bemerken würde. »Barry schafft soviel Geld ran, daß ich bereit bin, das verheiratete frustrierte Frauchen zu spielen.«

Das war gelogen. Sie hatten immer Geldmangel. Sie wollte Bob nicht erzählen, daß ihre Abwesenheitsliste im vergangenen Schuljahr so lang gewesen war, daß die Schulbehörde sie von der Liste der verfügbaren Vertretungslehrer gestrichen hatte.

Bob sagte, daß er ihr zuliebe einige Telefongespräche führen würde. Sein Freund bei Scholastic war zu Doubleday gewechselt, das war also eine Möglichkeit. Und Random House, das hatte er gerade im ›Publishers Weekly‹ gelesen, plante eine neue Kinderbuchreihe. Dann gab es noch Simon and Schuster, aber der Mensch, den er da kannte, war gerade in die Kochbuchabteilung versetzt worden.

»Kochbücher sind nichts für dich«, schmunzelte er, »obwohl man damit Geld machen kann.«

»Laß uns lieber bei den Kinderbüchern bleiben«, lachte sie. Sie fühlte sich so gut wie seit Monaten nicht. Der neue Haarschnitt hatte ihr Auftrieb gegeben. Sie hatte nie daran geglaubt, den Tag zu erleben, an dem Naturlocken in Mode sein würden.

»Ich habe auch Lust, Illustrationen zu machen.«

»Ich wußte nicht, daß du zeichnen kannst.«

»Du weißt vieles von mir nicht.« Sie schauten sich für einen langen Moment an. Wir haben alle unsere Geheimnisse, nicht wahr, dachte sie.

»Bevor ich schreiben wollte, wollte ich Künstlerin werden. Ich habe alle Malwettbewerbe in der Schule gewonnen.«

»Nun mal langsam«, sagte Bob. »Jedes zu seiner Zeit. Krieg erstmal einen Fuß in die Tür. Stell eine Liste deiner Exposés und Ideen auf, und ich bringe dich mit Tom Houghton zusammen, der dann seine eigenen Vorstellungen haben wird.«

Es freute sie zu hören, daß der mit Bob befreundete Lektor ein Mann war. Sie kam immer besser mit Männern zurecht.

Bob bezahlte das Essen mit seiner Kreditkarte. Schließlich, sagte er, hätten sie Geschäftliches besprochen.

JULI 1975

Tom Houghton konnte ihr keinen Vertrag anbieten, weil sie noch nie etwas veröffentlicht hatte. Aber um Bob einen Gefallen zu tun, schaute er sich ihre Liste an und zeigte ihr einige der Verlagskonzepte, für die er versucht hatte, einen Autor zu finden. Er sagte, sie solle sich eines aussuchen, er würde das Projekt einige Monate lang für sie besetzt halten. Dann sollte sie wiederkommen und ihm ein paar Seiten zeigen. Wenn er dann den Eindruck habe, daß sie etwas von der Sache verstehe, könne das der Beginn einer wunderbaren Zusammenarbeit sein. Als sie sein Büro verließ, war sie bepackt mit Jugendbüchern, die sie durchsehen wollte.

»Die Grundidee«, sagte er. »Überleg dir zuerst genau die Grundidee, dann fang an zu schreiben. Einen besseren Ratschlag kann ich dir nicht geben.«

Sie entschied sich für ›Gemüse, das unter der Erde wächst‹, ein Buch für Fünf- bis Achtjährige.

Barry und sie spielten ›Gemüse, das unter der Erde wächst‹. Sie sagte »Wurzelgemüse!« und er schrie »Karotten!« Sie klatschte in die Hände, rief »Kohlrübe, Kohlrübe!« und schlich im Wohnzimmer herum. Er hielt sie am Arm fest und drückte sie auf den Teppich. Als er sie unten hatte, flüsterte er atemlos »Knollengewächse!« Sie riefen gleichzeitig »Kartoffeln!«, aber er behauptete, daß er schneller gewesen war.

Seit Jahren hatten sie nicht so viel gelacht. Barry sagte »Mensch, guter Koks« und nahm noch etwas.

Sie erzählte Barry, daß sie die Illustrationen selbst machen wollte.

»Babe, ich setze große Hoffnungen in dich«, sagte er. »Aus dir werden wir für die Fünf- bis Achtjährigen einen Kinderbuch-Starautor wie Dr. Seuss machen.«

»Dr. Seuss illustriert immer selbst. Das sieht für meinen Geschmack zu sehr nach Cartoons aus, und ich kann daran nichts besonderes finden. Ich weiß, was ich machen würde. Verwaschene Wasserfarben auf Reispapier in kräftigen Grundtönen.«

»Siehst du, du holst ihn schon ein.«

Sie mochte es, wenn er sie auf diese Art neckte. Warum konnte er nicht immer so lieb und zärtlich sein? Barrys Wutausbrüche waren ihr ein Rätsel. Der kleinste Funken genügte, aber Gottseidank verschwanden sie meistens ganz plötzlich, und dann war ihre Beziehung wieder von strahlendem Sonnenlicht durchflutet. Sie liebte ihn mehr als je zuvor, und sie wußte, daß er sie liebte. Das war mehr als Liebe zwischen ihnen. Er brauchte sie. Die Erinnerung an seinen schuldbewußten Blick vor einigen Tagen, als er den blauen Fleck unter ihrem Auge sah, würde sie ihr Leben lang nicht vergessen. Wenn er manchmal nicht wußte, was er tat, dann lag es daran, daß er alles so unmittelbar erlebte. Sie würde die Bürde seines Schmerzes und seiner Empfindsamkeit auf ihre Schultern nehmen und ihn wieder zu einem ganzen Menschen machen.

»Babe, mach kein Abendessen. Laß uns was beim Chinesen bestellen.«

»Hervorragende Idee.«

»Bestell noch nicht gleich, Liebling. Laß uns vorher noch eine Nase voll nehmen.« Er kratzte einen Krümel von dem Kristallklumpen ab und zerbröselte ihn auf ihrem Spiegel zu weißem Staub.

»Hör mal Schatz, das war eine hervorragende Idee, dir die Pflanzenkataloge zu besorgen. Du hast damit verdammt viel Zeit gespart.«

Hervorragend. Das hatte er gesagt. Voller Glück streichelte sie sich selbst.

»Du wirst eine ganze Reihe dieser ›Wie wächst was‹-Bücher unterbringen. Gemüse, das oberhalb des Erdbodens wächst, Früchte, die auf Büschen wachsen, Früchte, die an Bäumen wachsen. Die aufregende neue Serie von Judith Winograd. Stadtkinder haben keine Ahnung von sowas, Judy. Ich bin mit der Vorstellung großgeworden, daß Erbsen und Möhren in der Dose wachsen.«

»Barry, ich muß erstmal das erste Buch machen.« Er war ihr

immer acht Schritte voraus. Das war eine der Sachen, die sie an ihm so liebte.

»Bob sagt, wenn der Verlag dieses Buch will, dann sollte ich mir einen Agenten zulegen.«

»Ich werde mir den Vertrag angucken, wenn er kommt.«

»Ich hatte gehofft, daß du das tun würdest.« Er war so ein Genie, wenn es darum ging, in Verträgen die Haken und Ösen zu finden, die niemand sah, und das Paragraphengewirr zu durchforsten. Wenn sie Barry hatte, würde sie keinen Agenten brauchen. Sie waren ein Team.

Eine mächtige Welle der Euphorie überkam sie. Sie begann zu verstehen, warum er Kokain mochte.

JUNI 1976

Zusammen mit dem Manuskript von ›Gemüse, das unter der Erde wächst‹ gab Judith ihre Wasserfarben-Illustrationen ab. Tom Houghton war durch eine neue Lektorin ersetzt worden. Sie trafen sich zum Essen. Marcia Rosen brachte ihr so schonend wie möglich bei, daß die Illustrationsabteilung im Verlag das Projekt an einen professionellen Illustrator gegeben hatte, an jemanden, der etwas von Perspektiven und den technischen Details verstand.

»Das kriegen wir schon hin. Keine Sorge.«

Judith versuchte, gefaßt zu wirken.

»Für das erste Manuskript war das wirklich gut. Wir wollen es im nächsten Frühjahr herausbringen, vorausgesetzt, mit den Illustrationen klappt alles.«

Nächstes Frühjahr. In einem Jahr. Sie stocherte in ihrem Essen. Barry hatte ihr gesagt, sie sollte bei der Gelegenheit ein zweites Buch zur Sprache bringen. Okay.

»Ich habe diese Gemüse-Bücher als Reihe verstanden.«

»Ja, wir auch«, nickte Marcia nachdrücklich. »Vor Ihrem Buch bringen wir noch den Band ›Klettergemüse‹ heraus. Grüne Bohnen, Gurken, Kürbis, Erbsen, Tomaten. Der Autor kam mit einem ganzen Korb davon an.« Sie grinste.

»Irgendwie habe ich immer gedacht, das sei meine Reihe.«

Die neue Lektorin zuckte mit den Schultern. Sie konnte nicht älter als vierundzwanzig sein.

»Nun, Sie waren nicht besonders schnell mit dem Abliefern. Also, warten wir ab, wie dieses Buch läuft, und dann reden wir über andere Projekte. Inzwischen - irgendwo habe ich einen Zettel, ja hier. Wir haben uns gefragt, warum Sie nichts über Rüben geschrieben haben.«

Judith versteifte sich.

»Eine Kohlrübe ist eine Art von Rübe.« Wie hatte sie sich mit der Illustration der Kohlrübe gequält.

»Eine Art Rübe. Ach so. Ja, dann beschreiben wir doch die ganze Familie. Schreiben Sie mir eine Seite über Rüben, und wir werfen die Kohlrüben raus. Und Judith, noch etwas, wir meinen, daß es sehr wichtig ist, daß Sie entweder bei Kohlrüben oder bei Futterrüben den Unterschied zwischen beiden deutlich machen.«

Marcia Rosen stopfte die Restaurantquittung in ihr Portemonnaie. Autoren und ihre unsterbliche Literatur, sie haßten das profane Gewerbe des Lektorats. Diese hier sah aus, als würde sie anfangen zu heulen.

»Es sollte Sie nicht so viel Zeit kosten«, fügte sie gewitzt hinzu. »Und vergessen Sie nicht, wieviel Sie dabei lernen.«

SEPTEMBER 1976

Nach mehreren Versuchen bekam Judith einen Rückruf von Marcia Rosen, die sich weitschweifig dafür entschuldigte, so überarbeitet zu sein. Ja, sie habe die neuen Seiten über Kohlrüben und Futterrüben bekommen, und sie seien gut.

›Gemüse, das in der Erde wächst‹ würde in den Herbst-1977-Katalog verschoben. Die Herstellungsabteilung käme nicht hinterher. Sie würde wegen Judiths Honorar in der Buchhaltung nachfragen.

JANUAR 1977

Seit dem Betts-Verfahren konnte Barry sich vor Arbeit kaum retten. Er machte jetzt regelmäßig Rauschgiftsachen, obwohl er auch noch in Scheidungsprozessen, Schuldungsverfahren und Mietstreitigkeiten verhandelte. Ihr Mann war nicht jemand, der sich ausschließlich auf ein Gebiet spezialisierte und darin festbiß. Er mochte es, Verhandlungen zum Abschluß zu bringen, aber die Begeisterung für Strafrechtssachen steckte ihm im Blut.

Das Betts-Verfahren hatte ihm die glückliche Wende gebracht. Keiner seiner Freunde hatte gute Aussichten in den Rauschgiftverfahren gesehen, aber als die öffentliche Rechtshilfe ihn mit dem Fall Betts betraute, nahm Barry sofort an. Nie zuvor hatte sie ihn so arbeiten sehen. Er studierte die Präzedenzfälle in Vermont und Kalifornien. Und was noch nie im Staate New York versucht worden war: Er brachte verfassungsrechtliche Aspekte in das Verfahren und gewann mühelos mit dem Argument der rechtswidrigen Verleitung zu einer Straftat. Ein Reporter der ›Daily News‹ war am letzten Verhandlungstag im Gericht, und seine Reportage unter dem Titel ›Hubby und Frau von Drogenanklage freigesprochen‹ war hinsichtlich der Fakten etwas frei erfunden, aber der Name Barry Kantor war korrekt wiedergegeben.

»Erarbeite dir einen Ruf, indem du früh aufstehst, und du kannst für den Rest deines Lebens ausschlafen«, sagte er. Bei der Verteidigung der Druggies gab es einen interessanten Aspekt. Sie bezahlten sein Honorar in bar.

26. AUGUST 1977

Rechtzeitig, um eine wunderbare Überraschung für Barrys Geburtstag zu haben, hatte Judith ein Leseexemplar ihres Buches ›Gemüse, das in der Erde wächst‹ bekommen. Sie war in der Wohnung umhergeschlichen, und hatte ihr Geheimnis für sich behalten. Er neigte in den Ferien und an Geburtstagen zur Panik. Was war letztes Jahr an seinem fünfunddreißigsten falsch gelaufen? Sie konnte sich nicht erinnern.

Vor drei Monaten hatte sie mit ihrem Verlag einen endlosen Kampf über das Einfügen einer Widmung geführt. Die Leute in der Herstellungsabteilung hatten beschieden, daß sie zu spät sei. Sie hätte die Widmung beim Zurücksenden der Korrekturfahnen einfügen müssen. Aber Marcia Rosen kämpfte für sie, und die Seite mit der Widmung wurde schließlich eingefügt.

»Für Barry, den Stern in meinem Sonnensystem.« Es war genauso gut sein Buch wie ihres. Ohne ihn hätte sie es niemals zustande gebracht.

5. SEPTEMBER 1977

Barry kam in düsterer Stimmung aus der Bronx zurück. Um die Stimmung zu retten schnieften die beiden fast ein halbes Gramm Koks.

Gott sei gedankt für das weiße Zeug. Das war ihr Gebet geworden.

6. SEPTEMBER 1977

Als er aufwachte, griff er sofort nach der kleinen Glasampulle.

Wexley. Er mußte eine Vertagung erreichen. Den Richter fragen. Auf Händen und Knien. Der zähe Hund Clynes gewährte niemals Vertagungen.

Er brauchte einen Schuß für den Mut.

7. SEPTEMBER 1977

Er machte sich zum Narren und verlor jeden Antrag, den er stellte. Zweimal redete er den Kronzeugen der Anklage mit falschem Namen an. Der mickrige vertretende Bezirksanwalt hatte sogar hämisch gegrinst.

Höchststrafe. Er hatte für seinen Mandanten die Höchststrafe bekommen.

»Pech gehabt. Wir werden in der Berufung gewinnen«, sagte er dem Vater von Wexley, als er seinen Aktenkoffer zuschlug. Er vermied den Blick des Mannes.

Als Barry nach Hause kam, war Judith in der Küche. Der Geruch von Lasagne ließ ihn würgen. Er sah den gedeckten Tisch und ein kleines eingewickeltes Päckchen, das auf seinem Teller lag. Er ging ins Schlafzimmer und knallte die Tür hinter sich zu.

Eine Stunde später kam er heraus und schloß sich in der Toilette ein.

Sie hielt sich fern von ihm, die Hexe. Gut, immerhin hatte er ihr etwas beigebracht.

Ohne ein Wort zu sagen, verließ er die Wohnung.

8. SEPTEMBER 1977, 3:00 Uhr

Er riß sie am Haar und schlug ihren Kopf gegen den Bettpfosten. Judith war sofort hellwach.

»Du bist ins Bett gegangen, und der Backofen war noch an.«

Wieder schlug ihr Kopf gegen den Pfosten.

»Der Ofen, du blöde Hexe, die Flamme war voll aufgedreht.«

Seine andere Hand griff sie im Nacken. Sie zerrte an seinen Fingern.

Plötzlich ließ er sie los.

»Ich hätte beim Nachhausekommen ein Inferno vorfinden können.«

Keuchend lag sie da, ohne Schmerz zu fühlen. Der Schmerz würde später kommen. Erstmal war es vorbei. Sie weinte Tränen der Erleichterung.

JULI 1978

Jeff Kellerman, der sich mit Barry im Cubby Gebäude an der West Forty-fourth Street, nahe der Anwaltsvereinigung, Büroräume teilte, lud ihn und Judith zum Wochenende nach Fire Island ein. Barry hätte beinahe in der letzten Minute abgesagt, aber seine Neugier auf Jeffs Haus besiegte seine gewöhnliche Abneigung, im Sommer irgendwo hinzufahren. Judith packte zwei große Koffer, weil sie nicht sicher war, wie modisch die Menschen auf der Insel herumliefen. Als Barry nach Hause kam und das Gepäck sah, bekam er einen Wutanfall. Er ließ sie alles wieder auspacken und packte die Sachen selbst in den kleineren der Koffer. Das hielt sie so lange auf, daß sie auf dem Brooklyn-Queens-Expressway in den schlimmsten Freitagnachmittagverkehr gerieten. Barry wollte umdrehen und nach Hause fahren, aber sie schaffte es, ihn zu beruhigen. Eine Minute bevor das letzte Schiff des Tages ablegte, kamen sie zum Fähranleger nach Ocean Bay Park.

Jeff und seine Freundin Cindy warteten am Bootsanleger auf der Insel. Jeff stellte ihren Koffer und die zwei Flaschen Jack Daniels, die Barry als Geschenk mitgebracht hatte, in einen kleinen roten Leiterwagen, und führte sie einen schmalen asphaltierten Weg entlang. Es stellte sich heraus, daß Jeff ein Haus nahe am Meer hatte, das er und Cindy sich mit zwei anderen Paaren teilten. Eines der Paare war wegen einer Hochzeit in der Stadt geblieben, so daß Barry und Judith ein Schlafzimmer für sich hatten.

Abends gingen die vier auf einige Drinks und ein verspätetes Abendessen zu einem Laden, der Flynns hieß. Die lebhafte Bar mit Restaurant lag an der Küstenseite der Insel, nahe dem Fähranleger. Judith versuchte, sich auf den Lautstärkepegel einzustellen. Alle bestellten Muschelsuppe und Hummer. Barry verdrehte sich ständig den Hals und sagte, daß ihn alle Menschen in der Bar an Leute erinnerten, die er kannte. Jeff beschrieb ihnen die Inselbevölkerung, nannte die Namen der Gemeinschaften und ihre hervorstechenden Merkmale: Iren, Juden, die weißen angelsächsischen Protestanten, Familien, Einzelgänger und Schwule. Offensichtlich war Ocean Bay Park bunt gemischt. Die meisten Gäste bei Flynns waren Segler, erzählte er. Meistens redeten die Männer. Sie beglückwünschten sich gegenseitig zu den hervorragenden Büroräumen bei solch einer günstigen Miete - Barry hatte gehandelt. Jeff erklärte Judith und Cindy, was für ein Coup es wäre, direkt gegenüber der Anwaltsvereinigung zu residieren und Zugang zu einer kompletten juristischen Bibliothek zu haben.

Am Samstagmorgen spielten die Männer Volleyball. Cindy und die andere Frau wollten einen Spaziergang machen, aber Judith lehnte ihre Einladung sie zu begleiten ab, weil sie sich unerwünscht vorkam. Sie machte allein einen langen Gang am Strand entlang. Als sie zum Haus zurückkam, saßen die Männer auf der Terrasse und tranken. Die Frauen packten die Einkäufe für das Abendessen aus. Barry bedeutete Judith reinzugehen und ihnen zu helfen, aber Judith kramte ein Buch hervor und machte es sich im Wohnzimmer bequem. Sie las Erica Jongs ›Angst vorm Fliegen‹, ein Buch, das sie seit geraumer Zeit gemieden hatte.

»Oh, du liest Jong«, sagte Cindy, als sie eine Stunde später durch das Wohnzimmer lief. »Mag die Gedichte, kümmere mich aber nicht um die Romane.«

Die Schiebetür knallte mit Wucht hinter ihr zu. In diesem Haus laufen die Menschen dauernd rein und raus, sagte sich Judith und blieb ruhig. Sie redete sich heraus, als die anderen am späten Nachmittag schwimmen gingen.

Bis elf Uhr abends hatte es noch immer kein Abendessen gegeben, und zu diesem Zeitpunkt kümmerte sich niemand mehr darum. Sie hatten den Jack Daniels leergemacht, außerdem zwei große Flaschen Soave und all den Koks, den Barry mitgebracht hatte. Judith überwand ihre Unsicherheit mit neuen Leuten soweit, daß sie eine ernste Unterhaltung mit Cindy begann. Sie waren sich einig, daß sie Jong nicht mochten, weil diese ein Buch geschrieben hatte, das sie selbst gern geschrieben hätten. Und wenn sie richtig darüber nachdächten, dann hätten sie es auch geschrieben, aber die Jong hatte es getan und nicht sie, also hatten sie ein gutes Recht, die Jong abgrundtief zu hassen.

Vicki, sie hatte endlich den Namen der anderen Frau erfahren, sagte: »Oh, ich kenne Erica. Sie ist genauso wie ihre Romane.«

Cindy blinzelte Judith an, als wollte sie sagen ›Vicki sagt immer, daß sie alle kennt‹. Dann begann Cindy eine vollkommen übertriebene, mit esoterischem Schwachsinn ausgeschmückte Geschichte zu erzählen, über die Zeitung, bei der sie arbeitete. Tony und Vicky arbeiteten in der Werbebranche, und es dauerte nicht lange bis sie alle die Veränderungen bei dem New Yorker Werbegenie Jerry Della Femina diskutierten. Sogar Barry beteiligte sich und sprach vertraut über ›Jerry‹, gerade so wie Vicky eine Stunde zuvor über ›Erica‹ gesprochen hatte. Als das Gespräch einschlief, erwähnte Barry, daß Judith ein Kinderbuch geschrieben hatte.

»Du machst Witze«, rief Cindy ehrlich überrascht. »Das ist die Art von Hinweisen, die ich sofort anbringen würde, wenn ich du wäre.«

»Hast du eigene Kinder, Janey?« fragte Vicky.

»Sie heißt Judy, du Dummkopf«, sagte Tony. »Ein Buch nur? Was ist mit dem zweiten?«

Judith warf Barry einen flehentlichen Blick zu, der sagte: ›Rette mich hier raus‹. Das zweite Buchprojekt war in der Entwicklung eingeschlafen. Seitdem hatte sie Teilzeitarbeit gemacht und wieder mehr über ihren Roman nachgedacht. Das waren keine Dinge, die sie diesen oberflächlichen Fremden anvertrauen wollte, bei denen sie sich wie in einem Verhör vorkam. Barry brachte die Sprache auf eines seiner Rauschgiftverfahren. Ramirez.

»Der vertrackteste Fall, den ich jemals hatte. Habe ich dir über Hector Ramirez erzählt, Jeff?« Er sprach mit einer rauchigen Stimme, die mit einem Hauch kindlicher Begeisterung erfüllt war.

»Als mein Mandant in den Knast einfuhr, war das Haus absolut clean. Ein kluger Kerl. Ramirez hatte sich die Mühe gemacht, einen Köder unter einem Fußbodenbrett, einem offensichtlich sehr losen Fußbodenbrett, zu verstecken. Ein Haufen Pakete in Klarsichtfolie, gefüllt mit reinstem weißen Rübenzucker. Hundertprozentiger Zucker. Vertrauenssache! Ich wartete also auf die Analysen aus dem Labor, die besagen würden ›Verfahren wegen Geringfügigkeit eingestellt‹, aber sie warfen uns beide um. Ratet, was das Labor herausfand? Richtig. Zwölf Prozent Heroin. Goodby Ramirez.«

Alle lachten schallend. Danach gingen sie in ihre Schlafzimmer und vereinbarten, daß sie den Abwasch am Morgen machen würden. Als Barry um acht Uhr morgens den bedeckten Himmel sah, sagte er Judith, daß sie zusammenpacken und die Abfahrtzeit der Fähre herausfinden sollte. Er war versessen darauf, loszukommen und nicht in den Verkehr am Sonntagabend zu geraten. Cindy fragte, ob sie von ihnen in die Stadt mitgenommen werden könnte. In Judiths Kopf ging eine Alarmglocke los – hatten Cindy und Barry Signale ausgetauscht, die sie nicht mitbekommen hatte? – aber Jeff erklärte, daß Cindy zur Sonntagabend-Schicht in ihre Redaktion mußte und sie von vornherein gehofft hatten, daß Barry sie mitnehmen könnte.

Auf der Fähre zurück nach Bayshore saßen die zwei Frauen beieinander, während Barry auf dem Oberdeck umherlief.

»Er kann nicht lange stillsitzen, nicht wahr?« stellte Cindy fest.

»Nein, leider nicht«, antwortete Judith. Sie fühlte sich nie wohl dabei, mit anderen Leuten über Barry zu sprechen, besonders dann nicht, wenn es andere Frauen waren.

»Er hat die Jungs auf dem Volleyballfeld fertiggemacht. Jeden Ball, der übers Netz kam, hat er zurückgegeben. Männer und ihr Machogehabe.« Cindy lachte. »Für Jeff und Tony ist Volleyball am Samstagmorgen der Höhepunkt der Woche, aber sie fühlten sich von Barry ziemlich degradiert. Hör mal«, sagte sie und zupfte an Judiths Arm, »meine Schwester ist Chefin der Kinderbuch-Reihe bei Claridge and Palmer. Die sind gerade von diesem deutschen Multi mit dem unaussprechlichen Namen geschluckt worden, aber sie sagt, daß die ›Lederhosen‹ neues Geld reinstecken. Würde nicht schaden, wenn du mal mit ihr telefonierst. Beruf dich auf mich.« Sie schrieb die Nummer auf, und Judith steckte den Zettel in ihre Hosentasche.

Nachdem sie Cindy abgesetzt hatten, wollte Barry wissen, worüber die beiden Frauen auf der Fähre geschwatzt hatten. Judith zog den Zettel heraus.

»Joanne Owens, Claridge and Palmer. Cindys Schwester arbeitet dort.«

»Wirst du anrufen?«

»Vielleicht.«

SEPTEMBER 1978

Am Wochenende, als der ›Tag der Arbeit‹ war, verbrachte Judith ihre Zeit damit, einen kurzen flüssigen Brief an die Lektorin von Claridge and Palmer zu schreiben, deren Name seit zwei Monaten an ihrer Pinnwand steckte. Sie berief sich auf Cindy und berichtete von ihrem Buch ›Gemüse, das in der Erde wächst‹.

Nach einiger Zeit hakte sie telefonisch nach und kam beim zweiten Versuch durch. Joanne Owens fragte, ob sie sich ausschließlich dem Schreiben von Kinderbüchern verpflichtet fühle oder ob es andere literarische Gattungen gäbe, die sie ansprächen. Judith gestand ein, daß sie sich selbst in erster Linie als Autorin von Romanen für Erwachsene sah, daß aber ihre hauptsächliche berufliche Erfahrung aus der Arbeit mit Kindern, dem Unterrichten in städtischen Schulen, bestand. Das beeindruckte Ms. Owens, die sagte, daß sie bis zu ihrem Wechsel in die Verlagsbranche selbst Lehrerin an einer High School gewesen sei. Und mit was, fragte sie, verdiente sich Judith jetzt ihren Lebensunterhalt? Ms. Owens wurde sehr freundlich, als Judith von ihrer Teilzeitarbeit als Sekretärin berichtete. Sie fragte, ob Judith jemals daran gedacht hätte, am anderen Ende der Buchproduktion zu arbeiten. Das hatte Judith nicht, aber sie versprach, einen vollen Lebenslauf sowie Exemplare ihres Buches zu schicken.

Drei Wochen später wurde Judith von Joanne Owens eine Anstellung als eine Art bessere Sekretärin angeboten, mit der Aussicht, Lektoratsassistentin zu werden, wenn alles gut lief. Die Bezahlung war ein Hohn, aber Barry sagte ihr, sie sollte annehmen.

»Verbindungen«, sagte er. »Dein Problem ist der Mangel an Beziehungen. Hast du einmal bei Claridge and Palmer den Fuß in der Tür, kannst du das Verlagsgewerbe abchecken und von dort in den ganzen Literaturbetrieb hineinkommen.«

NOVEMBER 1978

Die Büros von Claridge and Palmer waren in einem dieser alten monumentalen Wolkenkratzer nahe dem Rockefeller Center untergebracht, an denen Judith seit ihren Jugendtagen, als sie die Wunder und den Glanz der Kaufhäuser an der Fifth Avenue zu entdecken begann, immer schnell vorbeigehastet war. Wer weiß, dachte sie, vielleicht käme sie in ihren Mittagspausen wieder in diese Läden. Vor einigen Jahren hatte sie aufgehört, auf Mode zu achten, zu einem Zeitpunkt, als der Rest der Welt begann, wieder auf Mode bedacht zu sein. Hinkte sie jetzt der Mode hinterher oder war sie der Zeit voraus? Sie wußte es nicht.

Die Kinderbuchabteilung, ihr neuer Arbeitsplatz, war ein riesiger Raum mit kleinen fensterlosen Arbeitswaben im vierzehnten Stock. Er lag am Ende eines langen schmalen Flurs, und man erreichte ihn nach einer Linksbiegung und drei Rechtsbiegungen, vorbei an den Fahrstühlen und dem mit Teppichboden gedämpften Empfang. In der ersten Woche gelang es Judith, sich mit ihrem unterentwickelten Orientierungssinn auf dem Weg zur Damentoilette zweimal zu verlaufen. Eine Rechts- und drei Linksbiegungen führten sie in die Reisebuchabteilung. Zweimal links und zweimal rechts gelaufen, gelangte sie zum Empfang zurück. Es gab eine Regelmäßigkeit in der Anordnung der Flure im vierzehnten Stock, die sie nie ganz verstand. Die Machthierarchien bei Claridge dagegen waren sehr viel einfacher zu erfassen. Die Vertriebs- und die Verkaufsabteilung lagen im elften und zwölften Stock. Dort stiegen die wichtigen Leute des Verlags in den Fahrstuhl ein oder aus.

Aber, sagte sie zu Barry, sie mußte zugeben, daß die Arbeit für Claridge, und sei es in der unbedeutendsten Abteilung des angesehensten Hauses in der Verlagswelt, eine große Verbesserung gegenüber ihren Teilzeitjobs in anderen Büros war. Außerdem schien ihr regelmäßiges Zuspätkommen am Morgen niemanden aus der Fassung zu bringen, und zwischen zwölf und halb drei war die Abteilung praktisch geschlossen, obwohl sie um zwei an ihrem Schreibtisch hätte zurück sein müssen, um die Telefone zu bedienen. Das Arbeitsklima in ihrer Abteilung war so entspannt, wie sie es in einem Büro nicht für möglich gehalten hätte. Genau genommen hatte sie, als sie in Brooklyn Pädagogik studierte, nicht einmal gewußt, daß es solche hervorragenden kollegialen Arbeitsstellen gab. Ihre Jahre als Lehrerin waren ein Fehler gewesen. Aber es schien damals so wenig Möglichkeiten zu geben – entweder unterrichten oder verkaufen, und die Vorstellung im Garment Center, dem New Yorker Kleidergroßhandel, zu arbeiten, hatte ihr den Magen umgedreht. Sie hatte all die Jahre angenommen, daß man einen Abschluß an einem der teuren Mädchen-Colleges brauchte, um überhaupt in einem Verlag unterzukommen. Nun, größtenteils traf das immer noch zu. All die überaus selbstbewußten jungen Dinger, die in teuren Designer-Hosen durch die Räume rauschten, schienen direkt von Smith, Radcliffe oder Wellesley zu kommen.

Die Arbeit war weder anstrengend, noch eine sonderliche Herausforderung. Gelegentlich wurde sie gebeten, das Manuskript eines Autors noch einmal abzuschreiben, nachdem die Cheflektoren es durch die Mangel genommen hatten. Aber in der Hauptsache bearbeitete sie den Stapel zweitklassiger Manuskripte für Joanne Owens. Sie las die unaufgefordert eingeschickten Manuskripte, lehnte die schlechten sofort ab und schrieb Gutachten über die wenigen, die etwas Besonderes hatten und wegen ihrer Originalität, dem Witz oder dem bisher nicht behandelten Thema ihre Aufmerksamkeit erregten. Die annehmbaren Manuskripte, so erklärte sie Barry, wurden entsprechend behandelt und an Joanne oder einen der anderen drei Lektoren weitergeleitet. Es machte ihr nichts aus, mit dem Berg von Manuskripten zurechtzukommen, und sie schien niemanden bei Claridge besonders zu stören. Es war angenehm, daß ihr niemand über die Schulter guckte, aber sie hatte auch nicht das Gefühl, daß dies ein Karriereposten sei.

APRIL 1979

Barry nahm mit Jeff Kellerman nach der Gerichtsverhandlung einen Drink bei Val's. Sie mochten diese Polizistenbar, ein guter Ort, um über Richter herzuziehen und zu tratschen. Die Einkommenssteuererklärung hatte wieder wie ein Damoklesschwert über ihnen geschwebt, aber dieses Jahr hatten sie Anlaß, besser gelaunt zu sein. Sie hatten sich ausgerechnet, daß sie gut verdienen würden, ohne sich kaputt zu machen, wenn sie eine Reihe von Pflichtverteidigungen verarmter Angeklagter annehmen würden. Das war unter Anwälten nicht besonders angesehen, aber sie hatten mit einer Menge unterschiedlicher Richter zu tun, und trotz aller Schwierigkeiten bezahlte die New Yorker Stadtverwaltung ihre Honorarrechnungen.

»Prost«, sagte Barry, und stieß mit Jeffs Glas an. »Nächstes Jahr machen wir das Doppelte.«

Später am Abend trafen sich Barry und Judith mit Jeff und Cindy zum Abendessen bei O'Henrys. Danach gingen sie in ein Konzert im Vanguard-Club.

Auf dem Nachhauseweg sagte Barry zu Judith, er wolle nicht, daß sie sich mit Cindy Owens anfreunde.

»Ich habe beruflich mit Jeff zu tun«, erklärte er. »Wenn ihr beiden Frauen anfangt, euch die Augen auszukratzen, kann uns das ruinieren.«

Judith mochte Cindy, und sie war ihr dankbar dafür, daß sie ihr zu dem Job bei Claridge and Palmer verholfen hatte, aber sie verstand Barrys Anliegen sofort.

MAI 1979

Martha Harris von der Illustrationsabteilung lud Judith und einige andere Leute von Claridge zur Eröffnung einer Ausstellung im Ten Downtown ein. Einige ihrer großen Leinwände mit Acrylmalerei hingen in der Gruppenausstellung, die alle zwei Jahre stattfand.

Auf dem Empfang tummelte sich die übliche Mischung aus Künstlern, Familienangehörigen und Freunden. Martha registrierte drei japanische Performance-Künstler in erdfarbenen Kampfanzügen, langen schwarzen Schals und Turnschuhen. Was wäre eine Vernissage in Soho ohne diese Leute?

Judith kam mit dem Mann, mit dem sie zusammenlebte, in die Galerie. Zwei Minuten, nachdem sie einander vorgestellt worden waren, zettelte er einen Streit mit Martha über ihre Bilder an und drückte sie dabei gegen den Buffettisch, während er sich gefräßig über die Vorspeisen hermachte. Als Martha versuchte, das Thema zu wechseln, tippte er sie mit dem Zeigefinger an und sagte: »Du lenkst vom Thema ab.«

Judith stand einfach nur lächelnd daneben.

Was dachte sich Judiths Freund eigentlich bei dem, was er tat? Meinte er, er müßte sie einem brutalen Polizeikreuzverhör unterwerfen?

»Entschuldige mich«, sagte Martha schließlich genervt, »ich sollte mich auch um die anderen kümmern.«

Judith erstarrte. »Barry weiß viel über Kunst«, sagte sie mit verletzter Miene.

Als Martha sich umwandte, sah sie Judith und ihren Freund die Galerie verlassen.

SEPTEMBER 1979

Um Barry einen Gefallen zu tun, vertrat Jeff Kellerman einen seiner Mandanten vor dem Verkehrsgericht. Der Mann hatte ungefähr zweitausend Dollar Strafzettelschulden ausstehen, und Jeff brachte das Verkehrsgericht dazu, die Strafe auf achthundertfünfzig Dollar zu senken. Der dankbare Mandant gab ihm dreihundert Dollar in bar. Nicht schlecht für eine halbe Stunde Arbeit.

Barry grinste, als Jeff ins Büro zurückkam.

»Wo ist es, wo ist der Zaster? Versuch nicht, mich reinzulegen, Kellerman. Gib's her.«

Jeff war so überrumpelt, daß er die drei Scheine hergab. Den Rest des Tages kam er sich vor wie ein Idiot. Kantor, so sagte er sich, würde auch einen Gorilla bedrohen, wenn dieser Bargeld bei sich hätte.

14. APRIL 1980

Barry verglich den Bescheid vom Finanzamt mit den grünen Einkommenssteuererklärungen in seinen Akten. Er verglich sie zusätzlich mit seinen Honoraranweisungen von der New Yorker Stadtbehörde und kratzte sich am Kopf. Im vergangenen Jahr hatte er 35 Fälle als Pflichtverteidiger übernommen. Eine Handvoll einfacher Verfahren, die Geld gebracht hatten, aber das läpperte sich zusammen.

»Zu viel zu versteuerndes Einkommen«, brummte er, während er die Zahlen kontrollierte. »Was soll der Scheiß?«

Er schniefte schnell etwas Koks und prüfte noch einmal die Bilanzen. Er entschied sich, eine zweite Steuererklärung nachzureichen.

OKTOBER 1980

Judith wurde zur vertretenden Lektorin befördert und bekam eine Gehaltserhöhung von 25 Dollar. Ein Manuskript, das sie vor dem Reißwolf gerettet hatte, war mit der Newbery Medal, einem der angesehensten Preise für Kinderbücher, ausgezeichnet worden. Jetzt mußte sie als Lektorin Talente suchen und ihre eigenen Autoren betreuen. Ihr Spezialgebiet waren Naturwissenschaften, das hatte sich zufällig ergeben, und es kursierten Gerüchte bei Claridge, daß sie zur Cheflektorin der vergrößerten Schulbuchabteilung ernannt werden sollte. Ihre Abteilung sollte im Laufe des Jahres in größere Räume auf einem anderen Stockwerk umziehen. Bis dahin blieb sie an ihrem alten Arbeitsplatz.

Einer der ersten Menschen, den sie nach ihrer Beförderung anrief, war Bob Rothman. Ihr alter Freund aus der Autorengruppe an der Lower East Side versumpfte zusehends mit dem Chemieindustrie-Magazin, und seine Hoffnungen, ein neuer Arthur Miller zu werden, waren bei dem Gedanken an sein unvollendetes Theaterstück über Vietnam zusehends verblaßt. Sie vereinbarte mit ihm, daß er für die Grundschule ein Buch über Giftmüll schreiben sollte. Mit dem Material, das bei der Zeitung täglich über seinen Schreibtisch wanderte, würde das ein Kinderspiel sein. Sie lachten, als er sagte, daß er vielleicht unter einem Pseudonym veröffentlichen müßte.

»Sollte ich mir nicht besser einen Agenten zulegen?« fragte er. »Nicht, daß ich dir nicht traue, Judy, aber wir sind älter geworden und müssen uns Gedanken um Dinge wie Geld machen.«

»Bob! Ich weiß, ich arbeite für Claridge and Palmer, und Claridge gehört einem Multi, aber ich bin diejenige, die sich um ihre Autoren kümmert. Warum läßt du nicht Barry den Vertrag für dich durchsehen? Er richtet sich nach den Vorschlägen der Autorenvereinigung. Ich werde den Vertrag in unserer Rechtsabteilung durchdrücken, und er wird dir nur zehn Prozent berechnen. Die Agenten erhöhen ihre Gebühren gerade auf fünfzehn.«

Zehn Prozent erschienen Bob vernünftig, obwohl ihn der Gedanke, seinen Vorschuß und die Honorarabrechnungen über Barry Kantor zu bekommen, etwas seltsam anmutete. Er hatte den Kerl, mit dem Judith zusammenlebte, nie gemocht, seitdem er damals gesehen hatte, wie panisch Judith reagiert hatte, als es um die Musikanlage ging. Wie war die Geschichte, die er über Kantor gehört hatte? Ach ja, er hätte mit Pornografie-Anklagen gegen die Mafia zu tun. Unbedeutende Sachen, keine Schlagzeile wert, nur diese typischen abgefuckten Pornos, die am Times Square liefen. Nicht, daß er nicht auch gemeint hätte, daß Sittlichkeitsgesetze vollkommener Schwachsinn seien, er selbst war einer der heftigsten Verfechter des geheiligten amerikanischen Verfassungsgrundsatzes der freien Meinungsäußerung, aber jedes Kind wußte, daß die Mafia alle dreckigen Geschäfte in der Stadt kontrollierte. Wenn Barry diese Typen also vor Gericht oder in den peinlichen Situationen, wenn sie eingelocht wurden, vertrat, dann mußte er ganz schön dicke mit denen sein.

Bob grübelte über die neue Situation nach. Ein Buch über Giftmüll nebst Auswirkungen auf die Umwelt und einen Mafia-Anwalt, um den Vertrag zu klären. Hör auf zu übertreiben, Rothman, sagte er zu sich selbst. Gehörte Barry wirklich zur Mafia, warum sollte er dann deine unbedeutenden Angelegenheiten betreuen? Und war es nicht gut, als nicht ganz sauberer Geschäftsmann, der auf seine eigene Art, durch seinen Job beim Chemiemagazin, die Umwelt verschmutzte, sich einen nicht ganz sauberen Anwalt zuzulegen?

JUDITH

Wir koksen jetzt. Verwandeln die wasserlöslichen Flocken zurück in eine ölige brennbare Substanz.

Eine chemische Übung aus der High School, ›den Grundstock freilegen‹ genannt. Das Zubehör verkaufen sie für fünfundzwanzig Dollar in diesen indischen Läden, mit drei Seiten maschinengeschriebener Gebrauchsanweisung und einer unterstrichenen Warnung, das Set keiner Hitze auszusetzen. Äther und Ammoniak zum Kokainchlorhydrat hinzufügen und schütteln. Den Deckel abnehmen, die Verunreinigungen absinken lassen. Die oberste Schicht abschöpfen, auf dem Spiegel trocknen lassen. Das ist das ganze Geheimnis.

Dann rauchen wir die wundervollen Kristalle.

Und Barry redet.

»Ich habe meiner Mutter erzählt, daß wir geheiratet haben.« Er zog den Rauch ein, bis die glühenden Kristalle schwarz wurden und schmolzen. »In Hawaii.« Mit einem langen nachdrücklichen Seufzer stieß er den Rauch aus und gab mir das Glasröhrchen. »Habe gesagt, daß wir ihr eine Karte geschickt haben, die in der Post verloren gegangen sein muß.«

»Irgendein bestimmter Ort auf Hawaii?«

»Zieh den Rauch richtig ein! Klar, Lahaina. Ein Fischereihafen auf Maui. Informier dich drüber, sie könnte dir einige Fragen stellen.«

»Da haben wir unsere Flitterwochen verbracht?«

»Erinnerst du dich nicht?« Er löffelte mehr Kristalle auf den Spiegel. »Mach die Deckenlampe im Flur aus, Liebling, es ist zu hell. Und Liebling? Wo du gerade stehst, bring mir eine Tasse Kaffee.«

Ich kam zurück, setzte mich neben ihn auf das Sofa und legte die Beine hoch, so daß mein Kleid seine Hüften berührte. Seine Pupillen waren hinter den Brillengläsern weit geöffnet. Abwesend fingerte er an seinem Schnurrbart herum. Ich fröstelte.

»Erzähl mir über Maui.«

»Was? Ach so. Ich war wirklich mal da, mit einer anderen Frau. Bevor ich dich kennenlernte. Schon mal Maui-Dope geraucht?«

»Barry, du spinnst rum.«

»Das ist dein Problem, Judith. Du bist eine Schlaumeierin. Alles worüber sie bei Claridge and Palmer nicht reden, existiert nicht. Es war nun einmal so, daß es einen kurzen Moment in der ungeschriebenen Geschichte der unbedeutenderen Lebewesen gab, in dem Maui-Dope fast so begehrt war wie thailändisches Opiumdope.«

»Ich werde das morgen in der Lektoratsversammlung erörtern.«

»Sag auf jeden Fall, von wem du es hast.«

»Bei der Arbeit rede ich nicht über dich, Barry. Für die bist du ein geheimnisumwobener Mann.«

»Tatsächlich. Gut, laß es auch so.«

»Maui. Erzähl mir über Maui.«

Er berichtete mir über die Insel. Lavagestein, Vulkane, Wasserfälle, grüner Regenwald, weißer Sand.

»Ich glaube, Maui gefällt mir sehr«, sagte ich. »Erzähl mir mehr.«

Er glich einer Lavamasse, die einen Berghang hinunterfloß, einem heißen Strom von Worten, der schneller und schneller floß, der raste. Ich war unter dem Wasserfall und watete durch Strahlen weißen Nebels. Seine Stimme hob an und fiel ab, wie der melodische Rhythmus fließender Lava, wie ein Altsaxophon, improvisierte Folgen. Wir saßen dicht beieinander auf dem Boden des Regenwaldes. Ich war die Touristin, die Schaulustige. Er war mein Führer. Ich gab mir Mühe, die Sprache zu verstehen, ein Singsang in ungewohnter Betonung, in abgebrochenen Sätzen, Ellipsen und Gemurmel.

»Barry, langsam. Ich komm nicht mit – «

»Soll ich übersetzen! Seitdem du diese beschissene Beförderung bekommen hast, geht dir das Vermögen ab, einer erwachsenen Unterhaltung zu folgen.«

»Das ist ungerecht. Du hast so schnell gesprochen.«

»Ich werde meine Gedanken für dich nicht langsamer denken, das hätte keinen Wert. Es geht darum, den Denkprozeß freizusetzen. Im Moment artikuliere ich vielleicht ein Zehntel von dem, was in meinem Kopf ist. Paß auf, du bist eine kluge Frau, du wirst schon mitkommen.«

Er gab mir das Glasröhrchen in die Hand und hielt die Flamme. Die Kristalle glühten. Ich war die gefangene Prinzessin, auserwählt, die wütenden Götter zu besänftigen. Er war der letzte Eingeborene, der einen alten Ritus zelebrierte. Er trug mich den Berg hinauf zum glühenden Krater. Ich stand in dem Fluß geschmolzener Lava. Überall um mich herum Lava, ich sehnte mich nach der Wärme. Durch das Geröll kroch ich auf meinen Knien zur Quelle, streckte meine Hände, meine Zunge zur Wärme hin. Ich war eingehüllt in Lava, ich sprach die Sprache, die Wortkaskaden fielen immer schneller. Und dann war es vorbei.

Er stand auf und streckte sich.

»Wie spät ist es? Ich gehe schlafen.«

MÄRZ 1981

Mary Ann Collados' Periode war wieder überfällig.

»Mutter Gottes«, flüsterte sie. »Bitte.«

Das war weniger ein Gebet, als daß Mary Ann die Worte fehlten, das Furchtbare auszusprechen, das sie dachte.

Sie kam von ihrem Job, den sie nach der Schule im Eisenwarenladen machte, zurück und ging auf ihr Zimmer. Niemand war im Haus, trotzdem schloß sie ihre Tür ab, stellte zur Sicherheit einen Stuhl davor und zog die Rollos runter. Zwei Stunden lag sie auf ihrem Bett, bis ihre Mutter sie zum Abendessen rief. Bevor sie sich fertigmachte, um hinunter zu gehen, ging sie ins Badezimmer und überprüfte noch einmal ihren Schlüpfer. Nichts. Die Schachtel mit den Monatsbinden war im weißen Regal über dem Klo. Mary Ann nahm eine frische Binde und legte sie ein, während sie die gebrauchte, die sie am Morgen genommen hatte, systematisch zerriß und hinunterspülte. Vielleicht heute nacht, während sie schlief. Das war schon einmal passiert. Sie würde aufwachen und bevor sie ihre Beine aus dem Bett schwang das Tröpfeln spüren. Mit der Binde drin wäre sie darauf vorbereitet.

Mary Ann wusch sich die Hände und mied ihr Abbild im Spiegel über dem Waschbecken.

»Bitte«, flüsterte sie. »Mutter Gottes, hilf mir.«

APRIL 1981

Barry überzeugte Jeff Kellerman, gemeinsam mit ihm ein Boot zu kaufen, eine einundzwanzig Fuß lange Yacht, brandneu, mit einem 200-PS starken Außenborder. Wenn sie sich beeilten, würde er einen guten Preis bekommen. Seit Jahren hatte Jeff davon gesprochen, daß Fire Island das absolute Paradies wäre, wenn er ein Boot hätte, mit dem er die Küste der Great South Bay hinauf und hinunter schippern konnte. Wollten Barry und Judith ein Haus auf der Insel kaufen? Als er danach fragte, bekam er eine ausweichende Antwort.

»Normalerweise kaufen die Leute zuerst das Sommerhaus, Barry, und dann das Boot. Dir gefällt Fire Island ja nicht einmal.«

»Ja, aber ich habe eine Nase für gute Geschäfte, und dieses Boot ist ein Traum. Der Typ muß schnell verkaufen, für acht Riesen. Sonst kostet es zehn.«

Jeff hatte das unmißverständliche Gefühl, daß der Eigentümer, der schnell verkaufen mußte, einer von Barrys Mandanten war. Immerhin, ein Boot. Sie könnten es in Ocean Bay Park, in Flynns Yachthafen festmachen. Konnten sie erst einmal damit umgehen – er vermutete, daß man einiges über Kanäle und Navigation zu lernen hatte – könnten sie nach Pines und Cherry Grove zum Abendessen schippern. Eine phantastische Vorstellung.

»Wann können wir es uns ansehen, du Heißsporn?«

»Morgen. Es liegt auf City Island.«

»Das ist ein ganz anderes Gewässer, du Schlaumeier. Das ist in der Bucht von Long Island.«

Barrys Lider begannen hinter den Brillengläsern zu zucken. Eine seiner Maschen.

»Gut, aber dort liegt es nun einmal. Was willst du, eine Anlieferung vor die Haustür?«

Die beiden Männer fuhren in Barrys RX-7, um sich die Yacht anzugucken. Barry machte das Geschäft sofort für fünfzehnhundert Dollar weniger klar, als der Verkäufer verlangte. Sie kamen überein, in bar zu bezahlen. Jeff mußte zugeben, daß das Boot eine Schönheit und der Preis sehr günstig war. Er sagte, er würde die Papiere in Ordnung bringen und die Zulassungsurkunde besorgen.

Das war zwei Monate her. Ihre schöne Yacht dümpelte immer

noch an ihrem Liegeplatz auf City Island. Jeff fuhr einige Male hin, und Barry machte einige kurze Törns mit dem Boot. Keiner der Männer hatte genug Ahnung vom Bootfahren, um die Yacht sicher um Manhattan herum in den Atlantik und hinüber in die Great South Bay zu fahren. Und Barry hatte kein Haus auf Fire Island gekauft.

»Typische Kantor-Masche«, sagte Jeff ärgerlich zu Cindy. »Ich habe eine Bürogemeinschaft mit diesem Kerl, man sollte erwarten können, daß er mich bei seinen krummen Plänen berücksichtigt. Er hatte nie die Absicht, das Boot nach Fire Island zu überführen.«

»Könnt ihr nicht einen Anhänger mieten und es auf der Straße transportieren?«

»Ja sicher. Glaube ich zumindest. Aber Kantor würde die Kosten mit mir teilen wollen.«

Cindy hatte den Eindruck, daß auf Jeff Schwierigkeiten zukommen würden.

MAI 1981

Barry fuhr ein Schwall säuerlichen Atems ins Gesicht, als Grabinoff sich über ihn beugte, um die schlechte Nachricht zu verkünden.

»Ihre Zähne sind in fürchterlichem Zustand, mein Freund. Wenn das so weitergeht, dann werden Sie bald eine Brücke für unten und ein Gebiß für oben brauchen.«

Hatten ihn seine Zähne also im Stich gelassen. Kein Wunder. Jetzt bekam er die Rechnung für all die Jahre, in denen er den Zahnarztstuhl gemieden hatte.

Grabinoff kratzte an einem vergammelten Schneidezahn herum.

»Der hier sollte besser noch heute raus.«

»Ja, okay. Machen Sie es problemlos, mit Betäubung.«

Der Zahnarzt begann zu summen. Ein blöder Neureicher, der summte, wenn er Zähne zog. Nun, Barry konnte sich nicht beklagen, er bekam die Behandlung umsonst. Er hatte Harold Grabinoff vor einiger Zeit in einem kleinen Fall verteidigt, in dem es um einen Kunstfehler ging. Bevor die Klägerpartei sich zu einer Einigung bereit fand, hatte der Zahnarzt sich in die Hosen gemacht. Er war so glücklich, von dem Vorwurf eines medizinischen Fehlers freigesprochen zu sein, daß er Barry anbot, seine Zähne ohne Honorar in Ordnung zu bringen.

Die Narkose begann zu wirken. Barry nickte und klammerte sich an die Armlehne. Nach einigen Drehungen hatte Grabinoff den Schneidezahn herausgerissen. Er hielt ihn hoch, um ihn vom Patienten begutachten zu lassen.

»Setzen Sie sich für eine Minute dorthin«, befahl Grabinoff.

Barry unterdrückte ein Gefühl von Übelkeit.

»Ich habe Ihnen einen Vorschlag zu machen«, sagte der Zahnarzt während er seine Geräte säuberte. »Genauer gesagt, mein Bruder. Er würde es gern sehen, wenn Sie beide miteinander ins Geschäft kämen. Erinnern Sie sich an das, was ich Ihnen über meinen älteren Bruder erzählt habe, den Schlauesten in der Familie, der Frauen- und Kinderarzt wurde und sein Leben an eine verrückte Schlampe vergeudete, die sich nur für Autos und Klamotten interessierte? Er hat wieder geheiratet und sich in Rockville Center niedergelassen. Hat sich eine Hausarztpraxis gekauft, bißchen dies, bißchen das. Geburten macht er immer noch, wenn er darum gebeten wird.«

Grabinoff quasselte weiter über seinen Bruder, den Doktor, dessen zweite Frau offensichtlich so verrückt war wie die erste. Die Geschichte schien keinen besonderen Sinn zu ergeben. Barry schaltete ab, bis er die Worte ›weiße Babies‹ hörte.

Er stand kerzengerade vor seinem Stuhl.

6. JUNI 1981

Mary Ann blätterte in dem zerfledderten Telefonbuch herum, bis sie die Sparte ›Ärzte und Spezialisten‹ fand. Rockville Center war entlang der Long Island Eisenbahn zwei Stationen von ihrem Ort entfernt. Das war der erste Vorteil – sie kannte keine Menschenseele dort. Der zweite Vorteil war, daß es sich so anhörte, als sei die Stadt riesig und anonym und als hätte sie einen großen Innenstadtbezirk mit vielen Ärzten, die nicht zu viele Fragen stellten. Sie wollte einen unbekannten Namen in einer fremden Stadt. Ihr Finger blieb bei einem Namen stehen, den sie nicht einmal aussprechen konnte. K-r-z und darauf folgte ein seltsames Durcheinander von Buchstaben.

Sie ging zur Telefonzelle an der Bahnstation, um ungestört reden zu können. Als die Sprechstundenhilfe sich meldete, platzte es aus Mary Ann heraus:

»Macht der Doktor Schwangerschaftstests?«

Die Stimme am anderen Ende unterdrückte ein Lachen.

»Gewöhnlich nicht. Sie haben einen Hals-Nasen-Ohrenarzt angerufen.«

Mary Ann legte auf. Wieder schaute sie im Telefonbuch nach und fingerte in ihrem Portemonnaie nach zusätzlichem Kleingeld. Diesmal hörte sie eine Telefonansage, daß die Praxis am Montag und Donnerstag von 12:30 bis 15:00 Uhr geöffnet sei. Bei ihrem dritten Anruf hatte sie Erfolg. Die Stimme am anderen Ende der Leitung fragte, von wo aus sie anrief und sagte:

»Kommen Sie gleich vorbei.«

Mary Anns Herz machte einen kleinen Sprung. Sie kritzelte die Wegbeschreibung auf einen Schnipsel Papier, den sie aus dem Telefonbuch herausgerissen hatte.

Die Praxis lag nur einen kurzen Fußweg vom Bahnhof entfernt. Mary Ann füllte den zweiseitigen Bogen aus, den ihr die Sprechstundenhilfe auf einem Schreibbrett gegeben hatte, und ließ die Spalten ›Empfohlen durch‹ und ›Krankenkasse‹ frei. Unter ›Grund des Besuchs‹ begann sie ›Schwanger‹ zu schreiben, strich es aber durch und schrieb in Druckbuchstaben ›Periode ausgeblieben‹ mit drei Fragezeichen. Das schien angemessener zu klingen. Sie gab ihren korrekten Namen an, fälschte aber ein wenig an der Adresse herum. Die Sprechstundenhilfe nahm ihr das Schreibbrett ab, schaute kurz auf das Formular und schrieb etwas auf eine Karte, die sie in das Behandlungszimmer brachte. Kurz darauf war sie zurück. Mary Ann ging zu ihrem Sessel zurück und blätterte ›Gute Haushaltsführung‹ und eine ältere Ausgabe des ›Cosmopolitan‹ durch, während ein Mann mit Gipsarm mit der Sprechstundenhilfe herumalberte und sie aufforderte, ihn zur Rennbahn zu begleiten. Eine Frau und ein kleiner Junge, die auf einem schwarzen Ledersofa saßen als Mary Ann ankam, wurden ausgerufen und in das Behandlungszimmer geschickt. Nach ihnen ging der Mann mit dem Gipsarm hinein. Die Frau vereinbarte mit der Sprechstundenhilfe einen neuen Termin für den Jungen. Mary Ann stand auf und ging zum schwarzen Ledersofa hinüber. Nach einer Viertelstunde kam der Mann mit dem Gips heraus und begann wieder mit der Sprechstundenhilfe herumzuschäkern. Mary Ann tat so, als höre sie nichts, aber das war schwierig.

»Sie können jetzt zum Doktor gehen«, sagte die Sprechstundenhilfe mit einem freundlichen Lächeln.

11. JUNI 1981

Sheldon Grabinoff – es gab keinen Zweifel, daß er seinem Bruder, dem Zahnarzt, durch die fahle Gesichtsfarbe und den kahlen Kopf sehr ähnelte – traf sich um 17:45 Uhr mit Barry in einer aufgemotzten Bar auf der Thirty-third Street gegenüber der Penn Station. Happy Hour. Barry rümpfte die Nase über diese Bezeichnung. Jungmanager und Sekretärinnen tranken hier ihren Doppelten, bevor sie ihre Züge ins Nirgendwo bestiegen.

Am winzigen Cocktailtisch schmatzte er Erdnüsse aus einer Schale, während Grabinoff, der ältere, immer noch nicht zur eigentlichen Sache kam.

»Es bricht mir das Herz«, sagte Grabinoff mit belegter Stimme. »All diese sehnsuchtsvollen Paare, die so ein schönes Zuhause haben, die immer wieder die Vermittlungsagenturen abklappern und sich in Listen eintragen.« Er schüttelte den Kopf. »Die auf eine wilde Expedition nach Peru oder Mexiko fahren, wo immer es gerade möglich sein soll, die sich dann in diesen kirchlichen Gruppen in der Dritten Welt engagieren oder versuchen, Geburtsfehler oder weiß der Himmel was für ein genetisches Durcheinander, geltend zu machen.« Grabinoff lehnte sich herüber. »Und was ich dann auf meiner Seite der Geschichte alles mitbekomme. Diese armen blöden Kälber, die sich selbst in Schwierigkeiten bringen, wenn sie das erste Mal hinter den Stehtribünen im Football Stadion flachgelegt werden. Ich sag's Ihnen, Barry, es gibt keine Gerechtigkeit in der Welt. Die, die wollen, bekommen es nicht. Mutter Natur spielt ein schmutziges Spiel.«

»Mmh, ja, jaja.« Barry kaute an einer Handvoll Erdnüsse herum. Wem zappelt der Fisch an der Leine? fragte er sich. Wenn Grabinoff den Fisch an Land zog, würde das Barrys Position nur noch stärken.

»Ein schlauer junger Anwalt wie Sie«, fuhr Grabinoff fort. »Mein Bruder läßt ja nichts auf Sie kommen, wissen Sie. In den Kreisen, in denen Sie verkehren, treffen Sie sicher häufig diese unglücklichen jungen Paare. Paare, die nichts lieber tun würden, als einen gesunden weißen Säugling, egal zu welchem Preis, zu adoptieren. Paare, die nicht zu viele Fragen stellen, wenn nur ihre Gebete endlich erhört werden.«

Barry nickte, ohne etwas zu sagen. Raus mit der Sprache, Grabinoff, los raus damit. Leg die Karten auf den Tisch.

Der Doktor trank seinen Drink aus und bestellte einen neuen.

»Manchmal kommen die armen Mädchen einfach zu spät für eine Abtreibung, manchmal sagen sie auch, sie hätten religiöse Skrupel. Meine Praxis ist auf Long Island, aber ich kann in zwei New Yorker Krankenhäusern Betten besorgen. Ich habe meine Beziehungen gepflegt.«

Barry war beeindruckt. Der alte Trottel hatte seine Hausaufgaben gemacht und vorausgedacht. Vielleicht war dies nicht sein erster Versuch. Nur kein Interesse zeigen, das war wichtig. Er lehnte sich in seinem Stuhl zurück und pulte ein Erdnußstück aus dem Loch, in dem einmal sein Schneidezahn gesessen hatte. Grabinoff setzte zum Endspurt an.

»Sie bringen die potentiellen Kunden, ich organisiere das Geschäft, und wir teilen fifty-fifty.«

Barry erwachte. Dies war der Teil eines Deals, den er liebte.

»So nicht. Neunzig Prozent des Risikos liegen bei mir. Das spiegelt sich entweder in der Geldaufteilung oder wir vertun hier unsere Zeit.«

Der bestürzte Gesichtsausdruck von Grabinoff zeigte ihm, daß er diese Runde gewonnen hatte.

12. JUNI 1981

An dem großen Zeitungskiosk auf der West Forty-second Street besorgte sich Barry die Wochenzeitungen aus Nassau und Suffolk, die mit den Kleinanzeigen, nach denen er suchte. Sein Blick blieb an einigen Zeitungen aus Westchester hängen, und obwohl es nicht unbedingt nötig war, nahm er die auch noch mit.

Wo er schon mal in der Gegend war, entschloß er sich, im ›Palast der Feuchten Träume‹ vorbeizuschauen, dessen Besitzer einer seiner Mandanten war. In dem winzigen, schmierigen Buchladen standen um elf Uhr morgens drei mittelalte Männer in Regenmänteln an den Regalen und vertieften sich in Zeitschriften mit Titeln wie ›Ebenholztitten‹, ›Gestapo-Marter‹, ›Gelbe Kirsche‹. Der Inhaber des Ladens kam aus dem Hinterzimmer angeschlurft, um ihn zu begrüßen.

»Mr. Kantor, welch nette Überraschung.«

»Wie geht das Geschäft?«

Der Mann zog die Schultern hoch und zeigte auf eine bunte Warenauslage neben der Kasse. »Taiwan.«

Barry starrte. Es war ein Ständer mit billigen, kitschigen Kondomen, alle in voller Größe und an der Spitze offenbar mit einer obszönen Schmeißfliege dekoriert. Er vermutete, daß sich jemand so einen französischen Scherzartikel vorstellte. Seine Augen wanderten weiter, zu einem fünfundzwanzig Zentimeter großen Plastikpimmel, Batterien nicht inbegriffen, einer Henkermaske in schwarzem Leder und einem Paar Handschellen mit Silbernieten. Für jeden Geschmack etwas. Zwei Häuser vom ›Palast der Feuchten Träume‹ entfernt kam er am ›Pussy Peep Center‹ vorbei, bekannt als der sauberste Laden in der Straße. Das mußte er dem Besitzer anrechnen, egal wer er war. Es gab vier Reihen Holzkabinen, die auch mit Plumpsklos oder mobilen Baustellentoiletten hätten verwechselt werden können. In den Kabinen spritzten die Kunden zu bestialischen Endlosfilmen ab. Eine Minute von ›Schäferhund vögelt Teenie‹ gab es für einen 25-Cent-Chip. Zwei Dollar reichten für gewöhnlich, hatte er gehört. Die automatisierten Peep-Shows zu unterhalten war ein Kinderspiel. Auf einem Hochsitz saß ein Angestellter und gab Wechselgeld heraus. Immer wenn nicht so viel Betrieb war, kletterte er von seinem Sitz herunter und leerte die Münzkästen. Als das ›Pussy Peep Center‹ eröffnet wurde, setzte man den Betreibern mit täglichen Gesundheitskontrollen zu – das angetrocknete Sperma an den Wänden und die Berge von Papiertaschentüchern auf dem Boden stellten eine Gesundheitsgefährdung dar. Der Besitzer hatte dann einen verkrüppelten Schwarzen eingestellt, der die Kabinen mit einem Eimer Desinfektionsmittel regelmäßig auswischen mußte. Offenbar waren die Aufseher immun gegen den überwältigenden Gestank der Putzmittel.

Barry lief über die Straße und schaute aus Gewohnheit zu den drei abweisenden zugeklebten Fenstern hinauf. Auf einem kleinen Schild stand ›Hostessen, Tag und Nacht‹. Der älteste Puff in New York. Er selbst hatte zu einem Team von Rechtsanwälten gehört, das den Laden vor zwei Jahren vertreten hatte. Das Verfahren war eingestellt worden, und die festangestellten Hostessen waren am nächsten Tag wieder bei der Arbeit. Er hatte immer noch das Angebot, wann immer er die Notwendigkeit verspürte, ihre Dienste auszuprobieren. Das Problem war nur, daß er dieser Tage und eigentlich seit längerem keine große Notwendigkeit verspürte.

Wieder in seinem Büro, öffnete er eine der Vorstadtzeitungen und sah die Kleinanzeigen und die Familiennachrichten durch. Es brauchte nicht lange bis er fand, was er suchte.

Ehepaar aus Larchmont braucht zu seinem Glück nur noch den kleinen göttlichen Sonnenschein, den es adoptieren möchte. Zahlen alle Entbindungs- und Behördenkosten. Bevorzugen Säugling, gleich welchen Geschlechts, und wären glücklich, unsere Herzen zu öffnen für ein liebes, wunderbares gesundes und hellhäutiges Kind, zwei Jahre alt oder jünger. Diskretion garantiert. Box 472

Er riß die Seite heraus. In der nächsten kleinformatigen und dünnen Zeitung fand er dieselbe Anzeige sowie zwei andere Gesuche. In einem hieß es:

Akademiker, protestantisch/römisch-katholische Mischehe. Kinderzimmer seit fünf Jahren leer. So lange suchen wir nach dir. Bitte gib die Hoffnung nicht auf. Schreib auf diese Anzeige. Diskretion. Box XY

In der nächsten Anzeige wirkte die Beschreibung der Jahre voll Sehnsucht und enttäuschten Hoffnungen so selbstmitleidig, daß Barry sich fragte, ob es eine Falle sei. In den meisten der Wochenzeitungen verbargen sich – mit Wiederholungen in anderen Zeitungen – ein oder zwei kleine Schätze. Grabinoff hatte recht gehabt mit der gewinnträchtigen Sehnsucht, die man aus diesen Anzeigen lesen konnte. Er würde diese Sehnsucht befriedigen können.

Er nahm einen schnellen Schnief von dem weißen Zeug und hackte auf seiner alten Underwood-Schreibmaschine einen Briefentwurf zurecht. Er hatte immer noch dieselbe Maschine, die ihm seine Mutter zum Studienbeginn gekauft hatte.

»Ich bin Rechtsanwalt und spezialisiert auf private Adoptionen, hier und in Übersee«, tippte er. Wie weiter? Vielleicht etwas anderes.

»Einer meiner Auftraggeber, der aus Gründen, die Sie sicher verstehen werden, im Moment wünscht, anonym zu bleiben ...« Nein, die erste Fassung war besser.

Er dachte an die Anwaltsgehilfin, die zur Aushilfe in einem der Nachbarbüros saß und eines von Kellermans Plädoyers tippte. Sie nahm auch seine Telefonanrufe entgegen und bestellte ihm Essen im Imbiß. Also könnte er sie sicher dazu bewegen, die Arbeit für Jeff zu unterbrechen und ihm zehn Briefe zu schreiben. Aber ihm fehlte der abschließende Satz.

»Ich denke, ich könnte die ...« Judith. Judith wußte den richtigen Ton zu treffen. Und sie könnte die Kopien in ihrem Büro machen.

Er richtete eine Mappe ein mit den Zeitungsanzeigen, seinem persönlichen Briefpapier und Umschlägen. Auf die Mappe schrieb er ›Judith‹ und steckte sie in seinen Aktenkoffer.

Zeit, zur Sporthalle zu gehen und zu trainieren.

10. - 12. JULI 1981

Judith fuhr mit Sally Milton, einer der Cheflektorinnen in ihrem Büro, zu einem Tenniswochenende. Das Tenniscamp in Accord, New York, wurde von einem Profi betrieben, der, so sagte Sally, vor zwanzig Jahren in Wimbledon gespielt hatte.

Sie und Sally bewohnten gemeinsam ein Zimmer. Aber Sally war in der Gruppe für Leute mit Vorkenntnissen, und Judith war eine dieser ewigen Anfängerinnen. Ein Schlaffi, neckte Sally. Judiths Problem war ihr Aufschlag. Er war zu sanft. Der Tennislehrer arbeitete mit ihr an ihrem Griff und versuchte, sie dazu zu bewegen, bei den Matches näher ans Netz zu gehen, aber Judith fühlte sich an der Außenlinie viel wohler. Ihr fehle der Killerinstinkt, sagte der Lehrer.

Sally bekam den Eindruck, daß Judith Tennisunterricht nahm, um dem Typen, mit dem sie zusammenlebte, zu gefallen. Nach dem, was sie sagte, mußte er ein absolut faszinierender Sportler sein. Er verbringe das Wochenende allein auf seinem Boot, sagte Judith. Am Sonntagabend war es Sally Milton unerträglich geworden, von diesem Supersportler Barry Kantor zu hören.

19. JULI 1981

Mary Ann erzählte ihrer Mutter, daß sie für den Sommer einen guten Vollzeitjob in Rockville Center gefunden hatte. Dort hatte die Jobvermittlung ihrer High School Verbindungen zu einer Arztpraxis. Sie würde sich um die Patientenkarteien und derartige Dinge kümmern. Wenn es ihr gefiel, würde sie sich vielleicht im nächsten Herbst bei einer Krankenpflegeschule bewerben. Die Sprechstundenhilfe in der Praxis hätte ein Gästezimmer in ihrem Haus, das sie zu einem Spottpreis an Sommerpraktikanten vermietete. Das Zimmer würde sie mit einem anderen Mädchen aus der Schule teilen.

Ihre Mutter war der Meinung, ein Tapetenwechsel könnte Mary Ann nicht schaden. Das Mädchen war das ganze Frühjahr über durch das Haus geschlichen und hatte zugenommen. Sie ging überhaupt nicht mehr aus. Irgend etwas mußte mit dem Jungen, mit dem sie im vergangenen Jahr zusammen war, passiert sein. Nun, sie hatte ihre Tochter gewarnt, daß sie zu jung sei, um einen festen Freund zu haben. Da brauchte sie nur sich selbst anzugucken. Mit siebzehn geheiratet und bevor sie zwanzig war, hatte sie drei Kinder. Gut, das war vorbei und vergessen. Ihr Mann brachte jeden Freitag seinen Lohn nach Hause und ging sonntags mit ihr zur Messe. Sie hatten ihr eigenes Haus und drei wunderbare Kinder.

Als sie mit dem blauen Koffer aus dem Erdgeschoß nach oben kam, fand sie ihre Tochter weinend in ihrem Zimmer. Mary Ann war ihre Älteste, und sie war noch nie von zu Hause weggewesen.

»Wenn du dort unglücklich bist, dann schmeißt du den Job hin und kommst nach Hause«, sagte sie ihr.

Mary Ann nickte.

Die Kleider, die ihre Tochter mitnehmen wollte, lagen ausgebreitet auf dem Bett. Ausschließlich Blusen und Röcke. Nichts anderes paßte. Sie würde einige neue Sachen brauchen oder eine Diät beginnen müssen. Kinder stopften sich heutzutage entweder voll oder sie machten eine Diät. Sie schob es auf das Fast-

Food, die Tacos und Pizzas und Giros. Wo man hinschaute, wurden diese Läden aufgemacht.

Sie schrieb die Telefonnummer auf, die Mary Ann ihr nannte. Sie war nur für Notfälle gedacht. Mary Ann versprach, daß sie jeden Freitagabend um sechs zu Hause anrufen würde. Als sie sah, wie Mary Ann den zerzausten alten Teddybär in ihren Koffer packte, wäre sie selbst beinahe weinerlich geworden. In mancher Hinsicht war ihre bedrückte, schweigsame Tochter immer noch ein Kind.

3. SEPTEMBER 1981

Die Kripobeamten hatten einen Durchsuchungsbefehl. Don und Ellie Hethington blieb nichts anderes übrig, als freundlich zu reagieren und möglichst cool zu bleiben. Diese Schnüffler wußten genau, wo sie suchen mußten. Sie steuerten direkt auf das Maisfeld hinter dem Haus zu, als hätten sie einen Lageplan dieses verfluchten Ortes. Die wundervollen kleinen Pflanzen, die Don und Ellie den ganzen Sommer über so liebevoll gepflegt hatten, wurden eine nach der anderen ausgerissen.

Mais sei die perfekte Tarnung; das hatten alle bestätigt. Ihr Geschäftspartner Joe Fricks, der ihnen den Samen des Afghanen gegeben hatte, hatte Don versichert, daß es für die Hubschrauber verdammt schwierig sei, die Pflanzen aus der Luft zu entdecken. Sie waren seinen Ratschlägen genau gefolgt.

»Übertreibt es nicht«, hatte Joe sie gewarnt. Einige Pflanzen hier und dort genügen, und ihr macht bequem eure vierzig Riesen.«

Die Hethingtons hatten die heruntergekommene alte Farm im Nordosten von Vermont gekauft und geplant, vom Anbau biodynamischer Produkte zu leben, so daß Don nach Herzenslust in der Scheune malen konnte und eines Tages das Selbstvertrauen bekäme, seine Arbeiten auszustellen. Ellies Vater hatte ihnen einen Kredit verschafft. Aber die Pflanzzeit in Vermont war sehr kurz und das Gelände sehr hügelig. Dons Freund Joe

Fricks hatte sie überzeugt, daß die einzige Möglichkeit, Geld zu machen, der Anbau von sehr gutem samenlosen Marihuana sei. Dies hätte ihre erste Ernte werden sollen.

Ellie hatte sich den ganzen Sommer über aufopferungsvoll um die kleinen Sprößlinge gekümmert. Die männlichen Pflanzen mußten gejätet und die weiblichen Triebe abgekniffen werden, damit die Pflanzen buschig wachsen konnten. Das erforderte sehr viel Arbeit, sehr viel mehr Arbeit als die Pflege ihres Erdbeerbeetes. Der Trick bestand darin, mehr harzige Blüten zu erzeugen. Harz war das ganze Geheimnis.

»Auf das Harz«, hatte Don ihr gerade am vergangenen Abend zugeprostet.

Es mußte sie jemand verpfiffen haben, aber wer? Sie würden genug Zeit haben, sich darüber Gedanken zu machen, aber zunächst brauchten sie einen Anwalt. Vielleicht sogar zwei Anwälte. Don würde nicht Ellie die Sache ausbaden lassen. Ihm schauderte. Ellie würde einen fürchterlichen Aufstand machen, aber sie würden es ihrem Vater erzählen müssen. Er würde es sowieso herausbekommen. Don war sich sicher, daß ihnen der alte Mann sofort einen guten Anwalt besorgen würde. Sie mußten einen Nachbarn anrufen, denn sie brauchten jemanden, der sich um Ellies Kinder kümmern würde, während sie mit diesen überaus freundlichen Herren nach Burlington zum Verhör fuhren.

4. SEPTEMBER 1981

Dr. Sheldon Grabinoff hinterließ eine Nachricht bei der Bürohilfe von Jeff Kellerman. Er wünsche einen Rückruf von Mr. Kantor. Als Barry anrief, erzählte ihm der Geburtshelfer, daß er eine Lieferung für den zehnten September beabsichtige.

6. SEPTEMBER 1981

Die Hethingtons kamen nach New York, um Ellies Vater zu besuchen und sich mit ihrem Anwalt zu treffen. Barry Kantor war von einem Freund von Joe Fricks empfohlen worden, der sagte, daß Barry einige Leute verteidigt hätte, die er kannte. Er hätte sie gut vertreten. Die Freunde von Joes Freund hatten alle Fehler gemacht, die man sich nur denken konnte. Sie waren am Kennedy-Flughafen auf direktem Weg aus Cartagena angekommen, mit einem Haufen Koks, der in Rasierschaumdosen versteckt war. Einer nach dem anderen waren sie vom Zoll geschnappt worden.

Drei Männer und ihre Freundinnen bei ihrem ersten Versuch, illegal Geld zu machen. Kantor hatte ein Urteil arrangiert, bei dem die Freundinnen mit Bewährungsstrafen davonkamen und die Männer mit vier bis sieben Jahren, was bedeutete, daß sie in zweieinhalb Jahren wieder draußen sein würden.

Am meisten faszinierte die Hethingtons an der Cartagena-Geschichte, daß ein viertes Pärchen später am Tag über Miami angekommen war, ohne gefaßt zu werden. Weil sie alle mit drinsteckten, hatte das vierte Pärchen eingesehen, daß es nur fair war, das Kokain, das sie mitgebracht hatten und das ihnen allen gehörte, für die Bezahlung der Verteidigung zu verwenden. Bevor sie einen Käufer hatten finden können, hatte Kantor gesagt, sie sollten sich keine Mühe machen, er würde einen Teil seines Honorars in Koks annehmen. Ein irrer Typ.

Ihnen war es wichtig, einen gewitzten Anwalt zu haben, jemanden, der ihre Lebensweise verstand, nicht einen dieser lahmarschigen Notare, die Ellies Vater favorisierte. So einer würde nur auf Don herabblicken und versuchen, Ellie anzumachen.

Das erste, was Kantor am Telefon sagte, war »Geld zuerst.« Das verunsicherte Don etwas, aber Kantor erklärte, daß dies nicht ein Schmerzensgeldfall sei, in dem der Anwalt versuchte, eine gütliche Einigung mit der anderen Seite zu erreichen. Don lachte, und das klärte die Situation. Als Don sagte, daß er pleite sei, Ellies Vater aber viel Geld habe, stellte Kantor viele Fragen über ihre Beziehung und die Farm. Don erklärte, er vermute, man könne die Farm als zusätzliche Sicherheit für einen Kredit benutzen. Dann fragte Kantor, ob sie gern norditalienisch äßen und schlug vor, sich zum Abendessen in einem Restaurant auf der Hudson Street im Village zu treffen. Er wollte auch Ellies Vater dabei haben, aber Ellie war strikt dagegen.

Ihnen gefiel die Vorstellung, mit ihrem Anwalt zu abend zu essen. Nicht so ein beschissenes Getue von »Ich bin auf der richtigen und du auf der falschen Seite des Gesetzes.« Kantor kam mit der Frau, mit der er zusammenlebte und die, wie er sagte, einige juristische Arbeiten für ihn machte. Sie trug nicht viel zur Unterhaltung bei. Die Hethingtons hatten den Eindruck, daß sie gerade eine Krankheit auskurierte. Sie sah ausgemergelt aus. Ellie schlug vor, sie sollte irgendwann einmal nach Vermont kommen und sie auf der Farm besuchen. Die Frau strahlte und erwähnte ein Buch über Gemüse, das sie geschrieben hatte.

Kantor sagte ihnen, sie sollten sich keine Sorgen machen. Er sei glücklich, sie beide zu verteidigen. Allerdings könnte es einen besseren Eindruck machen, wenn er einen Partner engagierte, der als eine Art passiver Ersatzmann Ellie vertrat. Aber er bezweifelte, daß Ellie überhaupt angeklagt würde. Er war sich ziemlich sicher, daß er lange vor dem Verhandlungstermin eine Einigung wegen Ellie erreichen könnte oder vielleicht während des Verfahrens; manchmal sei es besser, es so herum zu machen. Don würde mit etwa sechs Monaten bis einem Jahr davonkommen, weil es sein erstes Vergehen war. Er, Kantor, würde zusehen, daß sie vor einen bestimmten Richter kämen. Er könnte den Namen dort im Restaurant nicht sagen, aber er ließ durchblicken, daß die Sache so gut wie perfekt war. Es würde sie viel Geld kosten, darüber sollten sie sich im klaren sein. Don und Ellie fielen ihm über den Tisch beinahe um den Hals.

Dann sagte Kantor, daß bald sein vierzigster Geburtstag wäre und ob sie wüßten, wo er guten Koks bekäme. Don blinzelte Ellie zu und sagte, sie hätten einiges im Auto, alles für ihn verpackt, und wenn ihm die Qualität gefalle, könnten sie bei der Ablieferung der ersten Honorarzahlung mehr mitbringen.

»In bar«, erinnerte er sie. Sie nickten, und Ellie beglich die Restaurantrechnung. Sie wollte nicht, daß ihr Verteidiger dachte, sie erwarteten ein kostenloses Abendessen.

Später sagte Ellie, sie habe ein gutes Gefühl mit Kantor. Er sei jemand, mit dem man klarkommen könnte, ein Mensch, der sehr offen über seine Forderungen spreche. Jetzt, sagte sie zu Don, würde sie ihren Vater bearbeiten müssen.

10. SEPTEMBER 1981

Sie schoben das Bett in den Kreißsaal. Alle sind so beschäftigt, dachte Mary Ann. Wer sind all diese Menschen? So viele grüne Masken. Sie versuchte, ihren Doktor zu erkennen, aber die OP-Lampe über ihr war zu stark. Alles ging so schnell. Irgendwer drückte ihren Bauch. Das mußte er sein.

»Verstehst du, was passiert, Mary Ann?« sagte der Mann. »Ich habe die Wehen ausgelöst. Du bist fast soweit. Es wird nicht mehr lange dauern.«

»Drück, Liebling, drück.« Eine Frauenstimme. »Du mußt pressen so stark du kannst. Nach unten.«

Das weiße Licht blendete sie. Um es gut zu machen, hatten sie irgend etwas in sie hineingepumpt. Wie lange war das her? Minuten? Stunden? Sie konnte sich nicht erinnern. In ihrem Kopf wirbelte es durcheinander. Bringt mich hier raus, dachte sie. Bringt es zum Ende. Pressen. Der langsame rhythmische Hammerschlag in ihrem Körper trieb sie weiter, immer weiter. Nach unten. Sie würde in zwei Stücke gerissen werden. Pressen.

Das Licht war grell. Eine hübsche Frau in einem langen weißen Kleid kam mit ausgestreckten Armen auf sie zugeschwebt.

»Mary Ann, Mary Ann«, sagte sie sanft. »Du bist nicht allein.«

Mary Ann atmete in kurzen schnellen Zügen. Der Hammer schlug auf ihre Eingeweide.

»Ich habe zwei Freundinnen mitgebracht, sie werden dir helfen, schau Mary Ann, schau doch.«

Zwei andere schöne Frauen tanzten die Hüften schwingend in Abendkleidern durch den Himmel. Dolly. Cher. Sie wollte ihre Namen rufen, aber Cher führte einen langen, rot lackierten Fingernagel an ihre Lippen.

»Jetzt alle zusammen, Mädchen«, sagte Dolly. »Eins-zwei-drei, pressen.«

Mary Ann stöhnte auf.

»Gutes Mädchen«, sagte eine Stimme von weither. »Du hast es geschafft.«

12. SEPTEMBER 1981

Barry hatte seinen Wagen geparkt und blieb wartend darin sitzen. In etwa einer halben Stunde würde Grabinoffs Sprechstundenhilfe mit dem Bündel im Arm durch den Seiteneingang herauskommen. Sie würde es auf der Vorderbank zwischen sie beide legen, und dann würde er ihr für ihre Umstände einen Hunderter zustecken. Sie würde sich dagegen wehren und sagen, daß sie sich komisch vorkäme, Geld für etwas zu nehmen, das sie aus Nächstenliebe für Gottes unglückliche Geschöpfe getan habe, er aber würde sagen ›Schon gut, ich weiß, daß Sie einige unerwartete Auslagen hatten. Nehmen Sie den Rest, um sich einen neuen Hut zu kaufen.‹ Trugen Frauen überhaupt noch Hüte? Er hatte seit zehn oder fünfzehn Jahren keine Frau mehr mit Hut gesehen, aber der Satz war zu einem Ritual zwischen ihnen geworden. Sie würde ›Oh, Mr. Kantor‹ sagen und den Schein nehmen. Es war wichtig, daß sie den Schein nahm. Ein einfacher Weg, um sie zur Mitwisserin zu machen. Er kannte die Menschen. Würde sie irgendwann einmal anfangen zu zweifeln, würde sie sich an den Hunderter erinnern und sich fragen, wie sie es den – wie nannten sie das noch in den Zeitungen? – ja, wie sie es den zuständigen Behörden erklären sollte. ›Wenn Sie ihre Zweifel hatten, warum sind Sie dann nicht zu den Behörden gegangen?‹

Er schwitzte. Aber das war in Ordnung. Es war seine dritte Übergabe in drei Monaten, und die anderen waren wie am Schnürchen verlaufen. Diesmal war er anders an die Sache herangegangen. Er hatte zwei potentielle Kunden bis zum letzten Moment hingehalten. Jeder der beiden hatte ihm 50 000 garantiert und eine Anzahlung gemacht. Das Übergabedatum sei bald, hatte er ihnen gesagt, aber man könne nie wissen, manchmal entschieden sich die Mütter, ihre Kleinen doch zu behalten. Sobald er hier mit dem Bündel weg käme, würde er telefonieren. Dem ersten Abnehmer würde er erzählen, daß ein Kind da sei, es aber einen kleinen Haken an der Sache gäbe: Er habe ein Angebot über Fünfundsiebzigtausend bekommen. Wenn sie es akzeptierten, prima, wenn nicht, hatte er den zweiten Abnehmer in der Hinterhand. Mein Gott, Menschen ließen sich in ihrer Not so leicht etwas vormachen. Andererseits war er bis jetzt auf keinen Abnehmer gestoßen, der nicht zu Anfang vor dem Preis zurückgeschreckt war. Sie alle wollten einen gesunden Säugling, ohne Bedingungen. Eine saubere, echte Geburtsurkunde und eine Verzichtserklärung auf alle Ansprüche von der leiblichen Mutter. Wenn er ihnen etwas über die Realitäten des Lebens erzählte, hielt sie auch das nicht davon ab, zu feilschen. Das war auch okay. Er sagte dann nur, wenn sie seine Bedingungen nicht erfüllen könnten, sollten sie Spence-Chapin anrufen und sich auf die Warteliste setzen lassen. Sie wußten, was das bedeutete, den Weg waren sie schon gegangen. Spätestens dann waren sie bereit, über das Geschäft zu reden.

Mit den Kühen war das etwas anderes. Die erwarteten als Vergeltung für ihre Sünde, wie Dreck behandelt zu werden. Bekamen sie genug Scheiße ab, wähnten sie sich schon auf dem Weg zur Erlösung. Er verbrachte nicht viel Zeit mit diesen Kühen, das war Grabinoffs Sache. Er traf sie einmal, bevor sie ins Krankenhaus gingen und ließ sie eine generelle Verzichtserklärung unterschreiben. Sie blinzelten, wenn sie das aufwendige Schriftstück mit den schönen Schrifttypen sahen. Ein offizielles Dokument, das ihnen ihre rechtmäßige Freisprechung einbringen würde. Eine von ihnen hatte für einen Moment gezögert zu unterschreiben und gefragt, ob ihr Baby in eine gute römisch-katholische Familie kommen würde. Sie wollte es dem Priester eines Tages sagen können, falls die Last, die sie daran trug, zu schwer werden würde. Sie meinte, die Last der Schuld, nicht die Last ihrer Leibesfrucht. Er schaute ihr in die Augen und sagte,

›Wenn es das ist, was du willst, ich gebe dir mein Wort.‹

Warum nicht? Den Kühen ging es nicht um die finanziellen Vorteile dieses Handels. Sie wollten ihre Strafe ableisten und es hinter sich bringen. Er dachte an die Fünfzehnjährige, die jüngste bisher, die gemeinsam mit ihrer Mutter ins Krankenhaus gekommen war. Die Mutter hatte im Besucherzimmer der Geburtsstation auf ihn eingeredet. Zwischen einzelnen Stoßwölkchen ihrer Zigarette hatte sie von ihm die Zusicherung verlangt, daß diese schreckliche Angelegenheit für sie ein für alle Mal erledigt war. Es sei schwer genug, die Sache vor dem Vater zu verheimlichen. Sie wolle die Tochter zu einer Schwester nach Wantagh schicken, bis alles vorüber wäre, aber sie wisse immer noch nicht, wie sie mit den Nachbarn umgehen solle. Der Vater und die Nachbarn. Vor diesen beiden lebten Mädchen wie Mütter in panischer Angst. Die Mutter der Fünfzehnjährigen war in solch einer Panik gewesen, daß er fünfhundert Dollar Notargebühren für den Vertrag verlangt hatte. Sie hatte bezahlt, ohne Murren. Hatte Reiseschecks in ihrem Portemonnaie.

Die Kleine da drin jetzt. Collado. Ein Fall für die Wohlfahrt. War bei der Sprechstundenhilfe untergeschlüpft und arbeitete Teilzeit in Grabinoffs Büro, um den Aufenthalt zu bezahlen. Konnte nicht älter als siebzehn sein und schwieg sich immer noch über den Vater ihres Kindes aus. Er sagte Grabinoffs Helferin, sie solle ›Vater unbekannt‹ aufschreiben, einen nahen Verwandten erfinden und seinen eigenen Namen und Adresse als Vormund ins Krankenhausformular eintragen. Diese Privatkrankenhäuser waren in der Verwaltung so unterbesetzt, daß er einige Ungenauigkeiten in den Akten riskieren konnte. Er hatte für diese Geburt schon die Rechnung bezahlt. Das war immer gut. Im voraus bezahlen. Könnte unangenehm werden, wenn ein Verwaltungsangestellter anfinge, die Formulare, die durch die Versicherungs- und Rechenabteilung liefen, zusammenzurechnen.

Grabinoffs Sprechstundenhilfe drückte sich seitwärts durch die gläsernen Drehtüren. Das Bündel lag zusammengerollt in ihren Armen. Hinter ihr ging eine Krankenschwester mit einer großen Tragetasche.

Er hupte zweimal und öffnete die Wagentür.

Als Judith nach Hause kam, hörte sie Barry im Schlafzimmer mit irgend jemandem am Telefon reden, ein lautstarker unangenehmer Streit, nach allem, was sie mitbekam.

Es war ungewöhnlich für ihn, um diese Zeit zu Hause zu sein. Sie hängte ihre Jacke auf, stapelte seine Post auf dem Eßzimmertisch und schlich auf Zehenspitzen den Flur entlang, unsicher, ob er allein sein wollte oder nicht.

Ein Baby lag auf ihrem Bett. Es braucht so wenig Platz, war ihr erster Gedanke.

JUDITH

Es war etwas vollkommen danebengegangen. Einer der Kunden war im letzten Moment zurückgetreten, und der Mann des anderen Ehepaares war auf Geschäftsreise in Bahrein. Er würde für einen Monat weg sein, und die Frau fühlte sich nicht in der Lage, allein zu entscheiden.

Barry sagte, es gebe keinen Grund zur Panik, er würde in den nächsten Tagen Verbindung zu anderen Interessenten aufnehmen. Wenn die aber mitbekämen, daß er unter Druck sei, das Kind loszuwerden, würden sie den Preis drücken. Dabei hatten diese Leute gleich zu Anfang mehr geboten als gewöhnlich. Er mußte also gelassen bleiben, sich die Zeit nehmen, die er brauchte, und das volle Honorar einstreichen.

»In der Zwischenzeit«, sagte er und schaute mich mit dem niedergeschlagenen Grinsen eines kleinen Jungen an, »haben wir ein Problem. Sag denen bei der Arbeit, daß du einige Tage frei haben mußt, in Ordnung?«

Er saß vorsichtig am Ende des Bettes, peinlich darauf bedacht, den schlafenden Säugling nicht zu stören. Ich hatte ihn nie so schwach gesehen.

»Wir stecken da zusammen drin, Judy.«

Natürlich stecken wir zusammen drin.

Wir nennen sie ›Die Überraschung‹. Am ersten Abend hatte ich Angst, ihr zu nahe zu kommen, ich dachte, ich würde etwas falsch machen, aber Barry sagte: »Sie ist nicht zerbrechlich, Judith. Schau nur.« Er nahm ihr kleines krummes Bein am Fuß hoch. »Siehst du?« Er war furchtlos. Ich rückte etwas näher heran. Der winzigste Fuß und der zarteste kleine Nagel, die ich jemals gesehen hatte. Er steckte seinen kleinen Finger in ihre Faust. Sie griff zu.

Barry ging mit ihr um, als hätte er so etwas schon immer getan, und ich drückte mich, unsicher wie ein Lebewesen von einem anderen Stern, an der Bettkante herum. Er gab mir Anweisungen. Ich sollte ihm den großen Plastikwäschekorb bringen, einige Handtücher und ein Laken. Er würde eine kleine Wiege daraus machen, so daß sie in der Nacht auf dem Fußboden auf seiner Seite des Bettes schlafen könnte. Ich war kaum in der Lage, klar zu denken, tat aber, was er verlangte.

»Was hast du, Judith?« fragte er. »Hast du als Kind nie ein Kätzchen mit nach Hause gebracht? Wenn dir das hilft, tu einfach so, als sei es ein Kätzchen.«

Es begann ihm Spaß zu machen, er hatte eine neue Herausforderung zu meistern. Je weniger ich in der Lage war, damit klarzukommen, um so selbstsicherer wurde er. Er schien genau zu wissen, wie er mit der ›Überraschung‹ umzugehen hatte. »Hör zu, Dummerchen«, sagte er, »dies ist eine 50-75000-Dollar-Investition. Wir müssen sie sauber und zufrieden halten.« Ich nickte. »Da ist ein Karton mit Babynahrung und einem Fütterprogramm. Geh zur Drogerie und hol einige Einwegflaschen und Wischtücher, eine Gummiunterlage und Windeln. Babies sind etwas undicht.«

Ich brauchte eine ganze Zeit, um die Besorgungen zu machen. Als ich in die Wohnung zurückkam, saß er neben dem Wäschekorb auf dem Fußboden und kitzelte die ›Überraschung‹. Sie sah so verschrumpelt aus. »Weint sie gar nicht?« fragte ich.

»Sie wird weinen«, sagte er. »Früher oder später weinen sie alle.«

Gleich morgens rief Judith bei Claridge and Palmer an und erzählte Harvey Erickson, dem neuen Lektor, daß sie einige Tage frei nehmen müßte. Ein großes, unerwartetes, persönliches Problem, über das sie nicht sprechen könnte. Donnerstag, wahrscheinlich wäre sie am Donnerstag wieder da. Alle ihre Vorhaben liefen gut, wenn es irgendwelche Fragen gäbe, könnten sie sie zu Hause anrufen.

Auch Barry blieb zu Hause. Grabinoff bekam einen Wutausbruch, als Barry ihn in Rockville Center anrief, um die veränderte Situation zu erklären. Aber dann beruhigte er sich und nannte den Namen eines vertrauenswürdigen Kinderarztes, für den Fall, daß das Baby Koliken oder Durchfall bekäme. Dr. Michael Rochette hatte eine Praxis an der West Twelth Street, und es war gut, seinen Namen im Adressbuch zu haben.

Grabinoff war sehr nervös. Er war sich nicht sicher, ob er noch mehr solcher Fälle erledigen wollte. Barry sagte, das könnten sie besprechen, wenn diese Angelegenheit erfolgreich abgeschlossen sei, wenn er sich aber Sorgen um das Geld mache, das könnten sie sofort in Ordnung bringen. Grabinoff sagte, es ginge ihm nicht um das Geld, er wolle einfach nicht mehr mitmachen. Er dächte sowieso daran, sich zur Ruhe zu setzen und nach Florida zu ziehen.

Es sei bemerkenswert, sagte Barry zu Judith, wie Menschen ihre Zielstrebigkeit verlören, sobald etwas nicht nach Plan verliefe. Dann schickte er sie zur Jefferson Market Bücherei, um ein Buch über Säuglingspflege zu besorgen. Er sagte, wenn sie es nicht so lerne, würde sie vielleicht durch Lesen einiges mitbekommen. Judith meinte, sie würde ein Buch von Spock durchschauen, wenn sie es in der Bücherei fände. Es sei ein Jammer, daß sie am letzten Freitag keine Vorahnung gehabt hätte, denn bei Claridge im Büro läge eine riesige Sammlung neuer Bücher über Säuglingspflege.

Barry war ein Naturtalent. Judith bewunderte ihn. »Schau dir das an, Judith«, rief er. Er hob das Kind unter den Armen hoch, und die kleinen Beine schoben über den Holzboden, als wenn sie gehen wollten.

Er kümmerte sich selbst um das Füttern und Wickeln. Er trug das Baby durch die Wohnung, setzte es ab, nahm es hoch, stellte ihm die Küche vor – Hallo, Kühlschrank – , das Badezimmer und sogar den Einbauschrank im Flur. Er trug es zu den Vorderfenstern und zeigte ihm die Grünpflanzen. Babys brauchen viel Anregung, verkündete er. Menschliche Anteilnahme. Er legte ihr das Baby in die Arme und ließ sie es für einen Moment halten.

»Mache ich es richtig?« fragte sie.

»Richtig ist, wenn man ein gutes Gefühl dabei hat«, sagte er. »Halt sie von hinten und stütz ihren Kopf, laß ihn nicht zurückfallen.«

Sie fühlte die Körperwärme des Babys. Irgendwie war sie auf diese Wärme nicht vorbereitet gewesen.

»Wieg sie ein wenig hin und her.«

Sie versuchte es, aber ihre Arme fühlten sich steif an. Er merkte, daß sie ängstlich war und nahm ihr das Kind wieder ab.

An diesem Abend schob Barry nach dem Essen anstatt fernzusehen die ›Überraschung‹ ins Wohnzimmer. Er stellte den Plastikwäschekorb auf den Beistelltisch, und während das Baby schlief, starrte er stundenlang in den Korb. Als das Telefon klingelte, sagte er, Judith solle nicht rangehen, der Anrufbeantworter könnte das Gespräch aufnehmen.

Es war ein Vertreter für öffentliche Pfandbriefe, der ein Werbegespräch am Telefon führen wollte. Über den Lautsprecher hörten sie dem verwirrten Vertreter zu, der ein kurzes Angebot machte, seine Nummer nannte und auflegte.

Barry begann wieder zu starren, während Judith so tat, als sei sie in ein Buch vertieft. Von Zeit zu Zeit schaute sie auf und wartete darauf, daß er das Schweigen beendete. Das einzige Geräusch, das sie hörte, war ein Türenschlagen auf der anderen Seite des Treppenhauses, als ihre Nachbarin nach Hause kam. Schließlich bewegte er sich und kniff die Augen zusammen, um aus seiner Trance herauszukommen.

»Mollie oder Melinda«, sagte er. Dann trug er den Wäschekorb ins Schlafzimmer.

JUDITH

Er hatte den ganzen Monat widerwillig über seinen vierzigsten Geburstag gegrübelt, mit einem Gefühl, als hätte er ein bedeutendes Datum begangen, aber nichts erreicht. Das Baby schien eine Antwort zu sein. Er sagte, es sei, als hätte er in der Lotterie gewonnen, wo er doch vergessen hatte, daß er überhaupt ein Los gekauft hatte.

Mir ging es ähnlich. Als ich jünger war, hatte ich immer angenommen, daß es eines Tages ein Kind in meinem Leben geben würde, aber das schien immer weit entfernt. Es lag in der Zeit, nachdem ich einen Roman veröffentlicht und den Pulitzerpreis dafür gewonnen hätte. Ich dachte, würde ich jemals schwanger werden, würden wir heiraten, ich würde keine Zigaretten mehr rauchen und ernsthaft Gymnastikunterricht nehmen. Ich würde nach Namen für die Kinder suchen, die Barry und ich gemeinsam hätten, und diese Namen wieder und wieder auf ein Blatt Papier kritzeln. Brian und Kimberly, Pete und Patricia, Jason und Dru. Ich sah mich mit dem Kinderwagen durch den Washington Square Park gehen. Ich probte das Interview, das ich der Reporterin von der ›Vogue‹ geben würde. DIE LEUTE REDEN ÜBER ... DIE PREISGEKRÖNTE AUTORIN JUDITH WINOGRAD, IHREN EHEMANN, DEN BRILLANTEN ANWALT UND DIE BEIDEN BEWUNDERNSWERTEN KINDER.

Als ich neununddreißig wurde, hatte ich eine Erkenntnis. Wenn es bis jetzt nicht passiert war, würde es wahrscheinlich auch nicht mehr passieren. Romane und Babies waren für mich außer Reichweite. Heirat war ein Tabu zwischen uns beiden, ein Thema, über das Barry nicht redete. Und dann brachte er Melinda mit nach Hause.

Wie ein Schatten meiner selbst lief ich in diesen ersten Wochen umher. Es schien alles nicht wahr. Manchmal, wenn er mich einkaufen schickte, kam ich mit der unbestimmten Erwartung zurück, daß sie nicht mehr in der Wohnung sein würde. Ich dachte: Ich werde die Tür öffnen, er wird allein auf dem Sofa sitzen, einen Joint rauchen und sich die Talking Heads vom Band anhören. Er wird sagen ›Hey Judy, die Vermittlung hat geklappt‹, oder ›Hey Judy, sie haben sie abgeholt, während du weg warst‹.

Oder war das meine geheime Hoffnung?

Ein- oder zweimal hat er, glaube ich, im ersten Monat versucht, das Kind an einen Abnehmer zu vermitteln. Es gab einige mysteriöse Telefongespräche, die ich nicht mitbekommen sollte. Mitsamt ihrer Rassel wickelte er sie ein, nahm sie auf den Arm und sagte mir, daß er in einigen Stunden zurück sein würde.

Aber sie kamen immer gemeinsam zurück.

21. SEPTEMBER 1981

Daß Judith Winograd und der Mensch, mit dem sie zusammenlebte, ein Baby adoptiert hatten, war Thema Nummer eins an diesem Montagmorgen am Kaffeetisch bei Claridge and Palmer.

»Ziemlich überraschend, meinst du nicht?« sagte Harvey Erickson zu seiner Chefin Joanne Owens, als er in ein Törtchen biß.

Joanne schüttelte ihren Kopf. »Nicht zu glauben. Ich bin fassungslos. Wie schafft es eine unverheiratete Frau in dieser Stadt, ein Kind zu adoptieren? Es gibt schon für verheiratete Paare eine kilometerlange Warteliste.«

Es wird entweder vietnamesisch, koreanisch oder schwarz sein«, sagte Sally Milton, wie gewohnt lakonisch, während sie sich Milch und Zucker in den Kaffee tat.

»Hat sie eine Andeutung über die Hautfarbe gemacht, oder hast du es in deiner widerlichen liberalen Höflichkeit vermieden, genauer nachzufragen?«

Harvey, der Judiths Anruf entgegengenommen hatte, gestand ein, daß er nichts über das Wieso, Weshalb, Warum sagen konnte. Direkte Fragen zu stellen war nicht seine Art, sonst würde er vielleicht immer noch für die Nachrichtenagentur Associated Press arbeiten.

Sally schnippte mit den Fingern, als habe sie das ganze Geheimnis aufgeklärt, und dabei war es noch nicht einmal zehn Uhr morgens.

»Eine alleinstehende Freundin von mir hat vor zwei Jahren ein schwarzes Kind adoptiert. Ein niedliches kleines vier Jahre altes Mädchen mit einem Herzfehler, das seit seiner Geburt in Waisenhäusern gelebt hatte. Niemand wollte sie haben, und so hatte meine Freundin Sheila Glück. Aber die Behörde für soziale Dienste nahm sie fürchterlich durch die Mangel, bis sie ihren Antrag bewilligte. Sie mußte diese entwürdigenden Hausbesuche über sich ergehen lassen. Nachzuweisen, daß sie ein eigenes Zimmer für das Kind hatte, war das wenigste, sie wollten wissen, ob bei ihr manchmal Männer übernachteten.«

Sie triezten Harvey, ob er wenigstens das Geschlecht des Kindes herausbekommen hätte. Ein Mädchen mit Namen Melinda. Das Merkwürdigste war, daß sich niemand im Büro daran erinnern konnte, daß Judith jemals von einem Kinderwunsch gesprochen hatte.

»Ich habe immer gesagt, daß sie sehr verschwiegen ist«, sagte Joanne, »und ich bin diejenige, die sie angestellt hat.«

»Glaubst du, daß sie wiederkommt?« fragte Harvey.

»Natürlich wird sie das«, sagte Joanne. »So etwas ist doch heute kein Thema, nicht wahr? Ich frage mich, was jetzt zur Feier des Kindersegens angesagt ist? Laden wir sie zum Mittagessen bei Giambellis ein oder rufe ich bei Dean and DeLuca an und richte ein Essen bei mir zu Hause aus, mit Eheleuten und anderen wichtigen Menschen?«

Sie verstummten bei dem Gedanken daran, gemeinsam mit den Menschen, denen sie nahestanden, einen zusätzlichen anstrengenden Abend in Joannes Wohnung in Gramercy Park zu verbringen. Ihr überschwengliches Bürogetratsche würde auf wenig Gegenliebe stoßen, und ihre Liebsten würden gelangweilt und genervt um die gläserne Bowleschale herumstehen. Jedes Weihnachten war es so. Einmal im Jahr war genug.

Sally schlug eine bequeme Alternative vor. Warum gaben sie nicht alle etwas Geld und kauften ein großes Geschenk, so etwas wie einen zusammenklappbaren Laufstall oder eine wirklich schöne eineinhalb Meter große Giraffe von F.A.O. Schwarz?

Sie erklärte sich bereit, die Sammlung zu organisieren.

23. SEPTEMBER 1981

Gunther Heald konnte es nicht erwarten, seinem Geliebten die Neuigkeit zu erzählen. Er lebte erst seit zwei Monaten mit Jim zusammen, aber sie hatten einen schönen verläßlichen Rhythmus. Heute abend war er mit Kochen dran. Er war zu Balducci's gegangen, um etwas wilden Farn zu kaufen, den er leicht in Butter dünsten und dann mit Hühnerbrust servieren wollte. Nur Huhn und Farn, très élégant. Aber es war nicht die Jahreszeit für dieses Gemüse, also nahm er Porree. Er vermutete, daß er, wenn ihre Beziehung reifte, in der Lage sein würde Jim einzugestehen, daß er Steak und Kartoffeln viel lieber mochte, aber es machte Spaß mit Nouvelle Cuisine herumzuexperimentieren und einander jeden Abend mit etwas Exotischem zu überraschen. Immerhin hatten sie sich durch Essen kennengelernt, als er Jims Tisch im Odeon bediente.

Er hatte eine Glückssträhne. Vor zwei Monaten war er arbeitsloser Schauspieler gewesen, der kellnerte und sich mit einem Maler und einem männlichen Model eine Bruchbude auf der Eldridge Street teilte. Jetzt sollte er eine gute Rolle in einer Off-Broadway-Show bekommen, und er wohnte in einem schönen Stadthaus im Village mit einem Mann, der ihn anhimmelte. Jim war zwanzig Jahre älter als Gunther und lebte strikt monogam. Er zog jeden Morgen einen dunklen Nadelstreifenanzug an, um als Mathematiker in einer Versicherungsgesellschaft zu arbeiten. Aber die Wohnung zeigte, wer er wirklich war. Er hatte alles allein gemacht, ohne einen Innendesigner, in französischem Provinzstil, mit phantastischen Stücken von Pierre Deux und aus anderen Antikläden in dem aufregenden Teil der Bleecker Street, wo er und Gunther gerne stöberten.

Aber es gab einen Haken an der Sache mit Jim, und der betraf folglich auch Gunther – obwohl es ihm nach einem Jahr auf der Eldridge Street schwerfiel, die Heftigkeit von Jims Wutausbrüchen zu verstehen: Es war der Lärm. Die Frau unter ihnen übte jeden Abend um elf Uhr die Tonleiter auf ihrem Klavier. Jim sagte, man könne die Uhr nach ihr stellen.

Der Mann in 2-B auf der anderen Seite des Treppenhauses hatte sich kürzlich einen Akita-Welpen zugelegt, der jedesmal an der Tür knurrte, wenn Jim oder Gunther nach Hause kamen.

Und dann Wohnung 3-A. Das Paar über ihnen hatte monatliche Entrümpelungen und Auseinandersetzungen, bei denen es klang, als würden sie die Möbel von einem Ende der Wohnung zum anderen schleudern.

»Es geht wieder los, sie prügeln sich wieder. Maggie and Jiggs«, meckerte und schimpfte Jim eines Abends, kurz nachdem Gunther eingezogen war. Er stellte die Anlage an und drehte Mahlers Achte Symphonie auf. Als Gunther fragte: »Maggie und wer?«, erzählte Jim ihm von dem Comic, den er als Junge in den Sonntagszeitungen gelesen hatte und in dem Jiggs von Maggie mit einem Nudelholz ums Haus gejagt wird.

Gunther hatte Neuigkeiten über die Nachbarn von oben. Er hatte die Frau bei Balduccis getroffen, und sie hatte ihm erzählt, sie hätten ein Baby adoptiert. Er wußte, was Jim sagen würde, wenn er die fröhlichen Neuigkeiten überbrächte, und er erwog, es ihm ganz brutal zu sagen. Gunther machte eine tuntige Bewegung vor dem Spiegel und imitierte Jims Tonfall.

»Drück die Daumen, Schätzchen. Maggie und Jiggs ziehen vielleicht in eine größere Wohnung.«

24. SEPTEMBER 1981

Mr. und Mrs. Winograd bekamen einen Anruf von Barry. Er gab an Judith weiter.

»Es ist wahr«, sagte sie. »Wir haben ihr den Namen Melinda gegeben. Melinda. Es ist noch zu früh, um es genau zu sagen, aber wir glauben, ihr Haar wird blond. Ja, es kam sehr plötzlich. Was? Letzte Woche.«

Goldie sagte, sie könnte nicht verstehen, warum Judiths Stimme so matt klänge.

»Ich bin erschöpft, Ma. Ich bin sehr müde.«

Ihre Mutter sagte, sie käme morgen in die Stadt, aber Judith wollte nicht, daß sie sie besuche.

»Barry ist besorgt, daß das Baby sich einen Virus holen könnte. Wir geben euch Bescheid, wenn es paßt.«

26. SEPTEMBER 1981

Marianna hatte ihren Boß und seine Frau zum Abendessen eingeladen. Sie wollte einen gedünsteten Lachs in Kräuterboullion machen, der mit einer grünen Sauce aus frischem Basilikum und Dill nach dem Rezept der berühmten Köchin Julia Child lauwarm serviert werden mußte. Bill und Maria Laughlin, ihre langjährigen Helfer in der Not, wollten von Sarabeth, der Konditorei, die so einfallsreich mit frischen Blumen dekorierte, eine Schokoladentorte mitbringen.

»Mach dir keine Sorgen«, hatte Maria ihr versichert. »Du bekommst echte Veilchen, keine aus Zuckerguß.«

Ohne nachzudenken, hatte sie ihren früheren Liebhaber Ken Angiers eingeladen, um die Gästeliste abzurunden, und inzwischen bedauerte sie es schon. Aber Ken war von allen Männern am besten vorzeigbar, und er würde einigen entzückenden Tratsch aus Hollywood erzählen – denn es mußte ein erstklassiger Abend werden. Wenn sie es richtig anstellte, könnte sie sich den China-Auftrag sichern.

Als sie an diesem Samstagmorgen zum dritten Mal mit einer großen Ladung von Einkäufen die Treppe hinaufstieg, traf sie auf ihren Nachbarn, der ihr entgegen kam. In einem Tragegestell aus Jeansstoff trug er ein Baby vor seiner Brust.

»Ich gehe ein bißchen mit ihr an die frische Luft«, sagte er.

Sie stellte ihre Tüten ab und starrte die beiden an.

Als er halb die Treppe herunter war, hielt er an und drehte sich um.

»Manche Menschen produzieren Fernsehshows, und andere produzieren Babys. Du solltest an die Tür klopfen und Judith deine Glückwünsche überbringen.«

Den Rest des Vormittags kochte Marianna vor Wut.

Von all den unterschwelligen Anspielungen über Karrierefrauen und die Gesetze der Natur war dies der Gipfel. Sie hatte nicht die geringste Absicht, der Zicke nebenan irgend etwas zu sagen. Seit sie eingezogen war, hatten sie kein vernünftiges Wort miteinander geredet.

Also hatte Mrs. Laemmerle recht, wie immer. Es gab ein Baby in 3-A. Demnächst würden sie an ihre Tür klopfen und fragen, ob sie in einem Notfall bei ihnen babysitten könnte. Ein weiterer guter Grund, Abstand zu halten.

JUDITH

Als Bob Rothman eines Nachmittags vorbeikam, um sich Melinda anzuschauen, war ich gerade dabei, Flaschen für die Babynahrung zu sterilisieren. Barry hatte mir erklärt, wieviel billiger es ist, Trockenbabynahrung zu verwenden, und er verlangte, daß ich jeden Tag eine neue Portion anrührte, aber das fiel mir gar nicht so leicht. Naturwissenschaften für die Grundschule waren mein Spezialgebiet bei Claridge and Palmer, und ich konnte Kokain zubereiten, aber ich hatte Riesenangst, beim Mischverhältnis von Wasser und Trockenpulver etwas falsch zu machen.

Ich kochte gerade auf dem Herd die Flaschen ab und wühlte

in meinen Möbelkartons nach einem meiner silbernen Suppenlöffel – ich wollte ihn zum Abmessen benutzen –, als ich die Klingel hörte. Bob beguckte sich das schlafende Baby und die Unordnung in der Küche und schüttelte den Kopf. Er sagte:

»Einige Frauen sind geborene Mütter, einige kommen mit dem Mutterdasein irgendwann klar, und andere werden mit dem Leben als Mutter bestraft. Judith, du mußt so schnell wie möglich zurück ins Büro. Stell doch eine Tagesmutter an, das wäre das Beste für das Kind.«

Als ich das Barry erzählte, wollte er nichts davon wissen. Er wollte, daß das Baby sich auf uns beziehen konnte, nicht auf eine Tagesmutter, und er wollte auch nicht, daß meine Mutter regelmäßig ihre Nase in unsere Angelegenheiten steckte. Ich blieb mit Melinda sechs Wochen zu Hause bei voll bezahltem Mutterschaftsurlaub. Jetzt nehme ich sie jeden Tag im Taxi mit ins Büro.

Claridge and Palmer hat keine betriebseigene Krippe, aber Joanne und Harvey waren sich einig, daß es der Kinderbuchabteilung schlecht zu Gesicht stehen würde, ein wirkliches Kind nicht aufzunehmen. Ich setze sie neben meinen Schreibtisch in den zusammenklappbaren Laufstall, den sie uns geschenkt haben. Barry will den Laufstall nicht zu Hause haben, er sagt, es sei ein Gefängnis. Anfangs kamen sie alle rein- und rausgelaufen, um Melinda zu bestaunen, aber jetzt haben sie sich, und ich mich auch, daran gewöhnt, daß sie hier ist. Die Sekretärinnen, dieses Jahr kommen sie von Vassar and Bennington, haben Melinda zur Büroangelegenheit erklärt. Es macht ihnen nichts aus, sie zu wickeln, und beim Füttern wechseln sie sich ab.

Sally Milton hat ein Mobile mit Zirkustieren an den Laufstall gebunden, und es war niemand anderes als Harvey, der eines Tages mit einem Schnuller vom Mittagessen zurückkam, nachdem Melinda sich den ganzen Morgen die Seele aus dem Leib gebrüllt hatte.

Melinda genießt die ganze Aufmerksamkeit. Sie ist ein pflegeleichtes Baby, sie ist zufrieden mit ihrem Schnuller, und die wirklich schlimmen Brüllphasen hebt sie sich für die Nacht auf, als wüßte sie, daß sie sich im Büro bestens benehmen muß.

Und wenn sie lächelt, erobert sie die Herzen aller.

JANUAR 1982

Die Hethingtons kamen mit Zehntausend in bar, einer großen Packung Koks und einer Flasche Dom Perignon, die sie auf das neue Baby leeren wollten.

Barry sagte: »Laßt uns gleich mit der Party anfangen«, und öffnete die Flasche.

Ellie sah, wie verängstigt Judith Barry anschaute. Irgend etwas stimmte nicht, aber sie konnte nicht ausmachen, was es war.

Melinda war ein Engelchen. Ein vergnügtes freundliches Baby mit strohblondem Haar. Barry zeigte, was Melinda konnte, während die Hethingtons dazu gurrten und krähten.

Als die Männer in die Küche gingen, um Apotheker zu spielen, erzählte Ellie Judith von ihren eigenen zwei Kindern. Sie waren sechs und acht und nannten Don ›Papa Don‹. Papa John, ihr leiblicher Vater, war nach Wyoming gezogen.

Vor der Festnahme, vertraute Ellie ihr an, habe Don daran gedacht, sie offiziell zu adoptieren, aber sie vermuteten, daß sie jetzt ein wenig damit warten müßten. Barry rief aus der Küche, daß er die Adoptionspapiere für sie bearbeiten würde, wenn es soweit wäre.

»Adoption ist ein Kinderspiel, nicht wahr Judith?« sagte er.

Barry ging wunderbar mit dem Baby um. Don gab zu, daß er sehr beeindruckt war. Ellie sagte, Melinda sei ein Glückspilz. Es sei ganz offensichtlich, daß aus ihr ein verwöhntes kleines Prinzeßchen würde.

Als sie von dem zusammenklappbaren Laufstall hörten, der aus Judiths Büro gekommen und wieder zurückgebracht worden war, stimmten die Hethingtons Barry zu, daß Laufställe Gefängnisse wären und die Entwicklung eines Babys behindern könnten.

»Der Fußboden ist für sie absolut sicher«, sagte Ellie zu Judith, während sie sich umschaute, »solange ihr in der ganzen Wohnung Kindersicherungen anbringt. Meine Kinder haben nicht einmal in Wiegen geschlafen. Das eine hatte einen Schlafsack und das andere einen Futon.«

Judith sagte, sie dächten ebenso. All dies Zeug, von dem Leute sagten, daß man es kaufen müßte. Das sei nichts weiter als Konsumterror. Alles, was ein Baby brauchte, war Liebe und Aufmerksamkeit.

Barry holte sein neues Glasröhrchen. Zwischen den einzelnen Kokszügen machten sie den Champagner alle. Die Hethingtons sagten, daß es ihnen leid täte, daß sie nur eine Flasche mitgebracht hätten. Barry sagte: »Macht ihr Witze? Dies ist New York. Alles, was man will, ist nur einen Telefonanruf weit entfernt.«

Er rief im Schnapsladen an und betellte zwei weitere gekühlte Flaschen, mit je einem Fünftel Sambuca darin. Im Handumdrehen kam die Lieferung.

Ellie hatte eine persönliche Regel, derzufolge sie nicht durcheinander trank, aber Don versuchte, Drink um Drink und Glas für Glas mit Barry mitzuhalten. Judith war sehr still. Ein Mensch, der schwer aus sich heraus kam, Ellie kannte diesen Typ. Judith zog es vor, ihren Mann das Gespräch bestreiten zu lassen.

Über ihren Prozeß wollte Barry nicht reden. Statt dessen ging er ihnen mit blumigen Geschichten über seine Geheimdienstarbeit in Deutschland auf die Nerven, wo er während des Vietnamkriegs stationiert war. So wie er erzählte, konnte man denken, daß er allein verhindert hatte, daß Deutschland kommunistisch wurde, indem er im voraus herausgefunden hatte, für wann die politisierten Studenten eine neue Demonstration planten. Dann, als er nach New York zurück kam, um sein Jurastudium zu beenden, war er stark in der Bewegung der Kriegsdienstverweigerer engagiert gewesen. Seine Geschichten paßten nicht ganz zusammen, aber Ellie vermutete, daß das an der Mischung aus Dope und Alkohol lag.

Die vier hatten geplant, in einem nahegelegenen Restaurant

essen zu gehen, aber es wäre schade gewesen, das Baby aufzuwecken und mit in die Kälte hinauszunehmen. Judith bestellte eine Hauslieferung Pizza, und Barry bestand darauf, zu bezahlen.

Als die Pizza gebracht wurde, wachte Melinda auf. Ellie nahm sie hoch und beruhigte sie, während Judith den Tisch deckte. Das Kind hatte die Windeln voll.

»Ich werde sie wickeln. Wo habt ihr die Pampers?« fragte Ellie.

»Sie macht das«, sagte Barry.

»Nein, ehrlich, es macht mir nichts. Es ist lange her, daß ich einem Kind die Windeln gewechselt habe. Irgendwie fehlt es mir.

»Laß das die Lektorin machen«, zischte Barry mit barscher Stimme. Ellie blieb wie angewurzelt stehen. Don schaute sie verwirrt an.

»Judith ist eine der besten Kinderbuchlektorinnen bei Claridge and Palmer«, erklärte Barry sarkastisch. »Wußtest du das? Eine der besten. Ihre Bücher werden prämiert. Laßt mal sehen, wie lange sie braucht, um eine Windel zu wechseln.«

Es war eine unschöne Situation. Barry bestand darauf, daß Don und Ellie sich unter der Tiffanylampe an den Eßtisch setzten und sich mit Pizza bedienten, während Judith im Nebenzimmer Melinda wickelte.

Barry nötigte sie, mit dem Essen anzufangen.

»Sie ist an kaltes Essen gewöhnt«, erklärte er.

Don und Ellie machten, um einen klaren Kopf zu bekommen, einen Gang um den Block, bevor sie zur Wohnung von Ellies Vater weiter oben in Manhattan fuhren.

»Mann«, sagte Ellie »nach einigen Drinks veränderte sich sein Charakter vollkommen. Das gefiel mir überhaupt nicht.«

»Es wird eine große Umstellung für die beiden sein, ein Baby zu haben. Er ging sehr gut mit Melinda um.«

»Klar, aber zu seiner Frau war er vollkommen rücksichtslos. Er kommandierte sie vor unseren Augen herum.«

»Das siehst du wieder so. Ihr schien es nichts auszumachen.«

»Ach, komm schon, Don! Sie sprang umher wie ein verängstigtes Kaninchen. Ich glaube, sie hat Angst vor ihm. Und stell dir vor, sie ist Lektorin bei Claridge and Palmer. Habe ich dir erzählt, daß ich diesen Ausdruck vollkommener Panik in ihrem Gesicht sah, als er den Champagner direkt aus der Flasche herunterschluckte?«

»Sie hat die Marke erkannt. Sie wußte, daß er teuren Champagner auf Ex nahm. Hör mal, vielleicht war es, seitdem das Baby in die Wohnung gekommen ist, die erste Möglichkeit für ihn auszuspannen. Also hat er es ein wenig übertrieben. Das ist alles. Und wir passen auf, daß kein Dom Perignon in der Nähe ist, wenn er ins Gericht geht. Es ist sowieso Koks, was er wirklich will.«

»Hast du mitbekommen, daß sie in der Wohnung nichts anderes zu trinken hatten? Sie mußten etwas bestellen. Ich wette, daß er sie schlägt, wenn er einige intus hat.«

»Machst du den Typen nicht nur runter, weil du schlechte Erfahrungen mit deinem ersten Mann gemacht hast?«

»Wahrscheinlich.«

»Also, tu mir einen Gefallen. Analysier die ganze Geschichte nicht bis zum Geht-nicht-mehr, okay? Er war einmal ein bißchen dicht, und schon nennst du ihn Frauenschläger.«

Sie mußte zugeben, daß sie voreilige Schlüsse zog. Darum war Don so wichtig für sie. Ihn konnte nichts aufregen. Er war wie ein Fels in der Brandung, besonders wenn sie durchdrehte.

FEBRUAR 1982

Goldie verstand die Launen ihrer Tochter einfach nicht. Einen Moment schien sie Feuer und Flamme, und im nächsten Augenblick hatte sie kein Interesse mehr. Judith hatte nie Zeit, das Baby in die neue Gartenwohnung der Winograds in Bayonne zu bringen, und an jedem Kleidungsstück oder Spielzeug, das sie für Melinda kauften, hatte sie etwas auszusetzen. Aber als Max ohne Hintergedanken die neue Synagoge, der sie beigetreten waren, erwähnte, und daß der Rabbi am letzten Samstagmorgen die gesamte Gemeinde nach dem Gottesdienst zu einem ›kiddush‹, einem Tauffest für Neugeborene eingeladen hatte, war Judith ganz Ohr.

Dann rief Mr. Barry persönlich an. Er sagte, daß er und Judith irgendeine Art jüdischer Zeremonie wollten, um Melinda in der Gemeinschaft willkommen zu heißen. Ob sie dächten, daß das in ihrer Synagoge möglich wäre? Er fragte nach dem Namen des Rabbi und sagte, daß er ihn anrufen wollte. Eine halbe Stunde später rief er zurück und erzählte, die Leute in der Synagoge seien sehr offen für die Idee. Es gebe eine neue liturgische Ordnung, eine Namensgebungsfeier, es sei ein Termin im Februar frei, aber die Winograds müßten das mit dem Büro des Rabbis verabreden, weil sie Gemeindemitglieder wären.

Eine Spende ginge in Ordnung. Und er wäre überglücklich, wenn er noch etwas drauflegen könnte. Alles, was Max und Goldie zu tun hätten, sei den Termin festzulegen und die Taufurkunde zu sichern. Die Taufurkunde war ihm sehr wichtig. Er wollte etwas mit gediegener Handschrift, das offiziell aussah, so daß er es einrahmen könnte, sagte er.

»Erwähnt nicht, daß wir unverheiratet sind«, fügte er hinzu. »Das würde unnötige Schwierigkeiten machen.«

Die Winograds waren entzückt. Seit ihrem Unterricht in der Sonntagsschule im Jüdischen Zentrum in New Parkway hatte Judith kein Interesse mehr am jüdischen Glauben gezeigt. Jetzt, wo sie ein Baby hatten, auch wenn sie eine ›Shiksa‹, eine Ungläubige, war, die in einem Korb schlief, schienen sie sich ihrer Wurzeln langsam bewußt zu werden. Demnächst wollten sie womöglich eine Hochzeit mit gedruckten Einladungen unter dem ›chuppah‹, dem traditionellen Hochzeitsbaldachin.

Am Tag der Namensgebungsfeier brachten Barry und Judith in bester Stimmung und früh am Morgen Melinda nach Bayonne. Dann fuhren sie gemeinsam in Barrys neuem Volvo zur Synagoge.

Nach der Lesung aus der Thora wurden Eltern und Großeltern zum Altar gerufen. Barry trug eine ›Yarmulke‹, eine jüdische Kopfbedeckung, und hielt die zappelnde Melinda in seinen Armen. Mit ihren fünf Monaten wurde sie schon sehr rege. Der junge fortschrittliche Rabbi intonierte den Namen Melinda Winograd-Kantor und danach ihren hebräischen Namen, Shoshana. Er sprach einige Worte über die neue Generation, die Möglichkeiten, die Melinda und anderen Mädchen, die noch nicht einmal geboren waren, offen standen und die in früheren Zeiten unvorstellbar gewesen waren. Dann überreichte er Judith die handgeschriebene Namensurkunde. Sie küßte ihre Mutter und ihren Vater. Goldie weinte.

Die Taufparty wurde im Versammlungsraum im Keller gefeiert. Traditionell mußten die Winograds Küchlein und Wein beisteuern. Einige Gemeindemitglieder kamen, um ihnen die Hand zu schütteln. Melinda brabbelte vergnügt in ihrem Tragesitz, und Judith fütterte sie mit etwas Bananenpüree. Alle sagten, das Baby sei eine Schönheit. Außer Hörweite vom Rabbi brummte Max, daß ihm die Zeremonie wie ein ›goyishe‹-Taufe, ein christliches Fest, vorgekommen sei. Aber Goldie warf ihm vor, er sei eben altmodisch. Den einzig kritischen Moment gab es, als Barry sich eine Zigarette ansteckte und der Rabbi zu ihm kam, um ihm zu sagen, daß Rauchen am Sabbath verboten sei. Er ging hinaus und rauchte sie dort zu Ende.

JUDITH

Barry sagte, die Urkunde würde nie von einem Gericht anerkannt werden, aber einer Schule oder einer anderen Institution, die später einen Adoptionsbeweis benötigte, würde sie wahrscheinlich genügen. Ein Blatt Papier eben, sagte er. Wie leicht sich die Menschen von einem offiziell wirkenden Stück Papier hereinlegen lassen.

Er hatte mir von Anfang an erzählt, daß wir Melinda im Staate New York niemals legal adoptieren könnten. Es hätte auch nichts gebracht, eine Bittschrift einzureichen. Wir würden sofort verlieren, denn die leibliche Mutter war römisch-katholisch, und den Gerichten ist es sehr wichtig, das Kind in der Religion der Mutter aufwachsen zu lassen. Wenn wir jemals diese Hürde genommen hätten, würden sie uns mit anderen Dingen am Wickel bekommen. Wir sind nicht verheiratet, ich arbeite ganztags, unsere Wohnung ist nicht groß genug, und unser Lebensstil würde den pingeligen Prüfungen bei den Hausbesuchen der städtischen Behörde für soziale Dienste nie standhalten.

»Willst du, daß sie in unserem Leben herumschnüffeln?« fragte er. »Wofür? Kannst du dich nach den moralischen Regeln und Gesetzen einer heuchlerischen Bürokratie verbiegen? Auf das Gesetz kannst du scheißen, Judith. Glaub mir, ich arbeite den ganzen Tag über mit diesen Arschlöchern. Wenn ich einen Mandanten vor Gericht verteidige, glaubst du, sie bezahlen mich dafür, daß ich die Wahrheit aufdecke? Nein, das nicht. Meine Aufgabe ist es, eine glaubwürdige Geschichte zu präsentieren, die sich so anhört, als könnte sie vielleicht der Wahrheit entsprechen. Berechtigter Zweifel, das Fundament amerikanischer Rechtsphilosophie. Sieh es mal anders herum. ›Hallo, kommt alle und schaut euch unser wunderbares adoptiertes Baby an, es heißt Melinda.‹ Denk mal drüber nach. Gäbe es einen Grund für irgend jemanden daran zu zweifeln, daß sie legal adoptiert ist?«

Zur Bestärkung erinnerte er mich an seine Vormundschaftsverfahren. Er hatte für zwei Väter in Scheidungsprozessen die Vormundschaft erstritten, indem er argumentierte, daß die ungewöhnlichen Sexualpraktiken der Mütter nicht darauf schließen ließen, daß sie sich angemessen um ihre Kinder kümmern würden. Eine war zur Lesbe geworden, und die andere lebte in einem ähnlichen Verhältnis wie unserem.

»Waren sie schlechte Mütter?« fragte ich.

Er lachte. »Sie waren es in den Augen des Richters, nachdem ich sie fertiggemacht hatte. Ich habe es dir gesagt, die Justiz besteht aus einem Haufen Arschlöcher. Du würdest im Zeugenstand völlig versagen, Judith.«

Elterliche Fähigkeiten täten nichts zur Sache, fügte er hinzu.

In Vormundschaftsverfahren ginge es um Alimente und Unterstützungen. »Die Hexen sind leer ausgegangen«, sagte er, sich die Hände reibend. »Meine Mandanten waren sehr zufrieden.«

6. MÄRZ 1982

Barry band Melinda in ihrem Tragesitz fest, während Judith einige der Spielsachen und die Saftflasche in eine Einkaufstasche steckte. Judith hatte immer Barrys Ausflüge in die Bronx gefürchtet, und auch das Baby hatte daran nichts geändert. Jedesmal kam er verschlossen und gereizt zurück.

Sie wußte, daß sie wieder mal Probleme bekommen würde. Die Spannung zwischen ihnen hatte sich seit dem Tag nach der Namensgebungsfeier in Bayonne immer weiter aufgebaut. Warum? Sie hatte sich wirklich Mühe gegeben, Frieden zu halten. Der Gottesdienst in der dämlichen Synagoge war so schön verlaufen, und sie hatten die wertvolle Urkunde mit dem Text bekommen, den sie brauchten. Und ihre Eltern hatten alles bestens arrangiert. Alles, worum Barry sie gebeten hatte, hatten sie getan, ja, sie hatten sogar dem Urkundenschreiber den genauen Text gegeben, den Barry diktiert hatte.

›Warum? Warum fing er wieder an, auf ihr herumzuhacken?‹

Vielleicht hatte er Schwierigkeiten mit einem seiner Mandanten. Einige von denen waren wirklich Schnorrer, das wußte sie. Oder vielleicht lag es an Jeff Kellerman. Irgend etwas war schief gelaufen zwischen ihm und Jeff. Sie stritten sich um das Boot. Jeff sagte, er hätte zu wenig Zugang zum Boot. Und Barry hatte ihr erzählt, daß sie wegen der Miete, die sie für ihr schmuddeliges Mauseloch im Cuby Building bezahlten, im Clinch lagen. Ohne sich mit Barry zu beraten, hatte Jeff einfach einen neuen Mietvertrag unterzeichnet. Wie hatte Jeff das tun können? Natürlich war Barry wütend geworden, als Jeff ihm erzählte, daß er zusätzlich dreihundert Dollar im Monat rüberschieben sollte. Wenn Barry an Jeffs Stelle den neuen Vertrag verhandelt hätte, dann hätten sie keine Probleme.

Die Alte Kantor. Barry wollte gern, daß seine Mutter bei der Feier wäre, das sei nur recht und billig, sagte er. Es war recht und billig, das wußte Judith, aber genauso war es falsch, falsch, falsch. Sie hatte all ihre Überredungskünste eingesetzt, um ihn davon zu überzeugen, daß es für alle, einschließlich Melinda, das Beste sei, gar nichts über die Zeremonie in Bayonne zu erzählen. Zwischen ihrer und seiner Mutter hätte es mit Sicherheit einen großen Krach gegeben, und sie wußten beide, daß an diesem Tag alles wie geschmiert laufen mußte. Und es war gelaufen, nicht wahr?

Aber seitdem hatte seine Anspannung nicht nachgelassen.

Letzten Abend hatte sie ihn bekniet, seinen Besuch in der Morris Avenue doch ausfallen zu lassen. Melinda hatte eine leichte Erkältung, den ganzen Tag über lief die Nase, und sie war quengelig. Sie hatte gerade eine Phase, in der sie Angst bekam, wenn sie merkte, daß sie das Haus verlassen würde. Das Säuglingspflegebuch sagte, das sei eine normale Entwicklung. Melinda würde sich heute also daneben benehmen, vielleicht würde sie sogar im Auto kotzen, der Tag würde eine Katastrophe.

Und sie, Judith, würde es abkriegen, wenn er nach Hause kam. Sie bekam es immer ab. Sie konnte sich an kein einziges Mal erinnern, wo er seine Mutter besucht hatte und nicht wutentbrannt zurückkam. Er wußte es, und sie wußte es, aber sie konnte ihn nie davon abhalten, zu fahren.

An diesem Morgen hatte sie es ein letztes Mal versucht. Vorsichtig hatte sie in der Küche gesagt:

»Barry, es wird regnen. Melinda sollte nicht – «

»Aus dem Weg.«

Der Schwung seines Arms hatte sie aus dem Gleichgewicht gebracht und sie war gegen die Vitrine gestolpert. Langsam hatte sie sich aufgerappelt und ins Schlafzimmer verzogen. Das Baby beruhigen zu wollen hätte sowieso keinen Sinn gehabt.

8. MÄRZ 1982

Sally Milton stand an jenem Montagmorgen zufällig am Empfangsschalter im vierzehnten Stock, als Judith mit Melinda in ihrer Kinderkarre aus dem Fahrstuhl kam. Die erste Merkwürdigkeit, die Sally auffiel, war, daß Judith eine dunkle Brille trug. Dann sah sie ihre geschwollene Lippe.

Judith versuchte, schnell mit Melinda an ihr vorbeizuschieben, aber Sally platzte ohne nachzudenken heraus: »Was ist denn mit dir passiert?«

Ihre Kollegin drehte den Kopf in die andere Richtung und schob die Karre den Flur entlang. Sally lief Judith hinterher bis in ihr Büro.

»Was ist passiert? Du siehst aus, als wärst du vor einen Laster gelaufen.«

»Ich bin über ein Spielzeug von Melinda gefallen«, sagte Judith knapp.

Sally marschierte in Joannes Büro und schloß die Tür hinter sich.

»Ich habe gerade Judith Winograd mit Melinda hereinkommen sehen. Ihre Lippe war geschwollen bis hier, und ich glaube, sie hat ein riesiges blaues Auge. Sie trug eine dunkle Brille.«

»Schon wieder?«

»Ja.«

Joanne stöhnte. Die beiden Frauen schauten einander wissend an.

»Was hat sie diesmal gesagt?«

»Sie murmelte irgend etwas, daß sie über Melindas Spielzeug gestolpert ist. Dann hat sie mir die Tür vor der Nase zugemacht, sehr bestimmt. Was hätte ich tun sollen?«

»Wie ging es dem Baby?«

»Gut. Jedenfalls glaube ich, daß es ihm gut ging. Das regt mich jetzt noch mehr auf, nein, das hätte ich gemerkt, wenn Melinda verletzt gewesen wäre.«

Joanne klingelte ihre Sekretärin an und sagte ihr, sie wünsche keine Anrufe.

»Sally, es gibt keine Möglichkeit mit ihr darüber zu reden, ich habe es versucht. Sie ist absolut unzugänglich.«

»Ich stimme dir nicht zu, Joanne. Es muß etwas geben, das wir tun können. Er wird ihr eines Tages schweren körperlichen Schaden zufügen – was rede ich da? Er hat ihr schon schweren Schaden zugefügt. Wenn mich jemand schlagen wollte, würde ich ihn sofort, ohne eine Sekunde zu zögern, vor die Tür setzen. Was ist das, das vierte oder fünfte Mal, daß sie hier hereingekrochen kommt, nachdem er sie grün und blau geprügelt hat, und wir haben Angst, sie darauf anzusprechen?«

Ihre Stimme wurde lauter. Joanne bedeutete ihr ruhig zu sein.

»Ich weiß, sie braucht unsere Hilfe, aber ich bin mir nicht sicher, daß es der beste Weg ist, sie direkt darauf anzusprechen.«

»Was schlägst du vor, was wir tun sollten? Sollten wir ihr einen Psychiater empfehlen und sagen, es ginge auf Kosten des Hauses, die neueste Vergünstigung für Angestellte bei Claridge?«

»Das ist keine so schlechte Idee.«

»Machst du Witze? Sie würde niemals hingehen.«

Die zwei Frauen kamen nicht weiter. Sally erhob sich von ihrem Stuhl.

»Ich werde heute nicht in der Lage sein zu arbeiten, das weiß ich«, sagte sie, als sie Joannes Büro verließ.

Joanne meldete ein Gespräch mit ihrer Schwester bei der Zeitung an. Cindy war mit einem Auftrag außerhalb des Hauses, aber ihr Büro sagte, man würde ihr die Nachricht weitergeben. Es war wichtig, das mit Cindy abzuklären, bevor sie weitere Schritte unternahm. Ihre Schwester lebte nicht mehr mit Jeff Kellerman zusammen, aber die beiden waren immer noch relativ eng befreundet. Jeff würde wissen, was mit dem Mann vor sich ging, mit dem Judith zusammen war. Sie erinnerte sich, daß die beiden keine Partner waren, sich aber ein Büro teilten. Ja, es wäre ratsam, ein vertrauliches Gespräch mit Jeff zu führen. Vielleicht könnten sie drei, Cindy, Jeff und sie gemeinsam zu Abend essen. Danach würde sie ein besseres Gespür dafür haben, wie es weitergehen sollte.

Sie dachte an Judith, die am anderen Ende des Flurs in ihrem Büro saß. Es wäre so leicht, bei ihr hereinzuschneien, oder noch besser, sie anzurufen und herüberzubitten. Für eine Besprechung über ein Manuskript. Gewöhnlich taten sie das mehrmals pro Woche. Aber heute! Judith würde sofort in Lauerstellung sein, und abgesehen davon wäre es grausam, so etwas zu tun. Es mußte sie viel Mut gekostet haben, an diesem Morgen zu Claridge and Palmer zu kommen. Vielleicht war es doch der menschlichste Weg, so zu tun, als wäre alles in Ordnung.

Sally. Sie war solch eine aufbrausende Persönlichkeit. Das behinderte ihre Beförderung, und sie wußte es nicht einmal. In der vergangenen Woche war die Illustrations-Abteilung in heller Aufregung gewesen wegen eines von Sallys typischen ›Wir brauchen es jetzt, wir brauchten es gestern‹-Wutanfällen. So lief das nicht in der Kinderbuchabteilung. Sie betrachtete Sally nicht als Schwarzseherin, sie war eine sehr begabte Lektorin – ebenso wie Judith – aber sie hatte eine Neigung, einfach impulsiv loszulegen, ohne die ganze Geschichte zu kennen. Judith andererseits machte ihre Arbeit sehr gut und bat die Illustrations- oder die Herstellungsabteilung nie um einen Gefallen. Sie war wirklich eine ideale Angestellte.

Joanne zwang sich, an die unerklärten Fehlzeiten von Judith zu denken, an die lahmen Entschuldigungen, die geflüsterten Ausreden, wenn sie zurück ins Büro kam. Es dämmerte ihr allmählich, daß sie seit drei Jahren unterschwellig über Judiths Situation Bescheid wußte. Nichts über das genaue Problem, aber ihr Unterbewußtsein hatte immer gewußt, daß diese einzelnen Vorfälle Teile eines Mosaiks waren.

Was für ein Bild war es? Sie vermutete, daß der medizinische Begriff dafür Sadomasochismus war. Darin unterschied sie sich von jemandem wie Sally. Wo Sally vorschnell die männliche Gewalt gegen Frauen sah, da erkannte sie die verdeckten Verästelungen einer komplexen psychologischen Beziehung zwischen zwei Menschen. Warum war Sally so sicher, daß Judith sich aus ihrer Situation befreien wollte?

Solche Bettspielchen waren nicht gerade nach Joannes Geschmack – sie errötete bei dem Gedanken an die blütenweiße Überdecke auf dem einzelnen Himmelbett in ihrer Wohnung in Gramercy Park – aber sie war stolz auf ihre tolerante Einstellung gegenüber anderen. Ihre Abteilung funktionierte deshalb so gut, weil sie keine Chefin war, die sich in die Privatsachen ihrer Untergebenen einmischte. Sie dachte an den einsilbigen schwarzen Jazzmusiker, den Sally auf ihre letzte Weihnachtsparty mitgebracht hatte und an den jungen Mann, den Harvey im Schlepptau hatte und der erzählte, daß er beim New York City Ballet sei und der den ganzen Abend mit dem Fuß tänzelte. Mein Gott, wenn jeder bei Claridge and Palmer für seine oder ihre persönlichen Entgleisungen zur Rede gestellt würde ...

Entgleisungen? Joanne war eine sehr genaue Lektorin. Wenn einer ihrer Autoren ›Entgleisung‹ in diesem Zusammenhang benutzt hätte, hätte sie es sofort gestrichen.

Wie war das genaue Wort? Joanne war wie blockiert. Es war sehr ungewöhnlich für sie, nicht weiterzuwissen, wenn es um die englische Sprache ging.

3. APRIL 1982

Als Judith mit Melinda zur Vorsorgeuntersuchung bei Dr. Michael Rochette ging, fragte sie ihn, ob er ihr ein Valium-Rezept geben könnte. Sie sagte, daß sie bei der Arbeit unter immensem Streß stünde und Schwierigkeiten habe zu schlafen.

Der Kinderarzt gab zu, daß, während Melinda prächtig zunahm, Judith erschöpft aussah. Als Judith begann, ihre anderen Symptome zu schildern – die Schmerzen in der Nierengegend, die immer am schlimmsten schienen, wenn sie morgens aus dem Bett stieg, ihre Nachmittagsmüdigkeit, gegen die sie an ihrem Schreibtisch ein Hefeküchlein und zwei Tassen Kaffee herunterschlang – sagte er, daß sich das nach einem typischen Fall von Depression und Anspannung anhörte, wie man ihn bei jungen Müttern häufig fand. Er schrieb ihr das Rezept aus und riet ihr, beim Zubettgehen nicht mehr als eine halbe Tablette zu nehmen. Sie ging direkt von seiner Praxis zu einer Apotheke auf der

Eighth Avenue, in der sie zuvor noch nie gewesen war. Das andere Valiumrezept, das sie sich diesen Monat erbettelt hatte, war in einer Billigdrogerie in der Nähe ihres Büros eingelöst worden.

13. APRIL 1982

Als sie den Schlüssel im Schloß hörte, stand Judith sofort unter Spannung. Er war zu früh zu Hause. Ein schlechtes Zeichen. Wenn er seinen Pokerabend hatte, kam er nie so früh nach Hause. Melinda atmete gleichmäßig im Schlaf. Im dunklen Schlafzimmer hielt Judith den Atem an und horchte aufmerksam auf jedes Geräusch. Sie hörte, wie er die Kühlschranktür knallte und mit Tellern schepperte. Es hämmerte, ihr Herz, es hämmerte und hämmerte.

Plötzlich war das Schlafzimmer hell erleuchtet.

»Komm aus dem Bett, du miese Fotze.«

Melinda begann zu weinen.

»Barry, das Baby!«

Er riß sie am Arm aus dem Bett, drehte ihr den Arm auf den Rücken und zog sie in die Küche. Mit seiner freien Hand riß er die Kühlschranktür auf, dann gab er Judith einen Stoß. Sie schlug mit der Stirn gegen die Metallkante eines der Fächer.

»Was siehst du da drin, du Fotze?« Er trat sie in die Nieren.

Sie schlug auf den Boden.

»Steh auf, du Schlampe, mit dir bin ich noch lange nicht fertig.«

Er zog sie an den Haaren hoch und schlug ihr ins Gesicht. Sie stürzte gegen die Spüle und kauerte sich zusammen.

»Ich habe Hunger. Mach mir was zu essen«, brüllte er. »Mach schon.«

Mit panischem Blick sah sie sich in der Küche um.

»Los jetzt!« Er griff sie an den Schultern und schleuderte sie gegen den Herd.

Dort wo sie aufschlug, blieb sie liegen, kugelte sich zusammen und begann zu wimmern.

»Was'n los? Weißt du's nicht? Hat die vielbeschäftigte kleine Lektorin vergessen einzukaufen?«

Im Schlafzimmer schrie Melinda. Willkürlich öffnete er Schranktüren und fegte den Inhalt auf die Erde. Für einen Moment unbeobachtet, kroch sie zum Flur, aber er war schneller als sie. Er riß sie an den Füßen zurück, griff nach ihrem Nacken und schlug ihren Kopf gegen den Herd.

Jetzt ist es soweit, dachte sie. Er bringt mich um. Sie versuchte zu schreien, aber es kam kein Laut. Irgendwie gelang es ihm, die Ofentür zu öffnen und ihren Kopf und ihre Schultern hineinzudrücken.

»Neeeiiin, ich werde bei lebendigem Leib verbrennen.«

Mit ihren nackten Füßen schlug sie nach hinten aus, wand sich aus seinem Griff und rollte sich zur Seite, während sie ihr Gesicht mit den Händen schützte.

»Tritte willst du? Tritte, okay.«

Der Hacken seines Schuhs traf sie im Schritt. Sie lag da und ertrug die Hiebe. Es kümmerte sie nicht mehr. Als er auf ihrem Schambein herumtrampelte, verlor sie das Bewußtsein.

14. APRIL 1982, 3:00 Uhr

Die Sanitäter klinkten den Tropf im Unfallwagen auf. Der eine nahm Blut aus Judiths Arm, der andere drückte auf ihr Becken. Es gab nach.

»Spar dir die Lufthose. Verständige den Not-OP.«

Der Fahrer erreichte den Operationsraum über Hausfunk.

»Bringen vierzigjährige Frau. Schwere Verletzungen in der Beckengegend. Schneller Puls. Sie hat Schweißausbrüche.«

Im OP wurde es über Lautsprecher als Notfall der Kategorie Eins angekündigt. Das Notarztteam wartete in voller OP-Bekleidung im Notfallraum, als die Sanitäter die Trage hereinrollten.

»Röntgen. Wir brauchen Sofortbilder.«

»Setz einen Blasenkatheder an.«

Die Blutprobe ging an eine Schwester.

»Bewahr das zur Blutgruppenbestimmung auf.«

Zehn Minuten später hatten sie die Bilder. Die Patientin hatte eine Beckenfraktur. Die Blase war nicht gerissen, ihre Lebenszeichen waren normal. Das Notarztteam atmete auf.

»Weist sie mit strikter Bettruhe und Schnellaktivierung ein.«

14. APRIL 1982, 9:00 Uhr

Barry ruft die Hethingtons in Vermont an. Nein, es geht nicht um ihren Prozeß, für den hat er immer noch keinen Termin. Es ist eine persönliche Angelegenheit. Judith ist im Krankenhaus. Nichts Ernstes, eine leichte Lungenentzündung. Ob sie für einige Wochen Melinda aufnehmen könnten? Er könnte heute losfahren und spätabends da sein.

15. APRIL 1982, 16:00 Uhr

Endlich erreichte Sally Milton Barry am Telefon. Judith war seit zwei Tagen nicht zur Arbeit erschienen, und sie machte sich Sorgen. Er sagte, er sei überrascht, daß sie nicht informiert sei. Es mußte ein Mißverständnis gegeben haben. Judith sei im St. Vincents-Hospital. Sie sei in der Badewanne schwer gestürzt und habe sich das Becken angebrochen. Einer dieser dummen Unfälle. Er sei gerade auf dem Weg ins Krankenhaus.

15. APRIL 1982, 16:30 Uhr

Judith öffnete die Augen und schloß sie wieder. Sie träumte von Hänsel und Gretel und der bösen Hexe. Die Hexe war in schwarz gekleidet und versuchte, ihren Kopf in den Ofen zu drücken. Aber wenn sie die Augen öffnete, war die Hexe immer noch da.

15. APRIL 1982, 17:00 Uhr

Als Sally die Auskunft im Krankenhaus anrief, wurde ihr gesagt, daß Judith Winograd in ein Einzelzimmer, Nr. 408, verlegt worden sei, aber nicht nach einem Telefon verlangt habe. Besuchszeit sei normalerweise von zwei bis acht, aber auf ihrer Krankenkarte sei ein Vermerk, daß die Patientin im Moment keine Besuche wünsche.

16. APRIL 1982, 18:00 Uhr

Joanne und Sally kamen zum Besuchereingang und erhielten die Auskunft, die Besucherkarten für Winograd wären schon in Benutzung. Sie müßten entweder unten warten oder später wiederkommen.

Sally sagte: »Komm hier lang«, und zog Joanne auf die andere Seite des Krankenhauses, zum Eingang auf der Eleventh Street. Die beiden Frauen gingen durch die Halle, nahmen einen Fahrstuhl und stiegen im vierten Stock aus.

»Tu so, als wüßtest du, wo du hingehst«, murmelte Sally. Sie liefen forsch durch einige Schwingtüren und schauten nach den Zimmernummern, bis sie den Gebäudeteil erreichten, in dem Judith lag.

Sally nickte freundlich und geschäftig zum Schwesternraum und öffnete die Tür zu Nummer 408.

Judith lag wach, in die aufgestellten Kissen gelehnt. Sie starrte die beiden abwesend an, drehte dann den Kopf zur Seite und begann zu weinen.

Die Besucherinnen blieben nur wenige Minuten. Keiner der beiden fiel etwas Aufmunterndes zu sagen ein, außer, daß alle im Büro ihr eine schnelle Genesung wünschten und daß es ohne Melinda so still im vierzehnten Stock sei.

»Sie ist bei Freunden in Vermont. So ein blöder Unfall«, sagte Judith träge.

Nicht einmal Sally schaffte es, ihr zu widersprechen. Sie sagten, sie wollten morgen wieder vorbeikommen. Jetzt, da sie wußten, wo sie war, würden sicher auch einige der anderen zu Besuch kommen wollen.

»Nein«, sagte sie. »Bitte.«

Sie schlossen behutsam die Tür hinter sich. Sally machte jemanden im Schwesternraum auf sich aufmerksam und fragte, wo sie die Sozialarbeiterin in diesem Stockwerk finden könnten.

Ms. Prathia Ferry, so stand es auf ihrem Namensschild, telefonierte in ihrem winzigen Büro und versuchte einen Antrag auf Pflegebeihilfe durchzuboxen. Sie bedeutete den beiden Frauen, sich zu setzen. Ms. Ferry war eine schwarze Frau, wahrscheinlich Ende fünfzig. Über ihrer weißen Nylonbluse mit einer großen Schleife am Hals trug sie einen klobigen Anzug mit bestickter Borte, den Joanne und Sally mit Kennerinnenblick als ein uraltes Auslaufmodell von Chanel indentifizierten. Die typischen Bügelfalten und der gute Schnitt waren im Lauf der Jahre verlorengegangen. Die Frauen von Claridge and Palmer waren vetraut mit den unterschwelligen Spannungen zwischen den Rassen und Klassen in New York: Prathia Ferry, das wußten sie sofort, hatte hart gekämpft, um ihre berufliche Stellung zu erreichen. Sie würde die beiden als Eindringlinge aus einer anderen Welt empfinden. Sie würde diesen Einfall in ihren kleinen Zuständigkeitsbereich nicht begrüßen. Sie würde ihnen nicht freundlich gesonnen sein.

Als sie den Hörer aufgelegt hatte, erzählten sie, daß sie privat mit ihr über Judith Winograd in Zimmer 408 sprechen wollten. Die Sozialarbeiterin verzog ihren Mund und blätterte in einer Akte.

»Sind sie Angehörige oder Freunde?« fragte sie.

»Wir arbeiten mit ihr zusammen«, erklärte Joanne in geschäftigem und wichtigem Ton.

»Bei Claridge and Palmer, dem Verlag. Sie ist eine unserer Cheflektorinnen.«

Ms. Ferry guckte erstaunt.

Joanne holte tief Luft.

»Meinen Sie, daß ihre Verletzungen von einem Unfall herrühren oder nicht?«

»Es tut mir leid, aber das ist eine Frage, die Sie ihrem Arzt stellen müssen.«

»Gut, wir werden es Ihnen sagen«, fiel Sally scharf ein. »Es war kein Unfall. Sie wird seit Jahren mißhandelt.«

Ms. Ferry riß die Augen auf und machte einige Notizen auf einem Blatt Papier.

»Haben Sie mit ihren Familienangehörigen gesprochen?« fragte sie. »Ich glaube nämlich, die sind gerade im Besucherzimmer.«

»Nein danke.« Angewidert spuckte Sally die Worte aus. Sie und die Sozialarbeiterin saßen sich feindselig gegenüber. Sally stieß Joanne an und stand auf, um zu gehen.

»Setzen Sie sich einen Moment«, sagt Ms. Ferry.

Sally setzte sich. Die Sozialarbeiterin klopfte mit einem Bleistift auf ihren Tisch.

»Dies ist eine sehr ernste und vertrauliche Angelegenheit und zumal eine, die wir normalerweise mit Unbeteiligten nicht besprechen, schon gar nicht mit solchen, die von außen hereinplatzen und versuchen, uns zu erzählen, was wir zu tun haben.«

»Sie müssen das Miss Milton und mir verzeihen«, sagte Joanne in ruhigem Ton. »Wir bei Claridge and Palmer sind alle sehr beunruhigt. In diesem Fall geht es immerhin auch um ein Kind.«

Ms. Ferry schrieb noch eine Bemerkung auf ihr Papier.

»Ich merke, daß die Damen wirklich besorgt sind. Nach dem Gesetz muß ich Ihnen gar nichts erzählen, aber ich möchte, daß Sie wissen, daß meine Abteilung sich über die Situation sehr wohl bewußt ist. Sehr wohl bewußt. Saint Vincents hat ein Beratungsprogramm für mißhandelte Frauen, aber das läuft auf freiwilliger Basis. Die Frauen müssen um Hilfe fragen, verstehen Sie, was ich damit meine? Dies ist ein klassischer Fall, in dem die Frau die Gefahr leugnet. Ein Fall wie aus dem Lehrbuch.«

»Sie muß von ihm wegkommen, Ms. Ferry«, flehte Sally. »Eines Tages wird er sie umbringen.«

»Sie sind eine verständige, gebildete Frau«, sagte Ms. Ferry. »Ich nehme an, daß Ihre Freundin Judith Winograd auch verständig und gebildet ist. Wenn weder ihr Verstand noch ihr Gefühl sie erkennen läßt, daß sie in einer gefährlichen Lage ist, was können Sie dann ernsthaft von uns verlangen, was wir tun sollen?«

»Sie sagen also, man kann nichts machen?«

»Das habe ich nicht behauptet«, erwiderte Ms. Ferry gereizt. »Ich habe gesagt, daß sie bereit sein muß, es für sich selbst zu erkennen.«

17. APRIL 1982, MORGENS

Die Hilfsschwester brachte noch einen Korb mit Blumen herein.

»Es gibt jemanden, der dich ganz doll liebt, Schätzchen«, sagte sie. Sie stellte den Korb auf die Fensterbank und gab Judith die Karte. ›Rote Pfingstrosen‹ war da zu lesen. ›Für dich etwas Besonderes.‹

Judith schaute sich in ihrem Krankenzimmer um. Vasen mit wuchernden prächtigen Pfingstrosen in rosa und weiß, Fuchsien am Fenster. Ein Frühlingskorb mit Tulpen und Schwertlilien stand auf ihrem Nachttisch neben einer Schale mit blühenden Maiglöckchen. Ein riesiger grünblättriger Ficus teilte sich die Zimmerecke mit einer eingetopften Buschrose, und ein üppiges Bouquet silberner Luftballons, in dem ein Schild mit ›Werd bald gesund‹ hing, wucherte über ihrem Bett.

Er hatte die schlichte, nüchterne Einrichtung in einen botanischen Garten verwandelt. Für sie. Und sie hatte immer noch kein Wort zu ihm gesagt.

Sie steckte die Karte unter ihr Kissen zu den anderen und lächelte.

17. APRIL 1982, ABENDS

Die Tür öffnete sich. Sie erwartete die Schwester mit ihrem Abendbrot auf dem Tablett, aber es war Barry. Er stand wie in einem Rahmen in der Tür, das Tablett in seinen Händen. Das lockige schwarze Haar fiel ihm in die Stirn, er hatte vergessen, sich zu kämmen. Sie preßte die Mundwinkel zusammen, um nicht zu lächeln. Er sah jämmerlich und verunsichert aus, aber auch stolz auf sich selbst. Er mußte der Schwester ein Trinkgeld gegeben haben, damit sie ihn das Abendessen hineintragen ließ.

»Judith, darf ich reinkommen?«

Sie nickte, ohne etwas zu sagen.

Er rollte den Tisch heran und stellte das Tablett ab.

»Nun, laß mal sehen, was haben wir denn hier? Ah, Tomatensaft, undefinierbares braunes Fleisch, Kartoffelbrei. Apfelmus! Ein Hurra auf Apfelmus. Was probieren wir zuerst? Tomatensaft, okay?«

Er reichte ihr den Saft, und sie nahm einen Schluck. Er starrte sie verlegen an.

»Judith, du mußt mit mir reden, Judith.«

Sie sah, wie er schwankte, ob er auf dem Bett oder auf einem Stuhl sitzen sollte. Er zog den Stuhl heran. Gut. Er wagte es nicht, sich eine Freiheit herauszunehmen, die sie ihm nicht angeboten hatte. Sie nahm noch einen Schluck Saft und schaute ihn über die Kante des Bechers hinweg an. Er sah so mitleiderregend aus, daß sie es kaum ertrug. Sie stellte den Becher ab und sah weg.

»Genug Saft, Liebling? Okay, laß uns das Fleisch probieren. Hier, laß es mich für dich schneiden.«

Er mußte aufstehen, um das Fleisch zu schneiden. Er beugte sich so nah zu ihr über das Bett, daß, wenn einer von ihnen sich einen Zentimeter bewegte, sie sich berühren würden. Sie konnte die Hitze seines Körpers spüren.

»Ich mach dir ein Versprechen«, sagte er. »Iß alles Fleisch und die Kartoffeln, und ich werde dir ein Lied vorsingen. Würde dir das gefallen?«

Sie nickte. Wenn sie die Hand ausstreckte, würde sie sein Haar berühren können.

»Aber du mußt mir sagen, welches Lied ich singen soll.«

Sie verneinte mit einem Kopfschütteln.

»Noch nicht bereit zu reden? Okay.« Er nahm ein Stück Fleisch mit der Gabel auf und führte es ihr an den Mund. »Gutes Mädchen.«

Sie wollte kein Fleisch mehr, also fütterte er sie mit Kartoffelbrei und Apfelmus. Dann öffnete er die Milchtüte und packte den Strohhalm aus.

»Fertig für das Lied?«

Würde er wirklich singen? Die Vorstellung, ihn in diesem mit Blumen gefüllten Krankenhauszimmer singen zu hören, reizte sie zum Kichern. Ihr Unterleib schmerzte, und dann erinnerte sie sich, warum sie beide hier waren.

»Du hast versucht, mich im Ofen zu verbrennen.« Sie hatte geredet. Das hatte sie nicht gewollt. Sie begann zu weinen.

»Judith. Judith, Liebling.«

»Ich habe das Bewußtsein verloren.«

»Judith, ich weiß. Ich habe dich ins Krankenhaus gebracht. Ich hab dich in meinen Armen die Treppe hinuntergetragen.«

Tränen flossen ihr die Wangen hinunter.

»Judith, hör mir zu. Ich würde nichts tun, was dich verletzt. Ich liebe dich, Judith. Ich brauche dich.«

Sie schüttelte ihren Kopf.

»Was ist mit uns passiert, Judith? Ich hatte einen Filmriß. Ich habe Angst. Wir hatten einen Streit in der Küche, und du bist gegen den Herd gefallen.«

»Du hast mich gestoßen.«

»Judith, hilf mir. Ich fürchte mich. Du bist mir wichtiger als alles andere auf der Welt. Wenn du mich verläßt, dann verliere ich den Verstand.«

Sie schaute ihm in die Augen. Sie waren so feucht wie ihre.

»Du hast mich die Treppe hinuntergetragen?«

18. APRIL 1982

Judith döste, als eine dunkle Gestalt sich neben ihrem Bett niederließ. Für einen Moment glaubte sie, es wäre die Hexe aus ihren Träumen, aber es war Barrys Mutter in einem schwarzen Seidenkleid.

Mrs. Kantor atmete schwer und tupfte mit einem Taschentuch in ihrem Gesicht herum.

»Judith, bist du wach?« fragte sie. »Seitdem er angerufen hat, bin ich jeden Tag hier gewesen. Er ist ein guter Junge, Judith, er ist mein einziger Junge. Er braucht dich.«

»Ist meine Mutter hier?« fragte Judith. »Ich will meine eigene Mutter sehen.«

Mrs. Kantor erhob sich mit großer Anstrengung.

»Sie sitzt da draußen, wo sie immer sitzt. Sie hat schon ihren Lieblingsstuhl. Es ist ihrer. Dein Vater kommt heute nachmittag zurück.«

Judiths kleine drahtige Mutter kam mit einer Tasche mit Strickzeug herein und bezog ihre Stellung. Sie setzte ihre halbglasige Lesebrille auf und machte sich an die Arbeit. Die Stricknadeln klapperten laut in dem ruhigen Zimmer, während Mutter und Tochter nach einem unverfänglichen Gesprächsbeginn suchten.

»Ich mache einen Pulli für Melinda«, sagte die Mutter. »Als du ein Baby warst, habe ich dir auch Pullover gemacht.«

»Ja, ich erinnere mich.«

»Selbstgemachte Pullover. Die konnte man nicht mal für fünfzig Dollar kaufen.«

»Ja, Ma.«

»Du sahst so hübsch aus, wenn ich dich in der Karre spazieren fuhr.«

»Mama, was soll ich machen?«

»Werde gesund, das sollst du machen.« Ihre Mutter wickelte etwas mehr Garn ab.

»Er sagt, er braucht mich.«

»Dein Vater hat in fünfzig Jahren nicht ein einziges Mal seine

Hand gegen mich erhoben. Ein Anwalt ist er. Ein Anwalt. Er ist ein Tier, ein Verhexer.«

»Sag das nicht, Mama. Du weißt ja nicht, wovon du sprichst.«

Ihre Mutter seufzte. »Keiner der Jungs im College war dir gut genug. Du wolltest dich nicht binden. Eine Schriftstellerin mußtest du werden, eine Schriftstellerin. Und was hat es dir gebracht?«

Judith antwortete nicht. Ihre Mutter kramte ein Maßband heraus und vermaß den Ärmel des Babypullis.

»Wann bringt er Melinda zurück? Mußte er sie nach Vermont bringen? Sie hätte bei uns in Bayonne bleiben können.«

»Er will mit mir in die Karibik fahren, wenn ich hier raus komme, Mutter. Nur wir zwei. Ein richtiger Urlaub.«

»Wirst du deine Stelle kündigen?«

»Nein, warum sollte ich? Sie werden mir Krankenurlaub geben.«

»Mich fragt ja niemand, also sage ich nichts. Aber wenn mich eine gewisse Person fragen würde, dann würde ich ihr sagen, wozu braucht sie einen Job, wenn sie einen Mann und ein Baby hat, um die sie sich kümmern muß?« Mrs. Winograd legte ihr Strickzeug hin. Besorgt blickte sie zur Tür. »Wenn er wütend auf dich wird, Judith, ist es dann wegen deines Jobs?«

Sie starrte ihre Mutter an. »Ich liebe meinen Beruf.«

»Dickköpfig. Seit Kindertagen bist du so dickköpfig.«

»Ich bekomme dieses Jahr eine Gehaltserhöhung.«

»Vielleicht hätte er nichts auszusetzen, wenn du zu Hause wärst, wenn er dich braucht. Es ist unnatürlich, so ein kleines Baby in ein Büro mitzunehmen.«

»Ich mag meinen Job, ich bin gut. Ma, du fragst nie, was ich im Büro mache, es hat dich nie interessiert, das herauszufinden. Den ganzen Tag über helfe ich anderen Menschen. Ich nehme Manuskripte, die vielleicht mit zwei oder zwei plus bewertet wurden, und ich arbeite sie zu Einser-Manuskripten um. Ich modelliere am Konzept und bringe Farbe in so einen halbfertigen Text. Ich erspüre, was Kinder lesen wollen, und ich gebe es ihnen, in einer Sprache, die sie verstehen. Das hält mich in Verbindung zur Welt der ...« Sie hatte ›Literatur‹ sagen wollen, aber es klang so prahlerisch. Sie konnte sehen, daß ihre Mutter nicht beeindruckt war.

»Die Frauen aus dem Büro, die dich besuchen gekommen sind, machen die das gleiche wie du?«

»Eine von ihnen. Die andere, ich weiß gar nicht, ob du sie gesehen hast, die andere ist meine Chefin.«

»Sind sie verheiratet, die Mädchen in deinem Büro?«

»Diese zwei nicht.«

Mrs. Winograds Stricknadeln wurden schneller. Sie hatte die wichtigsten Informationen erkundschaftet, war an der letzten Strickmasche angekommen, und nun war es Zeit, die Moralpredigt abzulassen. Judith wartete darauf.

»Wie man sich bettet, so schläft man.«

19. APRIL 1982

Barry packte einen Stapel Reiseprospekte aus seiner Aktentasche und verteilte sie auf dem Bett. Dann holte er noch ›Frommers Karibik-Reiseführer‹ und die Reisebeilage der ›Sunday Times‹ heraus.

»Du suchst die Insel aus, Judith. Du hast die Wahl, Liebling.«

»Solange man da Tiefseetauchen und Schnorcheln kann«, neckte sie ihn.

»Dies ist dein Urlaub, Schatz. Du sollst dich erholen, essen, schlafen und dir die Sonne in dein hübsches Gesicht scheinen lassen. Und ich werde für meinen Liebling dasein und so schön mit ihr schlafen, wie sie es noch nie in ihrem Leben gehabt hat. Was meinst du, Judith. Ein großes schickes Hotel mit allen Schikanen? Oder mieten wir ein Haus? Bei beiden gibt es Vorzüge und Nachteile.«

»Mir gefällt alles, solange es am Strand ist. So daß wir aus der Tür kommen und direkt am Meer sind.« Sie nahm einen der Prospekte. »Tortola. Wo ist das?«

Er sah im Reiseführer nach.

»Britische Jungferninseln. Man fliegt von San Juan oder Saint Croix. Hey, da gibt es phantastische Tauchgebiete. Judith, hör dir das an.«

Er las ihr eine Stelle aus dem Reiseführer vor. Sie entschieden sich für Tortola. Das Schicksal schien es so zu wollen.

Wie auf dem magischen Tisch in einer spiritistischen Sitzung hatte ihre Hand nach diesem Prospekt gegriffen, und da die Insel schöne Riffs zum Tauchen hatte, würde Barry auch zufrieden sein.

»Barry, das wird doch ein Vermögen kosten?« fragte sie.

Er antwortete mit einem zärtlichen Kuß auf ihre Stirn.

20. APRIL 1982

Sally hatte gerade genug Zeit für einen Kurzbesuch bei Judith, bevor sie einen Freund zum Abendessen im Village traf. Sie erschrak, als sie das Zimmer betrat. Judith saß in einem Stuhl, trug einen bestickten pfirsichfarbenen Seidenkimono, ihr Haar glänzte und war gebürstet. Die apathische Patientin, die vor zwei Tagen so zerstört ausgesehen hatte, war jetzt eine selbstbewußte, vor Eifer glühende Frau, die nicht aufhören konnte, über den Urlaub zu reden, den sie sofort antreten würde, wenn der Arzt sagte, daß sie reisen könnte.

24. APRIL 1982, MORGENS

Joanne und Cindy Owens liebten es, sich bei Michel, ihrem Friseur zu treffen. Jeden zweiten Samstagvormittag ließen sie sich um eine halbe Stunde versetzt Termine reservieren. Der Salon auf der Madison Avenue war um diese Zeit am belebtesten, und die Schwestern genossen ganz offen ihre vierzehntägigen Stippvisiten in dieser unwirklichen Welt des affektierten High-Society-Chics. Es war eine Milieustudie par excellence, und ihre Frisuren wurden umwerfend. Cindy hatte Michel letztes Jahr entdeckt, und seitdem war er der begehrteste Friseur in der Stadt, ein Prinz unter all den Andrés, den Gregorys, Claudes und Phillipes, die alle nur den Kantenschnitt von Vidal Sassoon nachmachten. An diesem Morgen wurden sie von dem Halbgott mit Scheren später bedient als gewöhnlich und hatten genügend Zeit, ausführlich den neuesten Klatsch zu bereden.

»Sie hat sich nicht nur entschieden, mit ihm zusammenzubleiben«, sagte Joanne. »Sie hat sich selbst eingeredet, daß alles ein Unfall war.«

»Unglaublich. Jeff sagt, daß er und Barry nicht mehr miteinander reden. Er kann ihm nicht verzeihen, was er mit Judith gemacht hat.«

»Niemand von uns kann ihm verzeihen, und wir wissen alle, daß es wieder passieren wird, außer unserer ›Verehrten Lady von Beckenbruch‹ – so nennt Sally Milton sie.«

»Sie werden keine Therapie machen?«

»Nein, sie werden in die Karibik fahren. Sie werden sich aussprechen und ihr tiefes Verständnis füreinander in Sonne und Sand erneuern. Melinda bleibt bei Freunden von ihnen in Vermont. Sally will die Adoptionsbehörde anrufen, oder wen auch immer man anruft, und berichten, daß dieses Zuhause keine sichere Umgebung für ein Kind ist. Wer weiß, was Melinda in jener Nacht gesehen oder gehört hat? Es könnte sie für den Rest ihres Lebens schädigen.«

»Behalten Babys solche Erinnerungen?«

»Wenn sie Freudsche Babys sind, dann ja.«

»Joanne. Guck mal da. Ist das nicht Bianca Jagger?«

»Wo?«

»Ich will da nicht hinzeigen. Dort drüben. Die, die Michel küsst.«

»Oh, mein Gott, du hast recht.«

Die beiden Frauen gaben sich Mühe, nicht zu glotzen.

»Glaubst du, daß sie außer den Leuten in eurem Büro selbst gute Freunde hat?«

Joanne brauchte eine ganze Weile, bis sie merkte, daß ihre Schwester über Judith Winograd sprach.

»Sie ist ziemlich dicke mit einigen ihrer Autoren. Die himmeln sie an. Auf jeden Fall die männlichen. Frauen gegenüber öffnet sie sich nicht so.«

»Darüber habe ich gerade nachgedacht.«

24. APRIL 1982, NACHMITTAGS

Gunther Heald kam gerade von einem Tanzkurs nach Hause, als er das Paar aus dem obersten Stock sah. Er blieb wie angewurzelt stehen. Schritt für Schritt stieg sie mit einer Gehhilfe die Sandsteintreppe hinauf, und er band aus dem offenen Kofferraum eines Volvo etwas los, das wie ein Ficusbaum aussah.

Es war feige, aber Gunther machte auf dem Absatz kehrt und verschwand eilig in die entgegengesetzte Richtung.

Zwanzig Minuten später, als er sicher sein konnte, daß die Luft rein war, kam Gunther zurück und klopfte an Mrs. Laemmerles Tür.

»Sie haben das Aufregendste verpaßt«, sagte sie. »Die beiden sind zurück.«

Gunther ging nach oben in seine Wohnung. Vor zehn Tagen, als er mitten in der Nacht den Notruf 911 anrief, hatte er sich vorgestellt, daß die Polizisten Barry Kantor in Handschellen abführen würden. Er und Jim hatten hinter der Tür gehorcht und das Gerenne die Treppe hinauf und herunter mitbekommen. Das letzte, was er erwartet hatte, war, die beiden wieder zusammen zu sehen.

9. MAI - 16. MAI 1982

Das Häuschen, das Barry und Judith unbesehen gemietet hatten, lag an einem Bilderbuchstrand, der Cane Garden Bay hieß. Es war himmlisch. Es gab mehr als genug Kokospalmen und so wenige Menschen, die sich hier und dort in der halbmondförmigen weißen Sandbucht sonnten, daß man den Glauben an ein unverdorbenes Paradies in der Karibik zurückgewinnen konnte.

Am anderen Ende der Bucht lag ein heruntergekommenes, von Einheimischen betriebenes Hotel, wo zur Unterhaltung beim Abendessen ein Calypso-Sänger auftrat. In den ersten paar Tagen gingen sie zu allen Mahlzeiten in das Hotel, weil Judith sich nicht kräftig genug fühlte, weiter zu gehen.

Barry mietete einen Jeep. So erforschten die Touristen die Insel. Tortola war grün und bergig im Innern, die Küste bestand aus weißen Sandbuchten. Keiner der beiden hatte so etwas jemals zuvor gesehen. Ihr Tagesablauf war einfach. Barry setzte Judith morgens unter ihrer liebsten Kokospalme auf eine Decke, cremte ihr das Gesicht, die Arme und Beine dick mit Sonnenmilch ein, vergewisserte sich, daß sie ihren Hut aufsetzte und ein langärmeliges Hemd in ihrer Tasche hatte, und ließ sie dann für einige Stunden, in denen er badete oder schnorchelte, mit einem Buch allein. An den Nachmittagen nahmen sie den Jeep und probierten eine der anderen Buchten aus, oder sie blieben einfach dort wo sie waren. Nach einigen Tagen, als Judith sich etwas kräftiger fühlte, reservierte er Tische für das Abendessen in verschiedenen Hotels und Restaurants auf der Insel. Wenn das Hotel einen interessanten Souvenirladen hatte, überraschte er sie mit einem neuen Badeanzug, mit einem bunten Hawaiihemd oder einem übergroßen T-Shirt auf dem DIVE BVI – Tauchen auf den Jungferninseln – stand. Nur einmal ließ er sie ganz allein, als er auf eine ganztägige Tauchtour im Anegada Riff ging. Sie machte sich Sorgen, sie könnte ihn behindern, aber er winkte ab. Gegen Ende der Woche lockte er sie ins Wasser. Sie hatte Angst, von einer Welle umgeworfen zu werden und sich erneut zu verletzen, aber er sagte:

»Komm schon, es ist wie in einer warmen Badewanne hier draußen, das wird dir gut tun.«

Sie setzte die Brille auf, zog die Schwimmflossen an, und er trug sie über die Strandwellen ins ruhigere Wasser. Dann paddelten sie zum Riff hinaus. Wie er versprochen hatte, gab es einige Meter vom Ufer entfernt herrliche bunte Papageienfische, Angelfische und riesige Schwärme von Mönchsfischen. Sie waren wie verzaubert von einem blassfarbenen Fisch, der wie entrückt zu grinsen schien. Barry hatte ihn schon einmal gesehen und nahm seinen Schnorchel aus dem Mund, um Judith zu sagen, daß es wahrscheinlich ein Doktorfisch sei.

»Welch ein Omen«, sagte Judith und schüttelte das Wasser aus ihrem Schnorchel. Als sie allein auf dem Wasser trieb, sah sie etwas, das sie ängstigte. Es war drei Fuß lang, nadelförmig, träge und herrlich metallgelb. Es sah aus wie ein bemalter Stock, nur daß es sich an der untersten Koralle entlang bewegte und kleinere Fische in sein Maul sog. Später fand sie es im Naturführer. Es war ein gewöhnlicher Trompetenfisch, aber eines der selteneren gelben Exemplare.

»Es tut mir irgendwie leid, daß gerade ich ihn gesehen habe«, sagte sie zu Barry.

An ihrem letzten Abend, als sie zum Essen in eine originelle umgebaute Zuckermühle fuhren, von der sie im Reiseführer gelesen hatten, kamen sie schnell mit einem Paar am Nachbartisch ins Gespräch. Außer mit den Kellnern hatte sie die ganze Woche über mit niemandem als mit Barry geredet. Das Paar erzählte ihnen, daß sie zwei Kinder hätten, die zu Hause in Detroit bei ihrer Großmutter wären. Barry erzählte von Melinda und sagte, daß sie adoptiert sei. Judith war überrascht, aus seinem Munde zu hören, sie beide seien sehr überzeugt davon, keine eigenen Kinder haben zu wollen, wo es so viele unglückliche Kinder gäbe, die ein gutes Zuhause bräuchten. Er erzählte, er hätte sich sterilisieren lassen. Das war nicht wahr. Sie hatte immer geglaubt, daß sie von Barry wegen ihrer unregelmäßigen Menstruation nicht schwanger geworden war. Aber sie spielte mit, und ihre Argumente für die Eindämmung des Bevölkerungswachstums und über hungernde Kinder in Äthiopien trug sie so nachdrücklich vor, daß das Paar sich praktisch dafür entschuldigte, zwei weitere Babies in die Welt gesetzt zu haben.

Sie kamen zu ihrem Häuschen zurück. »Barry«, seufzte sie, während sie versuchte, es sich in ihrem Stuhl bequem zu machen. Plötzliche Bewegungen verursachten ihr immer noch Schmerzen. »Warum können wir nicht immer hierbleiben?«

Es gab so viel, das sie ihm sagen wollte, aber sie wußte nicht, wo sie anfangen sollte.

»Ich fühl mich dir so nah«, flüsterte sie, als sie ihre Sandalen abstreifte. »Näher als jemals zuvor.«

Er stand vor ihr und öffnete langsam seinen Reißverschluß.

Sie schaute erschrocken auf.

»Barry? Der Arzt hat gesagt, absolut keinen Sex bis zu meiner nächsten Untersuchung.«

»Bleib einfach sitzen, Liebling. Mach's mit dem Mund.«

Am nächsten Morgen um neun waren sie auf dem kleinen Flugplatz, um nach Hause zu fliegen. Sie hatte Farbe bekommen, wirkte aber blaß im Vergleich zu Barry. Innerhalb einer Woche hatte er schöne Bräune bekommen. Am LaGuardia-Flughafen in New York setzte er sie in ein Taxi, gab dem Fahrer zwei Zwanziger und einen extra Zehner, das war mehr als der doppelte Fahrpreis mit einem großen Trinkgeld. Er sagte ihm, er solle über die Williamsburg Bridge fahren und der Dame zu Hause mit dem Gepäck helfen.

»Die Treppe hoch«, sagte er. Es täte ihm leid, sie so auf sich selbst gestellt zurückzulassen, aber er müsse direkt mit dem Volvo nach Vermont zum Prozeß der Hethingtons fahren. Er sagte, er wäre in einigen Tagen mit Melinda zurück.

17. - 19. MAI 1982

Der Prozeß fand im Gebäude des Bundesgerichts in Burlington statt, aber nicht vor dem freundlichen Richter, den Barry erwartet hatte. Stattdessen hatten sie den schärfsten Robenträger des ganzen Bezirks benannt, Ralph Haywood, der noch von Präsident Eisenhower ernannt worden war. Paul Scorvey, der Anwalt, den Barry als Ersatzmann mitgebracht hatte, um Ellie zu verteidigen, sagte, daß er sich Sorgen mache.

Barry und die Hethingtons beschlossen, das beste aus der üblen Situation zu machen und sich, bevor das Schicksal seinen Lauf nahm, ordentlich vollzukoksen. Die Hethingtons waren erstaunt über ihren Anwalt. Er war viel risikofreudiger als sie. Als der Richter bei der Ernennung der Jury eine kurze Unterbrechung anordnete, gingen Barry und Don zum Männerklo, um noch einige Züge zu nehmen.

»Dann bin ich beim Plädoyer besser«, sagte er. »Koks gibt mir einen sechsten Sinn. Ich erkenne den Henker schon eine Meile vorher.«

Er spürte, daß der Schlüssel zum Prozeß eine wohlwollende Jury sein würde, aber die alteingesessenen Farmer von Vermont brachten ihn aus dem Konzept. Er konnte ihre undurchsichtigen Mienen nicht enträtseln. Er hatte unter den Geschworenen eher Hippietypen erwartet. Als die Hälfte der Jury ernannt war, sagte ihm der Richter, daß er alle seine Einspruchsmöglichkeiten ausgenutzt hätte.

Am Nachmittag des zweiten Tages schwebte er nur noch. Während ein Chemiker der Drogenfahndung sich über die Laboruntersuchung ausließ – die bei den Hethingtons gefundenen Marihuanapflanzen wären tatsächlich ›Cannabis sativa‹ –, beugte sich Barry unter den Verteidigertisch und gab vor, einige Gerichtsakten in seiner Tasche durchzublättern. Ellie wußte, was er wollte. Er suchte gierig nach dem kleinen Beutel mit Kokain, den sie ihm gegeben hatten. Er machte ein großes Theater, hielt ein Buch vor sein Gesicht und tat so, als habe er eine vertrauliche Unterhaltung mit seinen Mandanten. Hinter dem Buch rieb er mit dem Zeigefinger, den er ins Kokain getupft hatte, an seinem Gaumen entlang. Die Hethingtons machten den Spaß mit. Wenn ihr Anwalt so vollkommen abgebrüht war, was hatten sie dann zu befürchten?

Am gleichen Abend, wieder zurück im Farmhaus der Hethingtons, verkündete Barry, er sei sicher, daß der vertretende US-Staatsanwalt bereit sei, sich auf einen Handel Ellies wegen einzulassen, sofern Don sich in zwei Punkten der Anklage für schuldig bekennen würde. Sie fragten, was das für Dons Urteil bedeuten würde, und er sagte, er wüßte es nicht. Er hätte die Variante noch nicht durchgespielt. Die Hethingtons drehten durch. Ellie beschuldigte ihn, nicht zu seinem Wort zu stehen.

Dies wäre von Anfang an die Vereinbarung gewesen, behauptete er. Aber Ellie widersprach. Er habe ihnen versprochen, daß Don sich zu einem, dem geringeren, Schuldvorwurf bekennen müßte und nicht zu zweien.

Er sagte: »Ihr habt den Verstand verloren«, und nahm Don zur Seite. Ellie sei eine Oberhexe meinte er, und er brauche sich das von ihr nicht gefallen zu lassen.

»Sie ist deine Frau, werde mit ihr fertig«, zischte er wütend.

Don sagte, das sei nicht fair, immerhin habe sie auf Melinda aufgepaßt. Er spürte, daß alles zerbrach. Vielleicht war es keine gute Idee, denn jetzt waren sie schon so weit, daß sie vielleicht auch ohne eine Absprache mit dem Staatsanwalt einen Freispruch bekämen. Barry verlangte mehr Kokain. Don meinte, er wolle sehen, was sich machen ließe und ging in sein Atelier in der alten Scheune, um für einige Stunden malen zu können.

Am nächsten Tag zog sich die Jury nur für eine Stunde zur Urteilsfindung zurück. Ellie wurde des Anbaus von Marihuana für schuldig befunden. Don wurde ebenfalls des Anbaus für schuldig befunden und unter einem zweiten Vorwurf der Verschwörung. Im Saal, wo ihre Freunde saßen, machte sich Empörung breit.

Der Richter ordnete einen Vorabbericht an und verfügte, daß sie sich im 14. Juni wieder vor dem Gericht einfinden sollten.

Melinda war bei einem der Zeugen der Hethingtons in der letzten Bank im Gerichtssaal. Barry nahm sie auf den Arm und brachte sie zu seinem Auto hinaus. Er und Paul Scorvey fuhren am gleichen Abend nach New York zurück.

MAI - JUNI 1982

Als Judith zur Arbeit zurückkam, bemerkten alle bei Claridge and Palmer die Veränderung an ihr. Sie hielt die Tür zu ihrem Büro geschlossen, und die Einladungen, gemeinsam Mittagessen zu gehen, lehnte sie ab. Die Sekretärinnen, die sich sonst um Melinda bemüht hatten, spürten die Abfuhr besonders deutlich. Sally sagte ihnen, sie sollten sich mal in Judiths Lage versetzen – würden sie sich besonders selbstsicher fühlen, wenn sie vermuten mußten, daß alle Kollegen hinter ihrem Rücken darüber redeten, was passiert war und wie es passiert sein könnte?

Insgeheim hatte Sally eine Menge Schwierigkeiten, in dieser Sache mit ihren eigenen Gefühlen klarzukommen. Sie wußte, daß sie als die Radikale im Büro angesehen wurde. ›Die amerikanische Clara Zetkin vom Vierzehnten Stock‹ hatte Harvey sie einmal genannt, als sie versuchte, die Leute aus ihrer Abteilung für eine Gewerkschaftsgründung zu gewinnen. Der Versuch war fehlgeschlagen. Jetzt machte sie sich Sorgen, daß Judith ihre Annäherungsversuche als eines ihrer politischen Manöver einschätzen würde. Es gehörte sich bei Claridge nicht, zu tief in das Privatleben der anderen hineinzuschauen. In vielerlei Hinsicht schätzte Sally die höfliche Umgangsform an ihrem Arbeitsplatz, die oberflächliche Freundlichkeit, die einen bei der Arbeit am Laufen hielt. Und sie erkannte die Tatsache an, daß fast nie jemand gefeuert wurde, solange sie produzierten. Aber sie konnte es einfach nicht begreifen, wie ihre Mitarbeiter tatenlos zuschauen konnten, während sich vor ihren Augen eine menschliche Tragödie abspielte.

Sally war von Judith ganz und gar abserviert worden. Als sie vorgeschlagen hatte, gemeinsam einige Tennisstunden beim Dachswimmingpool am Manhattan Plaza zu nehmen, hatte Judith erwidert, sie fühle sich noch nicht so weit, wieder einen Schläger in die Hand zu nehmen. Und als Sally anregte, an einem der Nachmittage, während der Mittagspause, die neue Photographieausstellung im Museum of Modern Art anzuschauen, sagte Judith, sie fände es unerträglich, sich in einem Museum durch die Menschenmassen zu kämpfen. Es verderbe das ganze Erlebnis, so daß sie, wenn es Sally nichts ausmache, genauso gut darauf verzichten könne.

Aber es machte Sally etwas aus. Das Gefühl, erniedrigt worden zu sein, brannte in ihr, und später kam die Wut. Nach einer Weile gab sie das Fragen auf.

Melinda kam nicht mehr häufig ins Büro. Jetzt, wo die Kleine ein schneller Krabbler geworden war, hatte Judith sie in einen dieser kooperativen Nachbarschaftskindergärten gegeben, die von Eltern betrieben wurden.

Sally sah darin kein Problem, aber Joanne war bestürzt.

»Mit den zwei Einkommen können sie sich kein Kindermädchen leisten?«

Die beiden Lektorinnen erörterten diese Angelegenheit beim Mittagessen in dem neuen japanischen Restaurant auf der Forty-sixth-Street, das sie schon immer mal hatten ausprobieren wollen. Joanne ließ sich nicht davon abbringen, daß es Melinda zu Hause mit einem ganztägig eingestellten Kindermädchen besser ginge. Oder, wenn sie Geld sparen wollten, könnten sie vielleicht eine Haushälterin mit einigen Erfahrungen in der Kinderbetreuung einstellen. Sally meinte, daß das soziale Erlebnis, in frühem Alter mit einer Gruppe kleiner Kinder auskommen zu müssen, viel wertvoller war, als mit einer armen und ausgebeuteten Frau aus der Karibik, die nach einer Weile selbst die Wände hochgehen würde, zu zweit eingeschlossen zu sein. Joanne teilte diese Meinung absolut nicht. Die Frauen könnten fernsehen, und sie bekämen viel frische Luft, wenn sie die Babies in ihren Kinderkarren spazierenführen. Jedenfalls mehr frische Luft, als sie selbst in den Büros bei Claridge bekamen, wo die Fenster sich nicht öffnen ließen. Trotzdem, sagte Sally, wären die Frauen unterbezahlt und ausgebeutet, selbst wenn sie Frischluft bekämen – sofern man New Yorks verpestete Luft überhaupt als frisch bezeichnen konnte – und sie erinnerte Joanne daran, daß sie in bezug auf Melinda den Aspekt des sozialen Lernens mit Gleichaltrigen ganz ausgelassen hatte.

Joanne wechselte das Thema.

»Hast du Judiths Notiz zu den Sternzeichenbüchern gesehen?«

Ein Stück Thunfisch fiel von Sallys Eßstäbchen und verspritzte Soyasauce.

»Was sagst du?«

»Sternzeichenbücher, du hast mich beim ersten Mal schon

verstanden. Sie hat mir eine ausführliche Notiz geschickt, in der sie eine Serie mit Sternzeichenbüchern für die unter Zehnjährigen vorschlug. Es war peinlich. Sie will, daß ich es beim nächsten Lektoratstreffen vorstelle.«

»Mach keine Witze. Was schlug sie vor?«

»Sie hat viel Zeit damit zugebracht. Das war ja das Schlimme. Sie hatte Entwürfe gemacht, wie einige der Umschläge illustriert werden sollen. Mal sehen, ob ich mich genau daran erinnere. Für Schütze hatte sie einen Jungen, der einem Mädchen zeigt, wie man mit Pfeil und Bogen schießt, für Waage hatte sie ein Mädchen, das in einem Buch las – nun, das ist naheliegend – für Wassermann hatte sie einen Jungen, der einen Kopfsprung von einem Sprungbrett macht.

»Für Steinbock hatte sie dann wahrscheinlich ein Mädchen, das eine Ziege melkt.«

»Eine Ziege melkt? Merkwürdig. Das ist genau das, was Harvey gesagt hat, als ich ihm die Notiz zeigte. Nein, sie hatte keine Illustration für Steinbock.«

»Ich weiß, warum. Der Bock wäre auch etwas schwierig, stelle ich mir vor. Ein Bulle eben. Joanne, das ist ja fürchterlich. Das kommt doch für uns überhaupt nicht in Frage. Wie kann man die jungen Gemüter auch noch ermuntern, an solch einen Blödsinn zu glauben?«

»D'accord. Aber sie ist dieser Tage so verletzlich, daß ich nicht weiß, wie ich ihr das freundlich ausreden kann.«

»Sag ihr, daß die Entwürfe hervorragend sind, daß Claridge aber noch nicht soweit ist.«

»Das ist trotzdem eine Ablehnung, nicht wahr. Sollen wir noch Tee bestellen?«

»Ich könnte davon kübelweise trinken. Glaubst du, die haben als Nachtisch außer Grüntee-Eis noch etwas anderes?«

»Nein. Das ist doch der Grund, warum die alle so dünn sind.«

»Sumo-Kämpfer sind nicht dünn.«

Joanne dachte darüber nach. Vielleicht war das die Idee für ein Buch. Die unterschiedlichen Sportwettkämpfe überall in der Welt. Sumo-Kämpfer. Trecker-Ziehen. Autocrash-Rallies.

Nein, keine Autocrash-Rallies, das war zu viel destruktive Gewalt. Es sollte optimistisch und niedlich werden. Eskimos machten verrückte Wettbewerbe, in denen sie sich an den Ohren zogen. In Pamplona gab es immer noch die Stierkämpfe. Sie vermutete, daß Afrika auch einige ungewöhnliche Sportereignisse zu bieten hatte. Vielleicht sollte sie es Judith als Projekt vorschlagen, um sie von ihrer Sternzeichengeschichte abzulenken.

14. JUNI 1982

Barry und Paul Scorvey fuhren zur Strafverkündigung im Prozeß der Hethingtons nach Vermont. Diesmal stiegen sie in einem Hotel in Burlington ab.

»Auf der Farm wird kein roter Teppich für uns ausgerollt sein«, scherzte Barry.

Richter Haywood verkündete von seiner Richterbank, daß er in diesem Fall keinen Grund zur Milde sähe. Er hoffe, das Urteil sei anderen, die dächten, sie könnten Bundesgesetze mißachten, eine Warnung. Ellie bekam ein Jahr Gefängnis, Don vier Jahre. Die Angeklagten erstarrten. Sogar der Gerichtsdiener schüttelte den Kopf.

Ellies ältere Schwester saß als einzige Familienangehörige in der ersten Reihe. Sie schluchzte und klagte, sie wüßte nicht, was sie Ellies Kindern erzählen solle. Barry sagte, daß er sofort in die Berufung gehen würde. Die Schwester hatte einen Scheck über 20.000 Dollar für die Kaution bei sich. Bis zum Abend wollte sie Ellie draußen haben. Er sagte, er würde sich darum kümmern, aber sie solle den Scheck besser auf seinen Namen ausstellen, da der Kautionsverwalter nur Bargeld annehmen würde.

24. JUNI 1982

Ende Juni spitzte sich die Lage zu. Der Verkaufsdirektor rief Harvey Erickson an und fragte nach, was mit den Informationsunterlagen passiert sei, die sie für die Verkaufsgespräche in Puerto Rico bekommen sollten. Die meisten Unterlagen waren unvollständig oder fehlten völlig. Und dann stürzte, mit einigen Korrekturfahnen wedelnd, Matt Melcher, der den Herbstkatalog zusammenstellte, in Harveys Büro.

»Ihr habt mir zwei Autorennamen falsch buchstabiert, Erickson. Hier steht L-e-w, nicht L-o-u, und er schreibt seinen Nachnamen zufällig mit zwei n's, und da fehlt ein e im Namen von Joffry H. Hockinson. Guck dir das an, ihr habt mir eine Ausgabe geschickt, auf der J-e-f-f-r-e-y steht! Wenn ich nicht eine Sekretärin hätte, die ihren Kindern solche Bücher vorliest, dann hätten wir es nie bemerkt. Weißt du, was das kostet, die Katalogseiten neu zu setzen?«

Harvey hatte ein ungutes Gefühl im Bauch. Beide Autoren wurden von Judith betreut.

Die Satzfahnen von Hockinson waren gerade gekommen, er erinnerte sich, daß sie als dicker Stapel auf dem Fußboden in der Nähe seines Schreibtisches lagen. Er schaute auf den Umschlag, die Titelseite und ins Impressum. Jeffrey H. Hockensen. Die Fahnen konnte er wegwerfen. Er klingelte seine Sekretärin an und fragte, ob der Lewis Hermann noch in der Herstellungsabteilung sei oder schon beim Drucker. Nach zehn Minuten kam sie herein und berichtete, daß die Herstellungsabteilung das Manuskript noch gar nicht habe. Soweit sie wüßten, läge es noch bei Judith Winograd auf dem Tisch. Harvey ging den Flur entlang zu Judiths Büro. Sie war nicht da. Er erinnerte sich, ihr gesagt zu haben, daß sie diese Woche zu Hause arbeiten könnte, damit sie sich um Melinda, die eine Grippe hatte, kümmern konnte. Das Manuskript von Hermann lag nicht auf ihrem Schreibtisch und auch nirgendwo in ihren Regalen. Er wählte ihre Privatnummer, aber niemand hob ab. Harvey setzte sich in Judiths Stuhl. Der leere Laufstall und das Mobile mit Zirkustieren verursachten ihm ein merkwürdiges Gefühl. Er würde etwas tun, wofür er sich schon verachtete, wenn er nur daran dachte. Er würde ihre Schubladen durchsuchen.

In der unteren Lade auf der linken Seite fand er das Manuskript von Hermann, so, wie es der Autor, nach dem Poststempel zu urteilen, vor sechs Monaten geschickt haben mußte. Die wattierte Versandtasche war noch zugeklebt.

»Wie willst du mit dem Fall umgehen?« Harvey lehnte sich in Joannes Besucherstuhl zurück. Die Beweise, die er gesammelt hatte, lagen vor ihr auf dem Tisch. »Ich werde das Gespräch führen, wenn es dir zu unangenehm ist.«

»Nein, ich muß es selbst machen. Ich habe sie eingestellt.«

Joanne sammelte sich und rief die Finanzabteilung an. Ihre Stimme klang entschlossen.

»Stellt einen Entlassungsscheck für Judith Winograd aus«, sagte sie. »Zwei Wochen Vergütung für jedes Jahr, zusätzlich jedes noch ausstehende Urlaubsgeld. Ich glaube nicht, daß sie noch Urlaubstage hat, aber das könnt ihr auch überprüfen. Und ihr errechnet das alles genau nach dem Arbeitsschutzgesetz.«

Harvey stieß einen Pfiff aus.

»Zwei Wochen Vergütung für jedes Jahr. Großzügig.«

Joanne kniff die Augen zusammen, Harvey Erickson war der beste Mitarbeiter in ihrer Abteilung. Sie wußte, daß er es auf ihre Stelle abgesehen hatte. Er hätte sie mit dieser Sache vollkommen auflaufen lassen können, aber er hatte es nicht getan. Trotzdem, sie sollte sich in der Behandlung des Falls Winograd nicht die leiseste Unsicherheit anmerken lassen. Joanne legte los.

»Wir verschieben den Hermann. Ich rufe ihn an und überbringe ihm die schlechte Nachricht, ich erzähle ihm, daß wir es als Aufmacher in den nächsten Herbst verschieben. Du kümmerst dich darum, den Schaden in der Verkaufsabteilung und bei Matt Melcher in Grenzen zu halten. Ich werde Judith zu Hause anrufen und sie herzitieren. Von Angesicht zu Angesicht. Das bin ich ihr schuldig.«

Nachdem Harvey ihr Büro verlassen hatte, rief Joanne zunächst ihre Schwester an. Natürlich war Cindy für eine Reportage unterwegs. Aber Joanne fühlte sich besser, wenn sie mit jemandem in Kontakt war, dem sie vertraute, auch wenn es nur über den gehetzten stellvertretenden Chef der Lokalabteilung geschah, der widerwillig eine Mitteilung für Cindy entgegennahm.

25. JUNI 1982, MORGENS

Judiths Gesicht wirkte teilnahmslos, als Joanne ihr den Umschlag reichte. Sie haßt mich, dachte Joanne.

»Ich bin immer noch der Meinung, daß du eine unserer besten Hauptlektorinnen bist, und ich würde dir das gern in eine Empfehlung schreiben.«

Es kam keine Antwort von der Frau, die ihr auf der anderen Seite des Tisches gegenübersaß und sie anstarrte.

»Du weißt, wieviele Aufträge zum Korrekturlesen und Registererstellen wir nach draußen vergeben. Ich würde dich gern an die erste Stelle der Liste von freien Mitarbeitern setzen. Warum schickst du Sally nicht eine Notiz, wenn du soweit bist, wieder zu arbeiten? Oder noch besser, schau gleich, wenn du gehst, bei ihr vorbei und rede mit ihr oder Harvey.«

»Danke«, sagte Judith. »Ich glaube nicht, daß ich in der nächsten Zeit an den Projekten anderer Leute arbeiten werde. Vielleicht setze ich mich wieder an meinen Roman.«

Joanne erhob sich, um zu zeigen, daß das widerliche Gespräch vorbei war. Judith verstand.

»Ich nehme an, daß ich kein Arbeitslosengeld bekommen werde, denn praktisch kündige ich, anstatt gefeuert zu werden.«

Sie hatte zu Anfang allen Mut zusammengenommen, um es auch für Joanne ein wenig hart zu machen, aber sie schluckte, als sie das Wort ›gefeuert‹ sagte.

»Das Personalbüro hat mir gesagt, daß du keine Schwierigkeiten mit dem Arbeitslosengeld haben wirst. Die Leute in der Abteilung ziehen es vor, daß wir es so machen.«

Joanne brachte sie zur Tür.

»Paß auf dich auf, Judith«, sagte sie. »Ich mache mir Sorgen um dich. Wir alle tun das. Meld dich mal.«

»Oh, ja.«

Sie ignorierte die ausgestreckte Hand von Joanne.

Nun, sie hat es mir nicht leicht gemacht, dachte Joanne. Sich selbst aber auch nicht. Harvey hatte recht. Es war besser, unangenehme Konfrontationen wenn irgend möglich zu vermeiden.

Judith ging den leeren Flur entlang zu ihrem Büro. Alle Bürotüren waren geschlossen. Sie konnte sich vorstellen, wie sich die Sekretärinnen auf dem Frauenklo herumdrückten. Die zogen es vor, bei Judiths Untergang nicht anwesend zu sein. Sie sollte sicher ihren Schreibtisch ausräumen, alles zusammenpacken und den persönlichen Kram mit nach Hause nehmen. Es war überraschend, wieviel unnützes Zeug sich in dreieinhalb Jahren in einem Büro ansammelte. Ihr Maniküreetui lag in der mittleren Schublade. Der kleine Regenschirm, ihr weißer Sommerpulli, mit dem sie sich vor der Kaltluft aus der Klimaanlage geschützt hatte, die Stiefel vom letzten Winter, mit defektem Reißverschluß. Bücher. Alle jene Bücher, die sie immer schon einmal hatte mit nach Hause nehmen wollen.

Sie hatte sich, Gott sei Dank, nie viel daraus gemacht, ihrem Arbeitsplatz eine persönliche Note zu geben. Der Job bei Claridge and Palmer war der erste und einzig regelmäßige Bürojob, den sie jemals gehabt hatte. Es hatte sie überrascht, wie sehr die anderen an ihre Arbeitsstellen gebunden waren, sie als Refugien ausbauten wie Vögel ihr Nest. Auf Harveys Tisch fand sich ein penibles Arrangement antiken Spielzeugs, das er auf seinen Reisen gesammelt hatte. Sally hatte ihre Galerie mit wechselnden politischen Postern. Ihr jüngster Neuzugang hatte einige Kommentare ausgelöst: ein Sandinist mit Gewehr im Anschlag. Joanne, nicht zu vergessen, hatte ihre Kristallvase voller Blumen auf einem kleinen Beistelltisch vor ihrem Bürosofa mit bestickten Kissen. Immerhin hatte Joanne den Anstand gehabt, sie, während sie ihr den Vortrag über verlegerische Sorgfalt hielt, nicht auf dem Sofa sitzen zu lassen. Ein Hinrichtungskommando war ein Hinrichtungskommando, und es war besser, dabei in einem

Stuhl mit gerader Lehne zu sitzen. Sie hätte um eine Augenbinde bitten sollen. Das hätte Joanne völlig aus der Fassung gebracht.

Das Wichtigste war, so schnell wie möglich rauszukommen. Augen zu und durch. Den Flur entlang schleichen, am Empfang vorbeikriechen und hoffen, daß der Fahrstuhl schnell kommt.

Vielleicht war alles nur ein schlechter Traum. Vielleicht wollte Joanne ihr nur Angst machen, ihr mit einem Schock vor Augen führen, daß sie – selbst wenn es bei Claridge locker zuging – ihre Aufgaben zu sehr auf die leichte Schulter nahm. Sie hatte die Abteilung fürchterlich reingerissen, zugegeben, aber man mußte doch bedenken, was sie vor dieser schlimmen Phase alles für den Verlag getan hatte.

Vielleicht ginge sie nach Hause, und nach einem oder zwei Tagen käme ein Anruf. Komm zurück, wir brauchen dich, wir vermissen dich, wer sonst könnte die Reihe ›Draufgängerische Jungs‹ lektorieren? Deine Autoren verlangen nach dir, sie haben eine Petition unterzeichnet.

Ihre Autoren. Denen, die ihr am meisten am Herzen lagen, würde sie Briefe schreiben müssen. Bob Rothman und einige andere würde sie persönlich anrufen müssen. Bob würde es ihr nicht glauben können, würde es nicht fassen, daß sie ihr das angetan hatten. Nach dreieinhalb Jahren.

Judith blickte auf Melindas Laufstall. Vorsichtig schraubte sie die Klammer des Mobile los. Melinda liebte das Mobile. Dann schraubte sie, ebenso sorgfältig, die Klammer wieder an. Besser, es da zu lassen. Alles dalassen. Sie könnten der Hausmeisterei oder Nachtputzfrau oder wessen Aufgabe auch immer das war, auftragen, die Habseligkeiten von Judith Winograd wegzuwerfen.

Laß den verdammten Laufstall für einige Tage als eine Anklage stehen. Sie werden dich schnell genug vergessen.

Sie steckte einige gelbe Mappen und eine Schachtel mit Claridge and Palmer-Bleistiften in einen großen Umschlag, schwang sich ihre Tragetasche über die Schulter und schloß die Tür hinter sich. Finis. – Absatz – The End.

25. JUNI 1982, NACHMITTAGS

Als Mariannas Taxi vor dem Haus hielt, stieg gerade die Transuse von nebenan die Eingangsstufen hinauf.

»Huhu«, rief sie. »Würden Sie mir die Tür aufhalten?«

Die Frau hatte sie verstanden, aber sie tat nichts dergleichen. Marianna rief noch einmal.

»Ich brauche Hilfe mit meiner Tasche. Bleiben Sie da, halten Sie mir die Tür auf.«

Judith wartete, während Marianna sich vom Taxifahrer eine Quittung geben ließ und danach ihren kaffeebraunen Lederkoffer die Stufen hochhievte.

»Drei Treppen hoch, olala«, sagte Marianna und warf ihre blonde Mähne nach hinten. »Keine Pause für die müden Geister. Es war absolut tödlich auf der Autobahn, das kann ich Ihnen sagen.«

Ihre Nachbarin antwortete nicht, also redete Marianna weiter, obwohl sie wußte, daß sie sich ihren Atem für das Treppensteigen sparen sollte.

»Ich komme gerade von einer phantastischen Reportage zurück. Wir haben die anderen Fernsehanstalten zum Wahnsinn getrieben. Ich hatte alle Geiseln vor der Kamera. Sie haben doch den Banküberfall in Duluth verfolgt, wo die Gangster die Kassiererinnen und zwei stellvertretende Bankdirektoren die ganze Woche über im Keller gefangen gehalten haben? Es war jeden Abend die erste Nachricht. Also, wie auch immer, ich habe jedenfalls einen Exklusivbericht über die Geiseln gemacht, direkt als sie da rauskamen. Fragen Sie mich nicht wie, das ist das Geheimnis der kleinen Marianna, aber sie haben nur vor unseren Kameras gesprochen und für keine andere Fernsehstation. Eine der Kassiererinnen, Sie werden es nicht glauben, hat sich in den jüngeren Gangster verliebt. Ein klassischer Fall des Stockholm-Syndroms. Sie haben doch davon gelesen, oder nicht, das stand vor einigen Jahren im ›New Yorker Magazine‹? So ein Fall, in dem sich die Opfer mit ihren Kidnappern identifizieren, so ähnlich wie es mit Patty Hearst passiert ist. Natürlich ist Patty schließlich zur Vernunft gekommen und hat sich losgesagt. Ich glaube, irgendwann tun sie das alle. Na ja, ›Sagen Sie ihm, daß ich auf ihn warte‹, beauftragt die Frau meinen Reporter, vor der laufenden Kamera. Sowas machen nur Frauen!«

Sie hatten den dritten Stock erreicht. Marianna kramte in ihrer Handtasche nach dem Schlüssel, während Judith auf der anderen Seite die Wohnung 3-A aufschloß. Sie hat kein einziges Wort gesagt, dachte Marianna. Und ich bin so aufgedreht, daß ich pausenlos quassele.

»Sollten Sie um diese Zeit nicht bei Claridge and Palmer sein?« fragte Marianna und zeigte damit, wie sie hoffte, ein angemessenes Interesse. »Ich bin so hundemüde, daß ich vergaß, daß es noch Nachmittag ist.«

»Ich arbeite diese Woche zu Hause.«

»Was für ein Luxus. Wenn ich jemals zu Hause arbeiten könnte! Aber dann wäre ich nicht beim Fernsehen, nicht wahr? Wenn es um Bücher geht, ist der Rhythmus so anders. Ach, ich weiß, was ich jetzt mache. Ich werde ein heißes Bad nehmen mit einem riesigen Schuß Badedas. In den Staaten heißt es Vitabath, aber ich kaufe meine Badelotion in Europa. Wenn man kein Valium hat, ist es das Beste, um die Nerven zu beruhigen. Wenn Sie es noch nicht ausprobiert haben, kann ich es vorbehaltlos empfehlen. Sie können sogar einen kleinen Deckel voll für Melinda in die Wanne geben, obwohl, wenn ich darüber nachdenke, frage ich mich, warum Babies nervös sein sollten. Alles, was sie machen, ist essen, schlafen und verdauen, nicht wahr?«

Sie wartete, während Judith um eine Antwort rang.

Mein Gott, dachte Marianna, er macht sie immer noch fertig, und sie ist so gut wie unfähig, sich zu äußern. Die auf einer Dinner-Party, das muß ja ein Spaß sein.

25. JUNI, 1982, ABENDS

Bob Rothman kam sofort, nachdem sie angerufen hatte. Zu dritt aßen sie zu abend – Barry, Bob und sie. Es war eine Stimmung wie bei einer Totenmahlzeit. Barry gab ihr einige Beruhigungspillen, um vielleicht die seelischen Schmerzen zu dämpfen, aber nichts konnte ihre Stimmung aufheitern. Sogar Melinda war sehr bedrückt.

»Sag dir doch einfach«, redete Bob ihr gut zu, »daß du sowieso wieder an deinem Roman arbeiten wolltest.«

»Natürlich, das habe ich Joanne Owens erzählt.«

»Und?«

»Nichts und. Bob, ich bin keine Romanautorin.« Sie blickte zu Barry und verzog das Gesicht. »Ich bin eine vierzigjährige arbeitslose Kinderbuchlektorin, die gefeuert wurde, weil sie ihren Job versaut hat. Diese Misttypen, eine Woche vor meinem Geburtstag tun sie mir das an.« Sie begann zu schniefen.

»Du bist auch eine Mutter, Liebling«, sagte Barry und streichelte ihre Wange.

»Ach richtig. Ich bin eine Mutter.«

»Sag das nicht so ironisch, Judith. Überleg dir, was du willst. Wenn du willst, gehe ich hin und breche ihnen alle Knochen. Aber laß uns vernünftig darüber reden. Was für ein Job, sie haben dir einen schönen Titel gegeben, und was hast du verdient? Rothman, du kennst das Verlagswesen, es stinkt gen Himmel. Für das, was sie am Ende des Monats nach Hause brachte, würde ich nicht morgens aus dem Bett steigen, um dann jemanden zu verteidigen, der wegen Exhibitionismus in der U-Bahn angeklagt ist. In der Abteilung haben sie Judith nie geschätzt. Erzähl ihm von der Sternzeichenserie, Judy. Letzten Monat ist sie mit einem hervorragenden Vorschlag zu denen gegangen – ich habe ihr mit dem Konzept geholfen –, und sie haben sie abgeschossen. Ich sag dir den wahren Grund, Rothman, warum sie Judy haben ziehen lassen. Weil sie den anderen im Kopf um Lichtjahre voraus war, und das hat die genervt. Hör mal, es ist doch kein Weltuntergang. Ich kenne jemanden in diesem Haushalt, die sich mächtig darüber freut, daß die Sonne nicht mehr bei Claridge and Palmer auf- und untergeht.«

Das Baby saß ruhig zu Barrys Füßen. Judith kniete sich hin und umarmte das Kind heftig. Melinda erschrak und zog sich zurück.

»Oh, Scheiße.«

»Du hast ihr einen Moment einen Schrecken eingejagt, das ist alles. Sie ist empfindlich. Geh und hol ihr ein paar Cornflakes.«

Er kraulte den Nacken des Kindes.

Judith kam mit einer kleinen Packung Cornflakes aus der Küche zurück und stellte sie auf die Erde. Glücklich stocherte das Baby mit seinen Fingern darin herum.

Barry wandte sich an Bob.

»Sie nimmt alles persönlich.«

»Welche von beiden?«

»Alle beide. Ich lebe mit zwei Primadonnas zusammen, falls dir das noch nicht aufgefallen ist. Die eine ist ein Blondschopf, die andere wird langsam ein wenig grau.«

Judith schrak zusammen.

»Ich mag das, Schatz, ich mag es. Rothman, hast du mich sagen hören, daß ich es nicht mag? Sie glaubt, daß sie mich mit dem Haarfärbe-Gewichs, das sie sich auf den Kopf schüttet, hereinlegen kann.«

Er grinste und stand auf, um eine andere Kassette einzulegen.

»Die frühen Beatles. Wahnsinn.«

Bob nickte und wandte sich wieder an Judith.

»Hör zu, Judy«, sagte er. »Das ist kein Grund, den Elan zu verlieren. Versprich mir, daß du am Montagmorgen zuallererst bei MacMillan anrufst.«

»Nein.« Sie stand auf. »Barry hat recht. Ich bin fertig mit dieser Szene. Ich bin fertig mit ihrer verfluchten Unehrlichkeit, mit der Lüge, daß sie alle eine große Familie sind aus gutaussehenden, gut aufeinander eingespielten Supererfolgreichen, die sich einfach gegenseitig bewundern und ihre Autoren lieben und die, die ... nie älter werden. Ich habe da nie hineingepaßt. Ich konnte spüren, wie sie hinter meinem Rücken über mich redeten. Was glaubt ihr eigentlich, warum ich das Haarfärbe-Gewichs, wie er es so reizend nennt, benutzt habe? Weil eines Tages aus heiterem Himmel Harvey Erickson – er ist ein Lakai von Joanne und glaubt, daß er irgendwann ihren Job bekommt –

weil er eines Tages sagte, stellt euch das mal vor ›Das Grau steht dir nicht. Das paßt zu Joanne, aber nicht zu deiner Art von Frisur.‹ Als hätten sie das in einer Besprechung erörtert.«

Das Telefon klingelte, und sie ging hinüber, um abzuheben.

»Oh. Ja. Nein, ich habe gerade Besuch.«

Sie beendete das Gespräch so schnell wie möglich.

»Sally Milton. Sie behauptet, erst nach Feierabend, nachdem ich gegangen war, davon gehört zu haben. Glaubt ihr das? Wenn ihr so leichtgläubig seid, dann kann ich euch die Brooklyn Bridge verkaufen.«

Sie brach in Tränen aus.

JULI - SEPTEMBER 1982

Judith verbrachte den Sommer in trübseliger, verwirrter Stimmung. Sie meldete Melinda im Gemeinschaftskindergarten ab. Barry und sie kamen überein, daß die Versorgung von Kind und Haushalt in erster Linie ihre Aufgabe war, da sie kein Einkommen nach Hause brachte. Wenn er sie wie ein Ehemann ernährte – ein Zustand, den sie ganz bewußt vermieden hatten, seit sie zu ihm gezogen war, den er jetzt aber akzeptieren wollte, solange bis sie wieder auf eigenen Füßen stand –, dann könnte sie auch die häuslichen Verpflichtungen übernehmen. Sie stellten beide freimütig fest, daß häusliche Arbeiten nicht gerade Judiths Stärke waren, aber sie freute sich unbändig darauf, die ganze Zeit als Mutter für Melinda da zu sein. Das würde, erzählte sie Bob Rothman, ihr einen unschätzbaren praktischen Erfahrungsvorsprung geben, falls und wenn sie sich überhaupt um einen anderen Job in einem Kinderbuchverlag bewarb. Und natürlich würde es sich auch in ihrem Lebenslauf nicht schlecht machen. Viele Karrierefrauen, das hatte sie gerade in einem langen Beitrag in der ›Times‹ gelesen, kündigten ihre Jobs, um in den ersten wichtigen Jahren bei ihren Kindern zu Hause zu sein .

Im ersten Monat ihrer Arbeitslosigkeit schrieb sie Listen mit all jenen Dingen, die sie in New York gern tun würde, zu denen sie aber nie die Zeit gehabt hatte, weil sie arbeitete oder abends zu müde war. Mit der Metro fuhr sie mit Melinda zum Metropolitan Museum hinauf, und als das ohne Probleme klappte, gingen sie auch ins Guggenheim- und ins Whitney-Museum. Sie war überrascht, wie viele, meist schwarze oder puertoricanische Mütter mit ihren Kindern tagsüber in der Metro fuhren. Das enge Gebiet, in dem sie sich bewegte, – von Greenwich Village zu Claridge and Palmer und zurück nach Greenwich Village – war fast ausschließlich weiß. Von ihren Ausflügen kamen Judith und Melinda mit dem Fifth Avenue-Bus zurück. Das war sehr viel bequemer, als die alte Lexington-Linie zu nehmen. Wenn der richtige Bus kam, dann konnten sie von Tür zu Tür fahren.

Barry erzählte ihr von dem Kartenhäuschen auf der kleinen Verkehrsinsel oberhalb des Times Square. Wenn sie bis fünfzehn Uhr da war, konnte sie Konzertkarten für den jeweiligen Abend für fast jede Broadway-Show zum halben Preis bekommen. Im ersten Monat übertrieb sie es. Sie und Barry schauten sich ›Annie, Sugar Babies‹ und ›Lena Horne‹ an. Als sie Barry erzählte, daß sie Karten für das japanische Kabuki-Drama im Lincoln Center bekommen wollte, und fragte, an welchem Abend es ihm paßte, riet er ihr, es langsam angehen zu lassen und auch für den August noch etwas aufzusparen. Es traf sie wie ein Schlag vor den Kopf, als sie mit Melinda die Auszahlung ihrer Arbeitslosenversicherung beantragte. Der Sachbearbeiter sagte ihr, daß sie keinen Anspruch darauf hätte, weil sie freiwillig gekündigt hatte, aber sie könnte gegen den Entscheid Einspruch erheben und, wenn sie es wünschte, eine Anhörung verlangen. Das passiere ständig, sagte er, und gewöhnlich würde den Einsprüchen stattgegeben. Der Gedanke an eine Anhörung erschien ihr so unangenehm, daß sie auf ihre Ansprüche verzichtete. Der Sachbearbeiter gab ihr den Tip, sie könnte sich, wenn sie freiberufliche Aufträge annähme oder einen vorübergehenden Job in ihrem Gewerbe mache, ein neues Grundjahr und damit die Anspruchsberechtigung erarbeiten. Sie bedankte sich für die Beratung.

»So ist das Gesetz«, erklärte er und zuckte mit den Schultern.

Barry war zornig auf Judith, als sie ihm erzählte, daß sie auf ihre Ansprüche verzichtet hatte. Er hätte sie bei der Anhörung vertreten und diesen Arschlöchern Dampf unter dem Hintern machen können. Sie wollte ihn nicht noch mehr verärgern, also versprach sie, zur Abteilung für ›Erneute Ansprüche‹ zu gehen und einen neuen Antrag zu stellen. Sie tat es nie, und er schien es zu vergessen.

Beim Arbeitsamt war etwas Schönes passiert. Sie hatte in der Schlange ihren Nachbarn, Gunther Heald, aus dem Stockwerk unter ihnen, getroffen. Er sei »zwischen den Shows«, hatte er ihr erklärt. Das war die beschönigende Formel der Schauspieler für ›arbeitslos‹. Ihr hatte der Ausdruck gefallen, und sie hatte gesagt, sie wolle ihn jetzt immer benutzen, wenn sie einem Bekannten begegnete. »Ich bin zwischen den Shows«, hatte sie mit einem Grinsen gesagt. »Herrlich!« Gunther hatte sich nach Barry erkundigt und Melinda in ihrer Karre bewundert. Schließlich hatte er sich angeboten, kostenlos auf das Baby aufzupassen, wenn sie ihm früh genug Bescheid gäbe. Er sei in einem Haus voller Kinder in Minnesota groß geworden.

Wenn sie sonst einen Babysitter brauchte, hatte sie eine Studentenvermittlung angerufen, die halb offiziell mit der New York University verbunden war. Aber die Vermittlung hatte gerade ihre Sätze erhöht, und sie begann, sich Gedanken wegen des Geldes zu machen. Gunther wäre ideal, wenn er ernsthaft meinte, was er sagte. Er war sehr viel freundlicher als Jim, der Mann, mit dem er zusammenlebte. Man könnte Melinda in ihrem Bettchen in der Wohnung unten abstellen, vorausgesetzt, Jim, den sie für zimperlich hielt, hatte nichts dagegen. Aber als sie Barry von Gunther Heald und seinem Angebot erzählte, reagierte er sauer.

»Warum willst du, daß sich die Nachbarn in unser Leben einmischen?« fragte er verächtlich. »Die Wände sind dünn genug, sollen sie ihren Klatsch auf diese Weise zusammenbekommen.«

Das ließ sie erröten. Sie fragte sich, was die Nachbarn gehört haben könnten, wenn sie und Barry eine ihrer Auseinandersetzungen hatten. Sie hoffte, daß die Nachbarn fest schliefen.

Trotzdem wollte sie sich damit nicht belasten. Er war seit April sehr lieb und aufmerksam gewesen. Die schlechten Zeiten lagen hinter ihnen.

Bald würde Melinda ihren ersten Geburtstag haben. Offenbar war die Art, wie Judith und Barry und die Leute im Kindergarten mit Melinda umgegangen waren, genau richtig. Was sollten die großen Märchen um die richtige Kindererziehung? Das Baby aß gut mit einem Löffel, auch wenn es schmierte; und manchmal konnte Melinda auch, ohne etwas zu verschütten, mit einer Tasse umgehen. Gewöhnlich gaben sie ihr kleine Portionen von ihrem Abendessen, einige Stücke gekochte Möhren, einen Happen kleingeschnittenes Fleisch, eine oder zwei Bohnen und einige Scheiben geschälten Apfel. Sie legten es nicht auf Prinzipien an. Wenn sie nicht essen wollte, in Ordnung. Kartoffelbrei war ein großer Renner bei beiden, dem Vater und der Tochter, aber es war Judiths Aufgabe, die ausgespuckten Häufchen, die auf den Boden fielen oder an die Wand klatschten, wegzuwischen.

Wenn Melinda durch die Wohnung stolperte und sich am Sofa und an den Stühlen festhielt, sah das beinahe wie richtiges Laufen aus. Barry war geschmeichelt, daß sie so früh laufen lernte.

»Weißt du, sie wird sehr intelligent sein«, sagte er, »aber die Kinder, die wirklich Erfolg im Leben haben, sind vor allem die glücklichen mit einem hervorragenden Körpergefühl.«

Er wolle ein athletisches Kind, sagte er. Eine Ballerina auf der High School und eine exzellente Reiterin auf dem College. Judith stutzte darüber. Sie waren beide auf öffentliche Schulen gegangen. Offensichtlich war Melindas Weg in eine Vorschule auf dem Land und eine der angesehenen Schulen der Ivy League schon vorprogrammiert.

Das Wetter war schön, und es blieb abends so lange hell, daß die drei, wenn Barry nachmittags nach Hause kam, in den Washington Square Park gingen. Einige Ecken des Parks waren unangenehm. Die großen Schlachten der Bürgerinitiativen in den Sechzigern gegen eine brutale Polizei hatten noch zwanzig Jahre später ein skurriles Erbe hinterlassen. Vor vielen Jahren hatten Polizisten die Folksänger, die sich um den Springbrunnen versammelten, unter dem Vorwurf, sie würden herumlungern oder die öffentliche Ruhe stören, verhaftet. Heutzutage gab eine andere Art von Musik unangefochten den Ton an. Die akustischen Gitarren waren durch Bongos und plärrende Transistorradios ersetzt worden.

»Es ist alles ziemlich verbuscht«, sagte sie zu Barry und fügte hinzu, sie hoffe, nicht zur Rassistin zu werden, nur weil sie vierzig geworden war. Der Lärm war ohrenbetäubend, und Weiße waren eindeutig in der Minderheit. Zu Judiths Zeiten war der Brunnen ein Treffpunkt für die Rendezvous zwischen den Kids aus dem Harlemer A-Train der Metro und den jüdischen Bagel-Babies aus Brooklyn gewesen. Sie vermutete, daß sie früher auch einmal unter die Bezeichnung Bagel-Baby gefallen war, aber das schien lange her zu sein. Heute, so weit sie das ausmachen konnte, trafen sich nur noch die A-Trainer untereinander, und der herrliche weiße Marmorbogen, eine Kopie des Triumphbogens, war übersät mit Graffiti. Judith sehnte sich in frühere Zeiten zurück und nahm sich vor, noch einmal die Bücher von Henry James zu lesen. ›Die Erbin vom Washington Square‹ natürlich, aber auch ›Die Damen aus Boston‹ mit den Beschreibungen von Holzzäunen, Rasenflecken und plätschernden Springbrunnen. Der Brunnen am Washington Square Park, wie sie ihn kannte, hatte lange nicht gesprudelt.

Einen anderen großen Konflikt, den um den Busverkehr, der durch den Triumphbogen rollte, hatten die Bürgerinitiativen ausgefochten und gewonnen. Aber was hatten diese Leute letztlich erreicht? Jetzt gab es den Drogenhandel. Gegen ihn wurde genauso wenig vorgegangen wie gegen die Musik. Finster dreinschauende Gestalten zischelten ihnen auf allen Wegen »sens, sens« zu, um ihr samenloses Marihuana zu verkaufen. Sie mußte lachen. Sie hatten Dope zu Hause, das viel besser war als alles, was diese Typen jemals geraucht hatten.

»Wir sollten mit denen ins Geschäft kommen«, sagte sie eines Tages zu Barry, als sie sich sehr übermütig fühlte. Er fand das nicht lustig. So lange sie ihn kannte, hatte er mal hier mal dort mit Dope gehandelt, um Freunden einen Gefallen zu tun. Einmal hatte er ihr erzählt, daß er sich so sein Jurastudium finanziert hatte, und am nächsten Tag hatte er das als Scherz dargestellt. Ob sie immer noch nicht gelernt habe zu merken, wann er sie auf den Arm nähme? In der letzten Zeit hatten sie größere Mengen Marihuana und Kokain in der Wohnung als jemals zuvor. Sie stellte keine Fragen.

»Du bist blöd, Judith, weißt du das?« sagte er.

Sie schrak zusammen. Ihre Bemerkung war blöd. Aber sein Ärger verflog in wenigen Minuten, und sie hatte den Tag nicht ruiniert.

Fuhren sie Melinda in den Park, blieben sie meistens in der Nähe der Schaukeln. Ein ungeschriebenes Gesetz, das die Drogenhändler und ihre Kunden respektierten, besagte, daß dies die Familienecke war. Sie versuchte, nicht nervös zu werden, als Barry das Baby in einen der altmodischen Sitze mit Metallvergitterung hob und ihm einen Schubs gab.

»Hey«, sagte sie mit weichen Knien, »hey, schau mal, die Melinda.«

Sie meinte, das Baby sei zu klein, um so durch die Luft zu segeln, aber Melinda war waghalsig, genauso wie Barry. Sie liebte es, angeschoben zu werden und hatte keine Angst vor der Höhe.

An manchen Abenden kam Barry nach der Arbeit nicht nach Hause. Er fuhr direkt vom Büro nach City Island, wo sein Boot lag. An den Wochenenden packte sie einen Picknickkorb, und die drei fuhren gemeinsam zum Boot hinaus. Barry nahm sie auf eine Tour in die Bucht mit oder er fuhr durch Hell Gate den East River hinunter, dann den Harlem wieder hinauf und in den Hudson hinein. Dann kreuzten sie an Manhattan entlang, hinab bis zur Battery, fuhren um die Freiheitsstatue und nahmen den gleichen Weg zurück, den sie gekommen waren.

Das Boot war schnell. Barry liebte es, den Touristenschiffen der Circle Line nachzujagen und sie in seiner Bugwelle hinter sich zu lassen, oder knapp hinter ihrem Heck entlangzufahren, so daß sie alle drei von salziger Gischt durchnäßt wurden.

»Was ist los, Judith«, sagte er, wenn sie nach einem Handtuch griff. »Du verträgst ja keinen Spaß mehr, du wirst allmählich eine altmodische Transuse.«

Von dem Moment an, in dem sie das Boot betrat, zog sich ihr der Magen zusammen, nicht nur, weil sie durch die Wellen, den Motorenlärm und den Benzingestank seekrank wurde. Nie gelang es ihr, auf dem Boot etwas richtig zu machen. Sie konnte sich nicht merken, wann sie das Sonnensegel zu öffnen hatte, wohin sie sich als Ballast setzen mußte oder ob er ein Bier oder ein Perrier-Wasser aus der Kühltasche haben wollte. Sie hatte alle Hände voll mit Melinda zu tun und obendrein mit ihrer Seekrankheit zu kämpfen. Sie versuchte, seine Bedürfnisse vorauszuahnen, aber mindestens einmal bei jedem Ausflug warf er ihr vor, sie wolle den Tag bewußt ruinieren.

Sie entwickelte eine panische Angst, daß Melinda über Bord gehen und ertrinken könnte oder in der Antriebsschraube des Außenbordmotors zerfetzt würde. Das war vollkommen unbegründet. Er meinte, sie entwickele eine Phobie, aber sie hatte nun einmal diese Ängste. Um sie zu beruhigen, putzte er Melinda mit einer Kinderschwimmweste und umständlichen Schnallen und Sicherungsleinen heraus, aber auch das gab Judith nicht das Gefühl größerer Sicherheit. Sie zog es vor, Barry und Melinda allein losfahren zu lassen. Auf diese Weise aber wuchs ihre Angst nur noch mehr, denn sie hatte keine ruhige Minute, bis die beiden nach Hause kamen.

Eines Tages erzählte er ihr, daß er von Schnellbooten genug habe und jetzt zum Segeln wechseln würde. Er hätte ein Auge auf eine dreiundzwanzig Fuß lange ›Seasprite‹ mit einem Rumpf aus Fiberglas geworfen. Ihr schauderte. Nach allem, was sie über Segelboote gehört hatte, fürchtete sie kläglich zu versagen, sollte sie den ersten Maat spielen müssen.

11. SEPTEMBER 1982

Goldie und Max kamen zu Melindas erster Geburtstagsparty nach Manhattan. Barry und Judith setzten das Fest für achtzehn Uhr am Samstagabend an, einen Tag nach dem eigentlichen Geburtstag, da die Winograds vier Karten für eine Nachmittagsvorstellung von ›Cats‹ organisiert hatten. Die Nachrichten über das eindrucksvolle englische Musical, das in London solch ein Erfolg war, hatten sogar Bayonne erreicht. Barry konnte Nachmittagsvorstellungen nicht ausstehen, aber Judith wagte nicht, es ihren Eltern zu sagen.

Genau wie sie erwartet hatte, war Barry, ebenso wie sie, zu Tode gelangweilt. Anschließend kamen ihre Eltern mit zu ihnen nach Hause. Sie warteten unten, während Judith Melinda bei Gunther und Jim abholte. Barry hatte noch einmal über Gunthers Angebot nachgedacht, weil, wie er es ausdrückte, der Preis stimmte. Dann nahmen sie das Geburtstagskind auf einen Spaziergang durch Greenwich Village mit. Max ging mit Barry, der ihn die Kinderkarre schieben ließ, voran.

Goldie sagte, sie könne nicht glauben, wie sich alles in der Nachbarschaft verändert habe. Judith verzog unbeabsichtigt das Gesicht. Sie sprachen über genau die gleichen Dinge, über die sie immer sprachen, wenn ihre Eltern zu Besuch kamen.

»Sutters gibt es seit Jahren nicht mehr, Ma. Wir gehen jetzt zu Jon Vie auf der Sixth Avenue.«

»Was könnte besser sein als Sutters? Was ist passiert, haben sie keinen neuen Pachtvertrag für ihre Bäckerei bekommen?«

»Ich weiß es nicht.«

Sie zeigte ihrer Mutter den Gemeindegarten, die Stelle, wo früher das alte Frauengefängnis gewesen war. Goldie schien nicht beeindruckt zu sein. Ihre Eltern hatten in den letzten Jahren sehr abgebaut, mit ihnen langsam spazierenzugehen war eine Qual. Barry muß dabei wahnsinnig werden, dachte sie.

»Tönst du dein Haar nicht mehr nach, Judith? Das Grau sieht nicht gut aus.«

Sie biß sich auf die Zunge. Ihre Mutter ging immer noch einmal die Woche zum Friseur in der Nachbarschaft, um sich das Haar waschen und legen zu lassen und alle sechs Wochen eine Blondierung zu bekommen. Judith schien es, als habe ihr eigenes Haar den Kampf, braun zu bleiben, in dem Moment aufgegeben, in dem sie Claridge and Palmer verließ. Sie würde es den Sommer über so lassen, aber selbst wenn sie etwas daran ändern wollte, ihr Haartöner würde das nicht mehr schaffen. Sie würde sich um einige ernsthafte Haarfärber kümmern müssen.

Sie waren zurück am Waverly Place. Mrs. Laemmerle öffnete ihre Tür, und Judith stellte die Nachbarin aus dem Erdgeschoß ihren Eltern vor. Barrys Miene verfinsterte sich, als Judith die Nachbarin einlud, später auf ein Stück von Melindas Geburtstagskuchen hinaufzukommen.

Bob Rothman, der einzige Gast, der nicht zur Familie gehörte, kam mit einer Flasche Wein für das Abendessen und einem wunderschön verpackten Geschenk für Melinda. Judith servierte einen Auflauf nach dem Rezept aus einem Kochbuch von Claridge and Palmer. Er bestand aus Hackfleisch und Makaroni, so daß es auch ein schönes Essen für das Geburtstagskind war.

»Wie nennt man das Judith?« fragte ihr Vater. »Es schmeckt ausländisch.«

»Patitiso, Papa, das ist griechisch.«

Ihr Vater zog die Augenbrauen hoch.

»Max behält sein Urteil für sich, aber du, Goldie, bist wagemutig«, warf Barry lachend ein.

Judith bemerkte, daß Barry ziemlich viel Wein trank. Sie war dankbar, daß Bob nur eine Flasche mitgebracht hatte.

Gunther und Jim kamen herauf, um Geburtstagskuchen zu essen und Kaffee zu trinken. Es war das erste Mal, daß Jim in ihrer Wohnung war. Er ließ sich lang und breit darüber aus, wieviel besser doch die Sicht hier, ein Stockwerk höher, sei, und stöhnte, daß Judith und Barry wahrscheinlich auch morgens mehr Sonnenlicht hätten. Sie waren sich alle einig, daß ihre Wohnungen sehr dunkel waren, außer den Vorderzimmern, in die morgens zwei Stunden lang die Sonne schien.

Judith brachte eine rosa Eistorte mit einer Kerze herein. Sie sangen alle ›Happy Birthday‹, Max setzte Melinda auf seinen Schoß und half ihr, die Kerze auszupusten. Das Kind steckte seinen Finger in das Eis, und alle klatschten Beifall.

Dann packten sie die Geschenke aus. Ein rosafarbener Winteranzug mit Kapuze, eine Nummer zu groß, von Max und Goldie (»Da wird sie schon reinwachsen«), ABC-Bauklötze von Barry, Eimer und Schaufel von Bob, Knetgummi von Judith und eine kleine Holzeisenbahn von Gunther und Jim, die sofort Melindas liebstes Spielzeug wurde.

»Niemand hat ihr eine Puppe geschenkt«, stellte Bob fest. »Glaubt ihr das liegt an der Frauenemanzipation?«

In diesem Moment klopfte es an der Tür. Es war Mrs. Laemmerle mit einer alten Puppe aus ihrer eigenen Sammlung, wie sie sagte. Sie verstand nicht, warum alle laut loslachten.

MÄRZ 1983

Barrys Verfahrensrüge im Fall Hethington war beim Gerichtshof zweiter Instanz abgelehnt worden. Er sei nicht sehr überrascht, erzählte er Paul Scorvey und verdrängte die Angelegenheit aus seinem Gedächtnis.

Aber er war sehr überrascht, als er einige Monate später erfuhr, daß Ellies Vater einen neuen Anwalt in Burlington engagiert hatte. Er war ein früherer Staatsanwalt, der sich einen guten Namen damit machte, Pflichtverteidigungsverhandlungen zu führen. Der Anwalt aus Burlington ging zurück in den bundesstaatlichen Gerichtshof, vor den von Eisenhower ernannten Richter, und präsentierte neue Beweise. Er verlangte, daß die ursprüngliche Verurteilung der Hethingtons aufgehoben und den Angeklagten aufgrund unzulänglichen juristischen Beistands ein neues Verfahren gewährt würde. Er hatte eidesstattliche Erklärungen der Hethingtons darüber, daß ihr Chefverteidiger, Barry Kantor, während des Verfahrens unter Kokaineinfluß gestanden habe.

Barry erfuhr von den neuen Entwicklungen, als der stellvertretende US-Staatsanwalt ihn anrief, um zu fragen, ob er als Zeuge der Anklage auftreten wolle. Das war das gewöhnliche Verfahren bei Anhörungen über mangelnden Rechtsbeistand.

»Nicht unbedingt«, sagte er seinem früheren Widersacher.

Der Staatsanwalt lachte und sagte: »Ich denke, wir kommen auch ohne Sie klar.«

1. - 3. APRIL 1983

Marianna ging am Freitagabend mit einer Erkältung zu Bett und hatte die Absicht, das ganze Wochenende über liegen zu bleiben. Sonntag war Ostern. Immerhin hatte sie an einem langen, nachrichtenarmen Wochenende schlapp gemacht, an dem der Segen des Papstes über seine Gläubigen auf dem St. Peters-Platz die wichtigste Filmmeldung sein würde. Natürlich konnte man seit dem Attentatsversuch von Agca im Jahr 1981 auch dabei nicht ganz sicher sein.

Sie fühlte sich vollkommen allein und verlassen. Fast alle, die sie kannte, hatten über das Wochenende die Stadt verlassen. Sie bestellte ausreichend Lebensmittel und Papiertaschentücher, die für die Tage ihrer selbstgewählten Abgeschiedenheit reichen würden. Im Schnapsladen bestellte sie eine Flasche Weinbrand per Hauslieferung. Nachdem sie sich eine Tasse heißen Tee mit Brandy, Zitrone und Honig gemacht hatte, kroch sie unter die Decke und schaltete um zehn Uhr abends die Lichter aus.

In ihrem Traum glitt sie in einer venezianischen Gondel einen ruhigen Kanal entlang. Sie suchte nach dem Haus von Marco Polo. Die Gondel quetschte sich durch eine enge Durchfahrt. Es war dunkel, nach Mitternacht, und das einzige Geräusch außer dem ›whop, whop‹ des Ruders, das auf die Wasserfläche knallte, war der Antwortruf eines Bootsmannes in der Ferne. ›Ooray. Ooray, ooray.‹

Die Rufe wurden nachdrücklicher. ›Ooray.‹ Ihr Bootsmann ruderte wie von Sinnen. Es hatte einen Zusammenstoß gegeben.

Marianna saß senkrecht in ihrem Bett und schaltete das Licht an. Das Geräusch kam von der anderen Seite des Treppenhauses. Ein mitleiderregendes, heulendes, schreiendes ›Oh, oh, oh.‹ Wieder und wieder.

Sie schaute nach der Uhrzeit. Vier Uhr morgens. Kurz erwog sie, ihren Bademantel anzuziehen, hinüberzugehen und an die Tür zu klopfen.

Was würde sie sagen?

Sie könnte sagen, daß sie einen Hilferuf gehört und sich gefragt hätte, ob das Baby krank sei. Ob sie wollten, daß sie, Marianna, den Arzt riefe?

Das würden sie sofort durchschauen.

Sie könnte sagen, daß sie aus einem Alptraum aufgewacht sei und das Geräusch gehört habe und –

Verdammt nochmal, sie könnte sagen, sie habe einen Schrei gehört, der einem das Blut in den Adern gefrieren ließ, ganz so, als wenn jemand umgebracht würde.

Hatte sie die Nerven dazu? Nein, darum ging es nicht. Die Frage war, ob sie ein Recht hatte, sich derartig einzumischen.

Marianna ging an die Tür und lauschte.

Stille.

Acht Minuten stand sie da. Sie zählte die Sekunden, wie damals, vor fünfzehn Jahren im Schneideraum, als sie ihre Stoppuhr vergessen hatte und sich zu sehr schämte, es ihr einfach zu peinlich war, es dem Techniker zu sagen. Siebentausendachtundfünfzig, siebentausendneunundfünfzig, achttausend.

Welch höllisches Spiel sie auch immer auf der anderen Seite spielten, es hatte aufgehört.

Marianna trippelte ins Schlafzimmer zurück, kroch unter die Bettdecke und zwang sich einzuschlafen.

Am Samstagmorgen schlief sie aus, dann stand sie auf und machte sich eine Tasse Tee. English Breakfest. Es war still auf der anderen Seite. Zu ruhig?

Das ist ja lächerlich, sagte sie ärgerlich zu sich selbst. Die haben dich so durcheinandergebracht, daß du anfängst, das Ungewöhnliche für normal und das Normale für ungewöhnlich zu halten.

Sie rief in der Zentraldirektion an, nur um eine freundliche Menschenstimme zu hören. Bernie Hopper war am Telefon. Er erzählte ihr, daß alles ruhig sei an den Fronten im Westen und im Osten, und genauso an den nördlichen und südlichen Grenzen.

»Bring mir ein Roggenbrötchen mit Schinken und eine gute Nachrichtenmeldung«, scherzte er. »Unsere Topnachricht heute abend könnte der Wetterbericht sein.«

»Ja, nun, ich habe auf der anderen Seite des Treppenhauses einen Fall von Frauenmißhandlung. Willst du einen Livebericht? Ich kann meinen Sony vor die Tür legen und einige wilde Geräusche aufnehmen, aber dann haben wir immer noch keine Filmaufnahmen.«

Er lachte und erinnerte sie daran, daß sie noch nicht auf solch ein Niveau gesunken waren. Dann könnten sie immer noch besser einen Bericht über den Bärenkäfig im Central Park bringen.

»Ruf mal wieder an«, sagte er, als er auflegte. »Ich langweile mich und bin einsam wie du.«

Am Abend ging es wieder los. Das ›whop, whop‹, das klang, als würden die Ruderblätter ins Wasser knallen, und dieser gedämpfte Schrei.

Sie ging den Flur entlang und haderte wieder mit sich selbst, ob sie ein Recht habe, sich einzumischen. Woher sollte sie wissen, ob die Irre auf der anderen Seite ihre Hilfe wollte oder nicht? Sie versuchte, drei Freunde anzurufen, um die moralischen Aspekte mit ihnen zu diskutieren, aber es war niemand zu Hause. Es konnte genauso gut sein, daß sie wie eine Idiotin dastand, wenn sie versuchte zu erklären, daß sie das Osterwochenende damit verbrachte, mit ihrem Ohr an der Tür den Geräuschen venezianischer Bootsleute zu lauschen.

Mach dich nicht verrückt, Marianna!

Sie bereitete sich noch einen heißen Grog und ging mit der ›Time‹, der ›House and Garden‹ und dem ›Architectual Digest‹

zu Bett. In der Flimmerkiste zeigten sie einen alten Carol Lombard-Film. Sie drehte die Lautstärke auf und redete sich ein, daß die Erkältung ihre Ohren verstopft hatte.

Spät am Sonntagabend erreichte sie schließlich die Laughlins. Bill bedauerte sie für ihren Schnupfen und reichte an Maria weiter.

»Man sollte denken, daß ich es mittlerweile nicht mehr höre«, erzählte sie Maria, »aber es klingt anders als gewöhnlich. In den guten alten Tagen brüllten sie sich gegenseitig an – schleuderten sich Schimpfworte an den Kopf und redeten Gossensprache. Ich hatte den Eindruck, sie teilte genauso gut aus, wie sie einsteckte. Aber jetzt hat es eine andere Qualität, ich weiß nicht, wie ich das erklären kann.«

»Da ist auch ein Kind in der Wohnung, nicht wahr? Wie alt?«

»Ach, du kennst mich doch, ich bin so dumm, wenn es um das Alter von Kindern geht. Warte mal, laß mich nachdenken. Es war gerade geboren, kurz bevor ich nach China fuhr, wann war das noch. Also das kleine Mädchen muß ungefähr anderthalb sein. Warum? Du glaubst doch nicht, daß er das Kind schlägt, oder?«

»Ich weiß nicht, was ich davon halten soll, Marianna, es wäre nicht das erste Mal. Aber wenn du so empört bist, wie du klingst, dann, denke ich, mußt du etwas für deinen eigenen Seelenfrieden tun.«

»Du meinst, wieder in den Norden von Manhattan ziehen?«

»Bei dem Wohnungsmarkt? Ich habe an etwas Praktischeres und Kurzfristigeres gedacht, wie zum Beispiel die Kinderschutzbehörde anzurufen. Marianna, was auch immer du tust, klopf nicht an ihre Tür. Versprich mir das. Der ist imstande, dir über den Kopf zu schlagen und dich in die Wohnung zu ziehen.«

»Ach, Unsinn, ich bin nicht sein Typ.«

»Es freut mich zu hören, daß du dir deinen Sinn für Humor bewahrt hast. Hör mal, Bill will das Telefon benutzen. Du bist ein findiger Mensch, schau dich um nach der richtigen Stelle, die du anrufen kannst, und mach es gleich am Montagmorgen. Ich wollte, ich könnte mich an die Telefonnummer erinnern, die ich in der Metro gesehen habe. Irgendein Rund-um-die-Uhr-Notruf für Mißhandelte.«

»Ich fahre nicht Metro.«

»Das hatte ich auch nicht von dir erwartet.«

Marianna holte das Telefonbuch und die Gelben Seiten heraus. Mein Gott, als sie beim Fernsehen als Talkshow-Organisatorin begann, konnte sie die privaten Telefonnummern jedes gefeierten Stars innerhalb von fünfzehn Minuten herausfinden. Wie fand man nun die Nummer für Beratung bei Kindesmißhandlungen?

Ihre Finger waren wie gelähmt. Sie zitterte. Im Vorderteil der beiden Telefonbücher fand sich eine gebührenfreie Notrufnummer, bei der man Kindesmißhandlung und Verwahrlosung melden konnte. Sie wählte und bekam eine automatische Ansage, daß alle verfügbaren Leitungen beschäftigt wären, man aber am Apparat bleiben möge, und daß die Anrufe nacheinander an die Reihe kämen. Wo rief sie an? Bei irgendeiner zentralen Organisationstelle in Arizona? Sie legte auf, sammelte sich und wählte noch einmal.

Dieses Mal bekam sie gar keine Antwort.

Sie wählte ein drittes Mal und eine Stimme sagte »New York State Notruf.«

»Ich möchte einen Verdacht auf Verwahrlosung melden.« Warum hatte sie Verwahrlosung gesagt? Sie hatte Mißhandlung sagen wollen, schwere Körperverletzung, Folter. »Ich habe allen Grund zu der Annahme, daß ein Kind in meinem Haus schlecht versorgt wird.«

Marianna spulte den Namen, die Adresse und die Nummer des Appartements herunter.

»Ich höre ein fürchterliches Schluchzen«, flüsterte sie. »Die ganze Zeit schon.«

Die ruhige Frauenstimme am anderen Ende der Leitung las noch einmal die Stadt und den Bezirk vor, und fragte nach ihrem Namen und ihrer Telefonnummer. Auf die Frage war Marianna nicht vorbereitet.

»Meinen Namen?« fragte sie. »Wozu brauchen Sie meinen Namen? Wo ist ihre Telefonzentrale?«

»Sie müssen uns Ihren Namen nicht nennen«, beschwichtigte die Stimme. »Sie telefonieren gerade mit Albany. Per Fernkopie schicken wir die Informationen zum Sonderdienst für Kinder in New York. Manche Anrufer möchten eine Bestätigung der Untersuchung.«

»Wird es eine Untersuchung geben?«

»Oh, ja.«

»Und wenn sich dabei herausstellt, daß die Eltern unfähig sind, wird das Kind aus der Wohnung genommen?«

»Es gibt viele Zwischenschritte, aber – «

»Das genügt«, sagte Marianna und drückte die Telefongabel.

7. APRIL 1983

Die junge Sozialarbeiterin, die diesen Auftrag bekam, war überrascht. Waverly Place nahe dem Washington Square Park war eine schöne Gegend. Sie wünschte, sie könnte sich eine Wohnung in einer von Bäumen gesäumten Straße in Greenwich Village leisten.

Dies war eine Beschwerde untersten Grades, wahrscheinlich war gar nichts dran. Eine anonyme Nachbarin hatte ein Kind weinen hören. Vielleicht waren Menschen, die in schicken Sandsteinhäusern wohnten, es nicht gewohnt, Kinder weinen zu hören.

Eileen Wilmott fand den Namen Kantor im Telefonbuch. Sie rief an und achtete darauf, sich korrekt auszuweisen. Die meisten Menschen kannten SSC, den ›Spezialdienst für Kinder‹ nicht; auch die Polizei gebrauchte immer noch BCW, als Kürzel für den alten Titel ›Büro für Kinder-Wohlfahrt‹. Außerdem hatten die Zeitungen entschieden, sie HRA zu nennen, als Abkürzung für ›Human Resources Administration‹. So hieß die neue Dachorganisation im Umstrukturierungsprogramm des Bürgermeisters. Das machte ihr das Leben schwieriger.

Eine leise Frauenstimme sagte ihr, sie solle nach achtzehn Uhr zurückrufen. Das machte sie ein wenig mißtrauisch, aber als sie wieder anrief, sagte ein Mann: »Kommen Sie sofort.«

Das war gestern gewesen, und nun war sie da, wie vereinbart. Sie drückte die Klingel für das Appartment 3-A, sagte »Eileen Wilmott, SSC« in die Gegensprechanlage und wurde hereingelassen.

Ein großer schwarzhaariger Mann mit Schnurrbart und Brille wartete mit einem Kind auf dem Arm an der Tür. Es war ein strahlendes pausbäckiges Mädchen in einem Polohemd und Jeanskittel.

»Sag Miss Wilmott ›Hallo‹, Melinda. Sie ist gekommen, um zu sehen, daß du nicht vernachlässigt wirst.«

»A-llo«, sagt das Kind. »A-llo. Daddy Ball such?«

»Bevor Sie klingelten, haben wir nach ihrem Ball gesucht.«

Der Mann hatte das stolze Lachen eines Vaters, der weiß, daß sein Kind ein reizendes Geschöpf ist.

»Melinda, wo hast du deinen Ball hingeworfen?«

»Runter, Daddy«, sagte das Kind. »Runter.«

»Du willst auf die Erde und nach deinem Ball gucken?« Der Vater stellte seine Tochter sanft auf die Füße und schaute ihr begeistert hinterher, wie sie ins Wohnzimmer tappste. Eileen Wilmott bemerkte die mit Pflanzen verstellten Vorderfenster. Außer dem Kinderspielzeug, das herumlag, den Bauklötzen, einem bunt bemalten Schaukelpferd und einer Holzeisenbahn, war der Raum tadellos aufgeräumt.

»Hier Ball!« Das kleine Mädchen hielt einen roten Gummiball in den Händen und zeigte ihn mit freudestrahlendem Lachen der Sozialarbeiterin.

»Was für ein süßes Kind«, sagte Eileen Wilmott. »Wie alt ist Melinda?«

»Ein Jahr und sieben Monate.«

»Beachtlich.«

»Das finden wir auch. Es tut mir leid, daß meine Frau zu Ihrem Besuch nicht da ist. Ihre Mutter wurde heute morgen mit einer Ohrenentzündung ins Krankenhaus gebracht. Judith meinte, sie sollte besser bei ihr sein.«

»Natürlich.«

Mein Männertyp, dachte sie. Zerzaust, ein wenig bärig, kleiner Bauchansatz, offensichtlich einfühlsam und ungemein körperlich – warum sind solche Männer immer vergeben? Sie räusperte sich.

»Wissen Sie, wenn einmal eine Beschwerde eingeht, sind wir gesetzlich verpflichtet, ihr nachzugehen. Ich mache nicht die Gesetze, ich führe sie nur aus.«

»Sicherlich. Das ist der Sinn der Bürokratie.« Er lächelte sie offenherzig und sympathisch an. »Papierkram. Davon brauchen Sie mir nichts zu erzählen. Ich habe mich vor meinem Jurastudium als Praktikant beim Sozialamt abgerackert.«

»Sie sind Jurist?«

Er nickte.

»Meine Frau ist Kinderbuchautorin. Eines ihrer Bücher liegt dort auf dem Tisch. Sie benutzt einen Künstlernamen.«

»Ja, ich habe den Namen am Briefkasten gesehen.«

»Sie arbeitet zu Hause. Melinda ist nie unbeaufsichtigt.«

»Natürlich nicht.«

Einen Moment lang vergaß Eileen Wilmott den Grund ihres Besuchs. Das Kind kuschelte sich in den Schoß seines Vaters.

»Mr. Kantor, stört es Sie, wenn ich noch einmal in die Küche gucke? Es ist eines dieser Gesetze.«

»Melinda, laß uns mal Miss Wilmott die Küche zeigen.«

Sie ließen das eifrige Kind voranlaufen.

Die Sozialarbeiterin kam sich vollkommen blöd vor, als sie den Kühlschrank öffnete. Ihr Blick glitt über Tüten mit Milch und Orangensaft, die Reste eines gerösteten, in Plastik versiegelten Truthahns, ein großes Glas mit Erdnußbutter, zwei Sorten Marmelade, ein Paket Schwarzbrot und eine Packung Vollkornbrot, ein Dutzend Eier, ein Viertel Streichkäse, einen Kopfsalat, Entenmanns Schokoladenkekse, eine Schüssel mit Weintrauben.

»Miss Wilmott machte sich Sorgen, daß du nicht genug zu essen bekommst, Melinda.«

»Oh, nein, wirklich, ich – «

Er steckte sich eine Zigarette an.

»Könnten wir erfahren, wer die Beschwerde vorgebracht hat, Miss Wilmott?«

»Ich könnte es Ihnen nicht sagen, selbst wenn es gesetzlich erlaubt wäre. Schauen Sie, ich, es tut mir leid, Ihnen ein unangenehmes Erlebnis bereitet zu haben. Ich will Ihnen nicht länger Ihre Zeit stehlen.«

Sie nahm ihre Aktentasche und streckte die Hand aus.

»Bye-bye«, gurrte das kleine Mädchen, ohne dazu aufgefordert zu werden. »Bye-bye.«

Als sie das Haus verließ, öffnete eine Mieterin im Erdgeschoß ihre Tür und spähte heraus. Zusätzliche Gespräche, erinnerte sich die Fürsorgerin plötzlich. Es wurde erwartet, daß sie noch einige Klingeln drückte und mit ein paar Nachbarn redete. Aber diesen Fall hatte sie jetzt wirklich ausreichend untersucht. Wahrscheinlich war das alte Weib die anonyme Anruferin.

Am gleichen Abend schrieb Eileen Wilmott ihren Bericht zu Ende. »Kind ist außergewöhnlich weit entwickelt und weist keinerlei Anzeichen von Vernachlässigung auf. Glückliche häusliche Umgebung. Ausreichend bestückter Kühlschrank.«

Das ›Ausreichend‹ unterstrich sie dreifach.

Die Akte Kantor/Kindesvernachlässigung wurde mit einem ›Unbegründet‹ markiert. Strikt nach dem Gesetz wurden alle Einzelheiten der Untersuchung aus den Unterlagen gelöscht.

MAI 1983

Der Richter im bundesstaatlichen Gerichtshof in Burlington folgte der Zeugenvernehmung durch den neuen Anwalt der Hethingtons. Ellie und Don waren im Zeugenstand und beschrieben, wie ihr früherer Anwalt Kokain ins Gericht geschmuggelt und während des Verfahrens vollkommen unter Drogen gestanden hatte.

Das Kreuzverhör durch den belustigten stellvertretenden US-Staatsanwalt war kurz. Barry Kantor trat nicht als Zeuge der Anklage auf.

Aus der Art seiner Befragung wurde deutlich, daß Richter Haywood nicht glauben konnte, daß derartige Unverschämtheiten des früheren Anwalts in seinem Gericht passiert waren. Er schien sich durch den Vorwurf, Ellie und Don sei ihr verfassungsmäßiges Recht auf einen fairen Prozeß in einem von ihm geleiteten Verfahren verweigert worden, persönlich angegriffen zu fühlen.

Ein eifriger Reporter der ›Burlington Free Press‹ rief den Anwalt Barry Kantor in New York an und bat um eine Stellungnahme. Der druckreife Teil seines Kommentars besagte, daß es nur so von unzufriedenen Mandanten wimmele. Die gäbe es mehr als genug. Er sagte, die Hethingtons versuchten schlichtweg, sich um ihre Gefängnisstrafe zu drücken.

Der Reporter stellte Barry eine überraschende Frage. Was wußte er über das verschwundene Geld für die Kaution? Hatte er sich mit zwanzigtausend Dollar davongemacht, die als Kaution für die Freilassung von Ellie Hethington vorgesehen waren?

Er antwortete, daß die Kautionsgeschichte eine freie Erfindung irgendeines Phantasten sei. Die Schwester habe ihm lediglich sein ausstehendes Honorar bezahlt. Er höre jetzt zum ersten Mal von einer Kaution.

Kurz darauf verkündete Richter Haywood seinen Entschluß. Der Antrag auf ein neues Verfahren wurde abgelehnt.

JUDITH

Von dem Moment an, in dem Melinda zu uns kam, war sie die Tochter ihres Vaters. Es gibt einige Dinge, wie das Baden, die sie mich nie machen läßt. Er muß es sein. Ich habe aufgegeben, es zu versuchen. Ich laufe ihr mit einem Waschlappen hinterher und wische ihr Gesicht und Hände schön sauber, und das Baden überlasse ich Barry.

Er hat einen absolut sicheren Trick entwickelt. Er läßt Wasser in die Wanne, zieht sich aus und steigt selbst hinein. Melinda klettert auf seine Knie und er schrubbt sie ordentlich ab. Barry hat einen Gummischwamm in Form eines Fisches gefunden, mit einer Kerbe auf dem Bauch, in die ein Stück Seife paßt. Sie spielen, daß sie angeln gehen. Sie ist so begeistert bei dem Spiel, daß sie ihre Angst vor dem Bad überwindet. Meistens höre ich sehr bald, wie sie herumplanscht. Auf die Art und Weise wäscht er ihr auch die Haare. Er fragt sie auch, ob sie hereinkommen will, wenn er duscht. Dann seift er sie mit Shampoo ein, spült sie ab und ruft mich, damit ich ihr die Haare mit einem Handtuch trockne. Wenn ich das selbst probiere, schreit sie, ich würde ihr Seife in die Augen schmieren.

Die Mahlzeiten stehen wir problemlos durch, solange ich sie selbst ihr Lätzchen, den Becher und den Löffel aussuchen lasse. Aber nur wenn er dabei ist, um ihr zu applaudieren, ißt sie alles von ihrem Teller auf.

Aber es ist noch nicht alles verloren. Es passierte, als sie achtzehn Monate alt war. Melinda und ich haben letztlich doch etwas Gemeinsames gefunden. Oh, wie sehr hatte ich auf diesen Moment gewartet, wie hatte ich gehofft, gefleht und diese Sache eingefädelt!

Ich trug das Datum in mein Tagebuch ein: ›Melinda bat mich heute, ihr eine Geschichte vorzulesen.‹

»Lies mir, Mammy.« Das hat sie gesagt.

Ich hatte ihr über Monate, gewöhnlich bevor sie zu Bett ging, Gedichte und kleine Geschichten vorgelesen. Aber ich wußte nicht, ob es bei ihr ankam oder nicht. Laut vorlesen war etwas, das ich tun konnte – Barry tat es nicht. Vielleicht ist es das, was ich meine. Eines Abends kam sie in die Küche und beobachtete mich genau, während ich Geschirr spülte. Sie wußte, daß sie nach dem Abendessen zu Bett gehen sollte, und normalerweise gab es dabei Streit zwischen uns. Aber an diesem Abend schaute sie mich ernst an und sagte:

»Lies mir, Mammy.«

Ich brach in Tränen aus.

Ein Durchbruch. Ein Erfolg mit meiner Tochter. Ich war so glücklich, daß ich meine Mutter in Bayonne anrief, um ihr die Neuigkeiten zu erzählen.

»Ich habe jetzt eine kleine Gefährtin«, sagte ich stolz.

Von dem Zeitpunkt an wurde das Vorlesen zur ernsthaften Angelegenheit. Natürlich habe ich die ganze Reihe der Bilderbücher von Claridge and Palmer im Haus, die Kurzausgaben moderner Märchen und die Klassiker von Grimm und Andersen für Vorschulkinder. Was noch? Die ›Jungs als Draufgänger‹-Reihe, die ich lektoriert habe, ist eigentlich zu schwer für sie, aber das scheint nicht zu stören. Ich probiere sogar einige Sachen von Bob Rothman mit ihr aus; sein Buch über Giftmüll, das erste Buch, das ich als selbstständige Lektorin gemacht habe. Wir haben mehr als genug Kinderbücher im Haus. Sobald wir Melinda bekamen, begann ich, sie mit nach Hause zu bringen. Ein ganzer Stapel liegt vielleicht noch im Kindergarten, zu dem sie ging, bevor ich meine Stelle verlor.

Sie liebt alles mit Tieren. ›Bobo der Löwe‹, ›Der Elch und die Maus‹, ›Die Ente auf dem Laster‹, ›Die Natter im See‹, ›Funny Bunny und die Erdbeerjoghurtmaschine‹. Was noch? Ich muß es sagen. Ich glaube, daß ihr liebstes Buch wirklich ›Gemüse, das in der Erde wächst‹ ist. Jedesmal wenn ich daraus vorlese, erzähle ich ihr, daß dies das Buch ist, das ich für sie geschrieben habe, bevor sie geboren wurde.

JUNI 1983

Barry legte sich ein Rhodes-22-Boot mit schwarzem Rumpf zu. Es hatte eine mit Teakholz getäfelte Kajüte, ein aufgerolltes Vorsegel und ein Großsegel. Er bekam es von einem Mandanten von Long Island, der ihm das leicht handhabbare Segelboot aus Fiberglas als letzte Rate seines Honorars überschrieb. Barry hatte für diesen Mandanten, einen unbedeutenden Mitarbeiter der Mafia, eine gütliche Einigung ausgehandelt. Der Mann bekannte sich in dem verwickelten Verfahren in einem Punkt eines kriminellen Vergehens für schuldig. Er war mitten in der Nacht in das Haus seiner früheren Frau eingedrungen, hatte ihr den Kiefer gebrochen und sie vergewaltigt, während seine beiden Kinder sich im benachbarten Zimmer versteckten. Dann hatte er einen Tobsuchtsanfall bekommen und, bevor die Polizei eintraf, mit einem Hammer fast alle Einrichtungsgegenstände sowie das Porzellanbecken und die Kloschüssel zertrümmert.

»Wenn Sie sich das nächste Mal so etwas aufhalsen«, stichelte Barry, »versuchen Sie, den Sachschaden zu vermeiden.«

Er taufte sein Boot ›Melinda Maru‹ und machte es im Highbee's Yachthafen in Patchogue fest. Das Rhodes-22-Boot war elegant und hatte Klasse, man würde es nie mit anderen Bootstypen wie einer O'Day oder einer Catalina verwechseln. Ohne Jeff Kellerman überhaupt davon zu erzählen, verkaufte er ihr gemeinsames Schnellboot an jemanden aus City Island.

JULI 1983

Jeff Kellerman erfuhr zufällig, daß er nicht länger Teilhaber an einem Boston Whaler-Schnellboot war, als die Hafenverwaltung von City Island ihm Mahnbriefe für unbezahlte Rechnungen schickte. Er brachte die Angelegenheit bei einem der wenigen Male, an denen Kantor im Büro erschien, zur Sprache.

»Was ist eigentlich los?« sagte er. »Erst verkaufst du das Boot, und dann halst du mir zweitausend Dollar Kosten für Transport, Entladung und Liegegebühren auf.«

»Gib mir das«, sagte Barry. »Das ist ein Versehen, ich habe längst alles bezahlt.«

Er ging in sein Büro und schloß die Tür.

Jeff ging davon aus, daß Barry sich um die Angelegenheit mit dem Yachthafen kümmern würde. Aber immer wenn er ihn auf seinen Anteil am Verkaufserlös des Schnellbootes ansprach, bekam er eine Ausrede zu hören. Schließlich willigte Barry ein, in den nächsten zwei Monaten die volle Miete für ihre Büros zu bezahlen.

15. AUGUST 1983

Bei einem Manager, der ihm einen Gefallen schuldete, konnte Barry zwei Karten für ›Richard Pryor Live at Midnight‹ herausschinden. Er nahm Judith mit in die Radio City Music Hall.

»Ein interessanteres Publikum als beim letzten Mal«, sagte sie, während sie die modischen Leute musterte.

Er drückte ihre Hand, und sie flüsterte »Ich liebe dich.« Sie versuchten, die Qual der letzten Woche zu vergessen, als sie hysterisch geworden war und ins St. Vincents-Krankenhaus hatte fahren wollen, nachdem sich ihr linkes Auge verschlossen hatte. Er hatte ihr rund um die Uhr Eispackungen auf das Auge gelegt und sie mit schnulzigem Gesang in den Schlaf geschaukelt. Zwei Tage später hatte sie schon wieder scherzen können, daß Muhamed Ali schlimmeres überlebt hätte. Es war wichtig, ihn in den guten Phasen wissen zu lassen, daß dies der Barry war, den sie liebte und bewunderte.

Judith rutschte tiefer in ihren Sessel, als sie einige Reihen vor sich Sally Milton sah. Ihre frühere Mitarbeiterin hatte sie einige Male zu Hause angerufen und gefragt, ob sie bereit sei, freie Aufträge anzunehmen. Die Anrufe hatten Judith immer aus tiefem Schlaf gerissen. Es war nicht ihr Fehler, daß sie benommen geklungen hatte. Sie hatte sich angewöhnt, sich nachmittags mit Melinda hinzulegen. Das war für sie jeden Tag die einzige ruhige Zeit. Gewöhnlich wachte sie um vier Uhr nachmittags auf, wenn Melinda ihr ein Buch brachte und sagte ›Lies mir, Mammy.« Dann mußte sie sich beeilen und die Besorgungen für das Abendessen machen. Wie schnell ging so ein Tag nur vorbei!

16. AUGUST 1983

Sally Milton kam um die Mittagszeit ins Büro und lief mit ihren Neuigkeiten sofort zu Joanne Owens ins Zimmer. Judith Winograd hatte beim Konzert einige Reihen hinter ihr gesessen.

»Sie versuchte, mir auszuweichen, also habe ich sie nicht begrüßt. Stell dir vor, sie ist immer noch mit Barry zusammen.«

»Ich glaube, das überrascht mich nicht besonders. Schien es ihr gut zu gehen?«

»Er war braun gebrannt, und sie sah erbärmlich aus. Sie hatte langärmelige Sachen an, dick verpackt, als ob sie wie früher Kratzer auf den Armen zu verdecken hätte. Und sie trug eine dunkle Brille. Pryor war großartig. Er hat dieses Lied von der Platte gesungen, dies ›Richard Pryor burned by Fire‹, in dem er beschreibt, was ihm beim Koksen passiert ist. Aber ich sage dir, als ich Judith sah, war mir alles verdorben.«

OKTOBER 1983

Barry Kantor und Jeff Kellerman beendeten ihre Bürogemeinschaft als der Pachtvertrag auslief. Jeff stieg bei drei Freunden im gleichen Gebäude ein, und Barry tat sich mit Paul Scorvey zusammen.

»Der Geizkragen hat alle Gesetzesbücher mitgenommen«, sagte Jeff zu Cindy Owens. »Die meisten gehörten mir.«

Eine Woche später erfuhr Jeff, daß Barry die letzten zwei Monatsmieten für ihre Büros nicht bezahlt hatte und somit die Kaution einbehalten wurde, die Jeff bei Unterzeichnung des ersten Pachtvertrags bei der Verwaltungsgesellschaft hinterlegt hatte. Obendrein schickte ihm die Yachtverwaltung von City Island immer noch Mahnungen für seine Schuldrechnungen.

»Jetzt reicht's«, sagte Jeff zu seinen neuen Geschäftspartnern. Er beantragte beim Zivilgericht ein Verfahren gegen Kantor. Dann, um die Angelegenheit abzurunden, ging er vom Büro aus über die Straße zur Anwaltsvereinigung und reichte Beschwerde beim Disziplinarausschuß ein.

24. NOVEMBER 1983

Zu der Zeit, als Melinda ihren zweiten Geburtstag feierte, war die Lage so gespannt gewesen, daß Judith ihre Eltern nicht zu einer Party in die Stadt eingeladen hatte. Statt dessen fuhr sie zum ›Thanksgiving‹ mit Melinda über den Fluß nach Bayonne. Barry kam nicht mit.

Einige ihrer Cousins und Cousinen, die sie seit Jahren nicht gesehen hatte, saßen beim Festessen mit am Tisch. Ihre Tante Ruth hatte einen fertig zubereiteten Truthahn mit ihrer berühmten Pflaumen- und Apfelfüllung mitgebracht. Alle bestaunten und lobten Melinda. Es war ganz offensichtlich, daß sie Gerald, dem Sohn von Judiths Cousine Julie weit voraus war. Gerald war ein fetter Kloß von einem Kind, vier Monate älter als Melinda und machte immer noch in die Windeln.

Julie begann auf Judith einzuhacken und fragte sie zweimal, warum Barry nicht da sei.

»Er ißt mit seiner Mutter zu abend«, zischte Judith.

»Ich finde das nicht richtig. Was meinst du, Mort?« sagte Julie zu ihrem Mann. »Kinder sind in solchen Dingen sehr empfindlich. Das mindeste was er tun könnte, wäre, sich hier mal blicken zu lassen.«

»Du weißt ja gar nicht wovon du redest«, sagte Judith und zupfte nervös an Melindas Lätzchen herum.

»Du arbeitest nicht mehr bei Claridge and Palmer, nicht wahr«, stichelte Julie weiter. »Ach ja, stimmt, du hast dir unbezahlten Urlaub genommen, oder so etwas.«

Judith stand auf, um das Geschirr abzuräumen. Sie stellte sich taub.

Nach dem Abendessen wurden die beiden Kinder ermuntert, etwas vorzuführen. Melinda sang »Twinkle, Twinkle, Little Star«, und Judith half ihr bei den schwierigen Stellen. Max und Goldie applaudierten heftig.

Das äußerste, was Julies Kind zustande brachte, war, mit seinem Löffel auf einen Topf zu schlagen.

»Ist der kleine Kerl nicht phantastisch?« rief Mort aus. »Hau drauf, Gerry! Wir haben einen professionellen Jazzschlagzeuger vor uns.«

Judith schaute finster. Am liebsten hätte sie den Topf aus Geralds klebrigen Fingern gerissen und ihrer Cousine Julie über den Kopf geschlagen.

Später, als sie abfuhr, steckte Max ihr fünfzig Dollar zu. Sie sollte etwas schönes für Melinda kaufen. Sie fiel ihm um den Hals und küßte ihn auf die Wange. Ihr Vater war überrascht und peinlich berührt. Sie waren keine sehr impulsive Familie.

Judith fragte sich, ob er eine Ahnung von ihrer angespannten finanziellen Situation hatte. Wahrscheinlich nicht. Wie sollte jemand darauf kommen, daß sie knapp an Bargeld wäre? Sie hatte keine Ahnung, was Barry zur Zeit verdiente, aber er machte ihr dauernd Vorwürfe, daß sie eine Verschwenderin sei.

Mort und Julie fuhren sie zur Bushaltestelle.

»Mach dich nicht so rar. Meld dich mal«, sagte Mort freundlich.

Er hat es so gesagt, als wenn er es beinahe so meint, dachte Judith. Tränen stiegen ihr in die Augen.

FEBRUAR 1984

Marianna bekam den traumhaften Auftrag, Kurzfeatures über die Olympischen Winterspiele in Sarajewo zu produzieren. Danach war sie dafür vorgesehen, über die Wahlkampagne von Gary Hart zu berichten. Sie hatte gebeten, über Mondale berichten zu können, weil er der erste Mann der Demokraten war. Aber wie herum auch immer, sie würde, so hatte sie ausgerechnet, zwischen den Nominierungsparteitagen und den Wahlen bis November ständig unterwegs sein.

Ihre Wohnung untervermietete sie an einen Dokumentaristen aus der Wahlberichtsgruppe. In die lange Liste von Hinweisen, die sie ihrem Mieter tippte, fügte sie auch eine Bemerkung über ihre Nachbarn auf der anderen Seite des Treppenhauses ein:

»Sie haben von Zeit zu Zeit Streitereien. Daran gewöhnst du

dich«, schrieb sie. »Wenn es zu schlimm wird, kannst du den Notruf 911 anrufen, und wenn du dir Sorgen um das Kind machst, kannst du dich beim Notruf für mißhandelte Kinder melden.«

Gunther Heald war fast den ganzen Winter und das Frühjahr über nicht in New York. Er hatte bei einem zweitklassigen Tourneetheater die jugendliche Hauptrolle in ›Most Happy Fella‹ bekommen. Eines der Tourneedaten war ein zweiwöchiges Engagement in Minneapolis. Er freute sich auf das große Wiedersehen mit seiner Familie, die ihn seit den High School-Zeiten nicht mehr auf der Bühne gesehen hatte.

Jim fühlte sich niedergeschlagen. Drei- oder viermal die Woche führte Gunther mit ihm R-Gespräche. Aber alles, was Jim zu berichten hatte, war, daß er einen neuen Film gesehen hatte – allein. Eines Abends wäre er direkt von einem Film über Karen Silkwood zum nächsten Film mit Shirley MacLaine gegangen. Gunther versuchte ihn aufzumuntern, indem er nach dem neuesten Tratsch in ihrem Haus fragte.

»So, wie geht's dem Hündchen gegenüber?«

»Größer geworden.«

»Mrs. Laemmerle?«

»Noch tauber geworden.«

»Etwas Neues über die Streithälse?«

»Wie gehabt.«

12. FEBRUAR 1984

Nach einem anonymen Anruf schickte der Kinderhilfsdienst am Wochenende eine Sozialarbeiterin zur Wohnung der Kantors am Waverly Place. Sie traf am Sonntagmorgen Mr. Kantor zu Hause in seinem Bademantel an. Er las die New York Times und schaute sich im Fernsehen die Olympischen Winterspiele an. Sie befragte ihn eine Viertelstunde und untersuchte seine Tochter Melinda, die weder blaue Flecken noch Anzeichen von Verwahrlosung aufwies. Das Kind war aufgeweckt und rege und verfolgte, in den Schoß seines Vaters gekuschelt, den Verlauf eines Viererbob-Rennens auf dem Bildschirm. Mrs. Kantor stand zur Befragung nicht zur Verfügung.

Als die Sozialarbeiterin den Computer nach Kantor befragte, entdeckte sie eine frühere unbegründete Beschwerde vom Frühjahr 1983. Die Details der Untersuchung waren aus den Unterlagen gelöscht worden. Eileen Wilmott, die damals die Untersuchung geführt hatte, arbeitete nicht mehr beim Kinderhilfsdienst. Sie war zurück an die Uni gegangen und studierte Landschaftsplanung.

Beunruhigt durch die frühere Beschwerde besprach die Sozialarbeiterin, als sie am Mittwoch wieder ins Büro ging, die Angelegenheit mit ihrer Chefin. Sie beschlossen, einen Nachfolgebesuch anzuordnen. Dieser Besuch würde ohne Voranmeldung erfolgen.

21. FEBRUAR 1984

Ein zweiter Sozialarbeiter ging am Dienstagabend zu den Kantors. Er traf Mr. und Mrs. Kantor und ihre Tochter Melinda zu Hause beim Abendessen an. Die Frau, die sagte sie sei Kinderbuchautorin, wirkte älter als ihr Mann und war nach Meinung des Sozialarbeiters verschlossen und in sich gekehrt. Nur ihr Mann redete die ganze Zeit.

Mr. Kantor kochte vor Wut über den unangemeldeten Besuch. Angesichts dieser Wut überraschte es den Sozialarbeiter, daß Kantor überhaupt geöffnet hatte.

»Wo sind wir denn hier, in Nazideutschland?« hatte er gebrüllt. »Jeder kann jeden wegen irgend etwas denunzieren. Ich bin Anwalt, ich kenne den Unterschied zwischen einer unbegründeten Anzeige und einem eindeutigen Fall.«

Während des gesamten Besuches fluchte er über Gestapo-Methoden. Das Kind, das keine Anzeichen von Mißhandlung oder Vernachlässigung aufwies, schlang die Arme um die Beine des Vaters und schien durch seine Lautstärke gar nicht verängstigt. Als der Sozialarbeiter versuchte, in der Küche mit Mrs. Kantor unter vier Augen zu reden, bellte ihr Mann:

»Lassen Sie die Frau in Ruhe, sie hat schon Magenbeschwerden von all diesem Ärger.«

Mrs. Kantor entschuldigte sich und ging zur Toilette.

Der Mitarbeiter des Kinderhilfsdienstes war verwirrt von Mrs. Kantors Verhalten. Ihre Verschwiegenheit grenzte an Gleichgültigkeit oder Desinteresse. Aber er war gekommen, um das kleine Mädchen zu untersuchen, und er mußte einräumen, daß das Kind weder unterernährt noch mißhandelt oder verängstigt wirkte. Sie war für ihre zweieinhalb Jahre bemerkenswert selbständig. Als er aufstand, um zu gehen, versuchte sie, ihm ihren roten Gummiball vorzustellen.

»Good-bye, Mister«, sagte sie ziemlich deutlich.

Er überwand seine leichten Bedenken und heftete seinen Bericht mit dem Vermerk ›Keine weiteren Maßnahmen empfohlen‹ ab. Seine Aufzeichnungen wanderten im folgenden Monat in den Reißwolf. Lediglich die Daten der zwei Besuche und die endgültige Beurteilung ›unbegründet‹ wurden im Computer gespeichert.

4. MAI 1984

Judith stellte einen Topf Wasser zum Kochen auf den Herd.

»Das macht Spaß. Als wenn man Babynahrung aufwärmt. Was jetzt?« fragte sie.

Barry las im Rezept nach. »Drei Teile Koks auf einen Teil Natron. Nach Gewicht. Ausreichend Wasser. Nach Augenmaß.«

»Nach Augenmaß? Was heißt das?«

»Das heißt, es ist kein ganz genaues Verfahren, aber es funktioniert. Wo ist die Kanne?«

Er wässerte die Zutaten und stellte die Kanne in den Kochtopf.

»Rühr es durch. Passiert was?«

»Es sprudelt wie Alka-Seltzer.«

»Laß mal gucken.« Er pfiff. »Das wird teuflisch. Mach noch Wasser dazu. Okay, jetzt schreck es in kaltem Wasser ab.«

»In kaltem Wasser abschrecken?«

»Hey guck mal, es trennt sich schon.«

Sie ließ das kalte Wasser laufen.

»Hol mir ein Sieb und ein Papiertuch.«

Sie beeilte sich.

»Da ist es Liebling. Der Klumpen.«

Sie rauchten es noch in der gleichen Nacht.

JUNI 1984

Barry versuchte einen Handel mit der Durst-Wohnungsbaugesellschaft. Er wollte ihre Anteile an einem kleinen Sozialhotel in der Forty-second Street nahe der ›Pussy Peep-Show-Arkade‹ kaufen. Das ›Times Square-Wiederaufbauprojekt‹ plante eine Sanierung dieser Gegend, und Leute, die Interna kannten, konnten dabei ein Vermögen verdienen.

Er konnte aber keine Kreditwürdigkeit nachweisen, und die Sache platzte.

Zwei der von früheren Eigentümern bewohnten Appartments, die er in einem Gebäude auf der East Ninety-fifth Street gekauft hatte, bereiteten ihm Kopfzerbrechen. Die monatlichen Unterhaltskosten waren gestiegen, die Mieten aber nicht. Er beglich die Differenz, und die Arschlöcher von Mietern rührten sich nicht.

12. JUNI 1984

Marianna stand mit ihrem Kamerateam am State Kapitol in St. Paul, als Walter Mondale seinen Mitkandidaten für die Präsidentschaftswahlen bekanntgab. Es gab einen lauten spontanen Aufschrei, gefolgt von Freudenrufen und Applaus, als der Senator aus Minnesota verkündete:

»Ich habe nach dem besten Vizepräsidenten gesucht, und ich habe sie gefunden: Gerry Ferraro.«

Marianna war von sich selbst überrascht, als sie die Frau neben sich umarmte, eine Zeitungsjournalistin von einer der New Yorker Tageszeitungen. Beide Frauen lachten und machten sich bekannt. Cindy Owens sagte:

»Wen kümmert es, wenn meine Reaktion nicht standesgemäß ist? Zum Teufel, dies ist ein historischer Augenblick.«

Die beiden Frauen schüttelten sich die Hände und sagten, daß sie zweifellos wieder aufeinandertreffen würden, wahrscheinlich in der nächsten Woche beim Parteitag der Demokraten in San Francisco.

15. JULI 1984, 1.30 UHR

Das Klingeln des Telefons weckte Max und Goldie. Es war Judith, sie weinte hemmungslos.

»Hol mich nach Hause, Daddy, hol mich nach Hause. Er bringt mich um.«

Max setzte sich im Bett aufrecht, legte eine Hand auf sein Herz und horchte in die Dunkelheit. Seine Tochter schluchzte ins Telefon. Er verstand nur ungefähr jedes dritte Wort.

»Ich halt es nicht mehr aus, Daddy. Ich will sterben.«

Ihr Vater schüttelte sich wach und knipste die Nachttischlampe an.

»Ist er jetzt da, Judith? Laß mich mit ihm reden.«

»Nein, er ist vor einer Stunde gegangen, vor einer halben Stunde, ich weiß nicht, ich habe das Zeitgefühl verloren. Ich bin allein mit Melinda hier. Aber er wird zurückkommen, und er wird mich umbringen. Er hat gesagt, er kommt zurück, um mich fertigzumachen. Daddy, komm und hol mich jetzt. Jetzt, während er weg ist.

Goldie übernahm den Hörer.

»Judith? Kannst du mich hören, Judith? Willst du, daß ich die Polizei rufe?« Sie hörte einige Minuten auf das unzusammenhängende Schluchzen und reichte ihrem Mann das Telefon zurück.

»Sie will dich.«

Max setzte seine Brille auf und scharrte mit den nackten Füßen auf dem Fußboden nach seinen Pantoffeln.

»Snookie«, sagte er. Er hatte sie seit dreißig Jahren nicht mehr so genannt. »Snookie, ich zieh mich an.« Er fummelte an den Knöpfen seines blaugestreiften Pyjamas herum.

»Einen Moment, Max.« Goldie nahm ihm den Hörer ab. »Judith, hör mir zu, Judith. Es ist halb zwei morgens, dein Vater ist zweiundsiebzig Jahre alt und hat einen Herzfehler. Judith, hör mir zu, wenn du nicht willst, daß ich die Polizei rufe, dann klingel bei deinem Nachbarn unten, dem netten Kerl, den wir bei der Geburtstagsparty kennengelernt haben. Sag ihm, daß du bei ihm schlafen willst. Max wird morgen früh mit dem Auto zu dir kommen.

Max war wieder am Apparat. Er klang erleichtert.

»Deine Mutter hat recht, Snookie, es ist schon Sonntag. Du gehst zum Nachbarn, und ich werde morgen in aller Frühe dasein.

Wieder nahm Goldie den Hörer.

»Judith, laß mich dir einen guten Rat geben. Wenn er zurückkommt, sagst du ihm, daß dein Vater am Morgen kommen wird. Hast du das gehört, Judith? Geh ganz sicher, daß er weiß, dein Vater wird kommen, und daß er keinen weiteren Unsinn versucht.«

Sie legte auf und schaute ihren Mann an.

»Ver ken vissen, glaubst du, diesmal meint sie es ernst?«

15. JULI 1984, 9:00 Uhr

Max stieg langsam die Treppen hinauf und hielt auf jedem Stockwerk inne, um Luft zu holen. Als er in den dritten Stock kam, sah er Barry in der offenen Tür warten, übernächtigt und unrasiert, mit blutunterlaufenen Augen hinter den Brillengläsern. Wortlos zwängte Max sich an ihm vorbei.

Das Wohnzimmer sah aus, als habe der Blitz eingeschlagen. Umgeworfene Stühle, Tisch hochkant stehend, der Teppich verschoben. Aus seiner Verankerung gerissen, hing der Tiffany-Schirm an einem einzelnen Kabel von der Decke. Ein zerbrochener Schirm aus buntem Glas. Judith saß zusammengekauert in einer Ecke des grünen Sofas und starrte dumpf vor sich hin. Auf ihrem Hals waren lange rote Striemen, Schürfungen liefen an ihrem Arm vom Handgelenk bis zum Ellbogen. Im ersten Moment der Verwirrung konnte er das kleine Mädchen nicht ausfindig machen, aber dann sah er sie. Sie spielte friedlich in der Ecke mit ihren Bauklötzen.

Max stand wie angewurzelt da und hatte Angst, die fürchterliche Erscheinung, die seine Tochter war, anzusprechen.

»Deine Mutter hat mir einen Koffer mitgegeben. Er ist unten im Auto«, sagte er mit erstickter Stimme. »Pack ein, was du für Melinda brauchst, ihr kommt hier raus.«

»Einen Moment, Max«, unterbrach Barry.

»Ich habe dir nichts zu sagen, du Mistkerl. Sieh selbst, was du meiner Tochter angetan hast.«

»Max, nimm es leicht, du weißt nicht, was passiert ist.«

»Judith, hol deine Sachen, ich bringe euch nach Bayonne.«

»Judith, sag deinem Vater, er soll sich beruhigen.«

Ohne zu verstehen schaute sie von einem Mann zum nächsten, als sähe sie einen Film in einer fremden Sprache.

»Der Knast wäre noch zu wenig für dich, Mistkerl. Wäre ich ein jüngerer Mann, würde ich dir das Fell vom Leib peitschen.«

Melinda begann zu weinen. Judith starrte sie abwesend an.

»Komm hier herüber, zu Opa, Melinda«, sagte Max. »Was hältst du davon, mit Opa eine Autofahrt zu machen?« Das Kind lief in kleinen Schritten dorthin, wo er stand und schaute sich nach seinem Vater um. »Wir machen eine Autofahrt, und dann treffen wir Oma Goldie. Judith kannst du aufstehen? Das Auto ist unten.«

»Max, sie kann gehen, wenn sie will, aber Melinda bleibt hier. Verstehst du das Judith? Melinda bleibt hier.«

Zum ersten Mal sprach Judith. »Daddy«, sagte sie mit brüchiger Stimme. »Danke, daß du gekommen bist.«

»Geh und hol deine Sachen.«

»Max, ich will allein mit ihr sprechen. Gib mir fünfzehn Minuten.«

Max schaute seine Tochter an.

»Es ist okay, Daddy, ich habe keine Angst mehr.«

Barry nahm das Kind auf den Arm.

»Melinda, möchtest du deinen Opa auf einen Spaziergang führen? Du kannst ihm die Bücherei zeigen, wo deine Mutter all die Bücher für dich holt. Weißt du den Weg? Glaubst du, daß du ihm das zeigen kannst?«

Das Kind nickte.

»Wenn du Opa bittest, wird er dir ein Eis kaufen.«

Er drehte sich mit flehentlichem Blick zu Max um.

»Nimm sie mit nach unten, sie braucht frische Luft. Gib mir fünfzehn Minuten allein mit Judith. Max – bitte, Max wir waren vierzehn Jahre zusammen.«

Nachdem Max die Tür geschlossen hatte, kniete sich Barry hin und vergrub sein Gesicht in ihrem Schoß.

»Du hältst alle Karten in der Hand«, sagte er.

»Ich weiß«, flüsterte sie. Ihr Hals schmerzte, wenn sie sprach.

»Was wirst du tun?«

Tun? Was konnte sie tun?

»Ich ertrag es nicht«, sagte sie schließlich. »Es war noch schlimmer diesmal. Wir brauchen Hilfe.«

Er antwortete nicht.

»Ich versuche, für dich da zu sein, aber du schließt mich aus. Ich – wenn du auf mich losgehst, fühle ich mich so hilflos. Was mache ich falsch?«

»Ich hasse diese verfluchte Mist-Stadt, alles verwandelt sich in Scheiße. Du bist alles, was ich habe. Ohne dich zerbreche ich, Judith. Du und Melinda, ihr seid mein Leben. Wenn du mich verläßt, werde ich sie mir von dir zurückerkämpfen. Du wirst sie nie bekommen, sie wird in ein Waisenhaus kommen, und du mußt für den Rest deines Lebens damit klarkommen.«

»Barry, ich brauche Zeit zum Nachdenken. Laß mich einige

Wochen zu meinen Eltern gehen.«

»Wenn du mich jetzt verläßt, dann brauchst du nicht zurückzukommen.«

»Ich verlasse dich nicht. Ich muß für mich allein sein.«

»Sie haben dich gegen mich aufgestachelt. Dein alter Herr hat mich von Anfang an abgrundtief gehaßt.«

»Das ist nicht wahr.«

»Er ist hier hereinspaziert, als wäre es seine eigene Wohnung.«

»Er ist krank, Barry. Er hat einen Herzfehler. Ich bin seine einzige Tochter.«

»Judith, die beiden haben einander. Du gehörst hierher, zu mir.«

Sie starrte auf das häßliche Loch in der Decke, das heraushängende Kabel, die gezackten Glasscherben. Letzte Nacht. Sie aßen am Abendbrottisch. Über was sprachen sie? Den Kaffee. Er sagte, die Milch sei sauer. Aber die Milch war nicht sauer, sie probierte sie, die Milch war in Ordnung. Sie duckte sich, der Lampenschirm krachte gegen die Wand. Das nächste, was sie erinnerte war, daß er schrie, er würde sie umbringen. Nichts, um sich zu verstecken, sie konnte sich nirgendwo verstecken. Er zerrte sie unter dem Tisch hervor. Oh! Die Lampenkette.

Der Rest des Abends flutete zurück in ihre Erinnerung. Es war Teil ihres teuflischen Fluches, daß jede Beleidigung, jeder Schlag sich in ihr Hirn eingravierte, während er sich an nichts erinnerte, an nichts. Nächste Woche würde er sie wie ein beleidigter kleiner Hund anschauen und mit betroffener Stimme sagen: ›Warum fängst du jetzt davon an, Judith? Warum jetzt, wo wir so gut miteinander auskommen?‹

Und natürlich würde er recht haben. Es war wichtig, die Wirkung der guten Tage nicht zu gefährden, das zarte Band zwischen ihnen Faden für Faden weiterzuspinnen. Wie lange wird die Lampe noch so hängen bleiben, Judith?, würde er schließlich sagen, ganz so, als sähe er den Scherbenhaufen zum ersten Mal. Was ist los mit dir, Judith, bring den Lampenschirm in die Werkstatt und laß ihn reparieren.

»Etwas stimmt nicht mit mir, Barry«, sagte sie. »Ich verliere den Boden unter den Füßen. Kleine Dinge, die mich früher nicht störten, ängstigen mich jetzt, ich bekomme auf der Straße Angstzustände, ich kann nicht mehr schreiben. Ich verstehe nicht, was passiert. Wir sind gemeinsam darin gefangen. Wenn ich dich jetzt nicht verlasse, werde ich es niemals tun.«

»Judith, wir werden morgen mit dem Boot rausfahren. Ich kann auf dem Wasser besser nachdenken, wir werden das schon hinkriegen, du wirst sehen. Wir werden einen Vertrag aufsetzen, neue Regeln vereinbaren. Du kannst vierzehn Jahre nicht einfach so beiseite wischen Judith, das ist nicht fair. Wo wirst du hingehen? Was wirst du tun? Schau dich einmal genau an, Liebling, wann hast du zum letzten Mal einen Job gehabt?«

Es klingelte an der Tür. Ein kalter Angststrahl durchbohrte ihr die Brust.

Max kam mit Melinda herein.

Das Kind lief durch das Zimmer und warf sich in Judiths Arme. Mit übertriebener Ruhe nahm Barry auf dem grünen Sofa Platz. Ungläubig beschaute Judiths Vater dieses Familienbild.

Judith senkte den Blick.

»Ich bleibe, Daddy.«

16. JULI 1984

Barry blieb am Montag zu Hause. Einige der Schürfwunden auf Judiths linkem Arm wurden zu wässrigen Blasen. Er holte die Tube mit Wundsalbe, trug sie sanft auf und umwickelte ihre Handgelenke locker mit einer Mullbinde.

Am Nachmittag nahm er Melinda auf einen geheimen Ausflug mit. Zwei Stunden später kamen sie in die Wohnung zurückgestürmt mit einem Dreirad, das sie bei Macys gekauft hatten. Barry wollte, daß sie für Melindas erste Dreiradfahrt alle in den Park gingen, aber Judith sagte, sie könne so, wie sie aussähe, nicht nach draußen gehen, alle würden sie anstarren.

»Niemand starrt irgend jemanden im Park an«, sagte er. »Das

bildest du dir alles ein. Zieh ein langärmeliges Hemd an.«

Sie entgegnete, sie wolle lieber zu Hause bleiben und das Wohnzimmer in Ordnung bringen.

Melinda sah enttäuscht aus.

Das Dreirad war ein großer Erfolg. Melinda hatte gar nicht mehr aus dem Park weggehen wollen. Aber Barry brachte sie nach Hause und fütterte sie mit Abendessen. Seine zweite Überraschung waren zwei Eintrittskarten für die neue Tanzshow von Twyla Tharp am gleichen Abend, fünfte Reihe Mitte. Sie mußten sich beeilen, die Vorstellung begann um acht. Er wollte, daß Judith einen Babysitter bestellte.

Judith sagte, daß sie sich nicht derart beeilen könnte und daß sie niemals zu dieser späten Stunde einen Babysitter bekommen würden. Und abgesehen davon habe sie ihm schon gesagt, daß sie sich nicht danach fühle, der Welt dort draußen entgegentreten zu können. Ihr Hals schmerzte.

Barry schaute Melinda an.

»Okay, Kindchen«, sagte er. »Du wirst in deine erste Tanzshow am Broadway gehen. Bestes Benehmen ist gefordert, Indianerehrenwort? Kein Herumrutschen im Sitz.«

Nachdem die beiden gegangen waren, rief Judith bei Bob Rothman zu Haus an. Sie hätte diesen Anruf nicht gewagt, wenn Barry in der Wohnung war, und sie wollte in diesen Tagen in Melindas Anwesenheit keine persönlichen Gespräche führen. Das kleine Mädchen war ganz Ohr. Es war schwer herauszufinden, was sie mitbekam und was nicht.

Judith gab Bob einen kurzen Bericht über das höllenhafte Wochenende, konzentrierte sich dabei auf die Tiffany-Lampe, das Strangulieren mit der Eisenkette und die vergebliche Rettungsaktion ihres Vaters. Diese versuchte sie mit einem scherzhaften Unterton zu beschreiben. Wie die beiden wichtigsten Männer in ihrem Leben dagestanden und »Judith, Judith« geschrien hätten. Aber ihre Verbrennungen erwähnte sie nicht. Mit Bob zu reden war eine große Erleichterung. Er war der einzige Mensch, dem sie genügend traute. Sie konnte sich auf ihn verlassen, aber sie verschwieg immer die schmerzhaftesten Details. Würde sie ihm die ganze Geschichte erzählen, müßte er sie für verrückt halten. Wer würde das glauben, was wirklich zwischen ihr und Barry passierte? Nicht mal in ihrem Tagebuch erwähnte sie die Prügel. In dem Buch waren große leere Stellen. Das waren Wochen, in denen sie sich nicht dazu aufraffen konnte, eine Eintragung zu machen. Einige Dinge blieben besser ungesagt. Wenn sie das Tagebuch noch einmal las, wußte sie genau, was die Auslassungen bedeuteten. Es war insgesamt sicherer, nicht alles auszusprechen. Sie wollte Barry nicht zusätzlich provozieren.

Bob Rothman hörte zu. Im Lauf der Jahre hatte er viele ähnliche Berichte von Judith gehört. Vor langer Zeit hatte er bemerkt, daß seine Rolle in ihrem Leben nur so weit und kein Stück weiter ging. Er war ein Auffänger, wenn ihr die Angst über den Kopf wuchs. Er akzeptierte diese Rollenverteilung. Judith und er waren seit zehn Jahren befreundet, und er nahm an, daß er inzwischen wahrscheinlich der einzige Freund war, den sie noch hatte. Judith war eine wunderbare, ermutigende Lektorin gewesen, als sie bei Claridge and Palmer gearbeitet hatte. Sie war die erste, die ihm einen Buchvertrag gegeben hatte. Er glaubte, ihr in diesen schwierigen Gesprächen Aufmerksamkeit und Sympathie schuldig zu sein.

Mit Judith ging es bergab. Er konnte es aus dem kraftlosen Klang ihrer Stimme heraushören, aus der Art, wie ihre Entschuldigungen für Barry immer schwächer und schwächer wurden. Bob hatte großes Mitleid mit ihr, aber was konnte er tun? Es war nicht so, daß Judith irgendeine arme Frau mit fünf Kindern war, die von der Sozialhilfe lebte; sie hatte gefragte Fähigkeiten und eine Menge Talent. Sie könnte sich jederzeit, wenn sie es wollte, von Barry freimachen. Er war vor Jahren zu dem Schluß gekommen, daß Judiths selbstzerstörerische Abhängigkeit von Barry sich jeder verstandesmäßigen Erklärung verweigerte. Einige Male hatte er ihr die Horney Klinik vorgeschlagen und einmal in ihrem Namen einen Termin beim Alfred Adler-Beratungszentrum abgemacht. Aber sie wollte nicht hingehen. Judith wollte keine Ratschläge von ihm, und sie verwahrte sich gegen jede Art von Kritik an Barry.

»Das geht niemanden etwas an außer mir«, sagte sie.

Bob hatte aufgehört daran zu glauben, daß sie irgendwann den Mut haben könnte, den Scheißer zu verlassen. Also hörte er zu, wenn Judith anrief und machte die angemessenen Geräusche, wenn sie zum Ende kam. Gewöhnlich redete sie eine Stunde lang oder sogar länger, wenn er sie ließ. Er fühlte, daß er ihr schon durch das Zuhören einen therapeutischen Dienst erwies.

Aber dieses Mal sagte sie etwas, das ihm Angst machte. Nachdem er aufgelegt hatte, versuchte er den genauen Wortlaut zu erinnern. Sie hatte gesagt: »Ich hoffe, daß er mich beim nächsten Mal wirklich verletzt. Dann wird er vielleicht erkennen, was er tut.«

AUGUST 1984

Bob Rothmann stellte eine Kassette für Judith zusammen. Während er sich eine Platte von Billie Holiday anhörte, bemerkte er, daß er das gleiche Lied auch von Bessie Smith hatte.

> If I should take a notion ... to jump in ...
> to the ocean, ain't nobody's business if I do.

Das Schlüssellied für Judith. Er fragte sich, ob sie es kannte. Er spielte Bessie, dann Billie, immer und immer wieder. Geradezu unheimlich, wie sich die beiden großen Bluessängerinnen bedrückt an dieselbe Hymne gemacht hatten. Bessies Version war klarer, nur vom Piano begleitet, aber Billies Aufmachung mit Piano, Bass und Drums war in irgendeinem verräucherten Schuppen aufgenommen worden, und bei der letzten Strophe konnte man ein Lachen der Selbsterkenntnis von einer Frau an einem der Tische hören. Schaurig.

I'd rather my man would hit me ... than to
jump a ride and quit me, ain't nobody's business
if I do.
I swear I won't call no copper ... if I'm beat up
by my poppa, ain't nobody's business if I do.

Er kopierte die beiden Versionen hintereinander auf eine neue Kassette, steckte diese in einen braunen Umschlag und schickte das kleine Paket zum Waverly Place.

10. SEPTEMBER 1984

Judith ließ Melinda ans Telefon, damit sie an ihrem dritten Geburtstag mit ihren Großeltern sprechen konnte. Seit dem letzten Thanksgiving-Fest war sie nicht in Bayonne draußen gewesen, und Barry hatte Judith das Versprechen abgerungen, daß es keine weiteren Besuche von Max und Goldie am Waverly Place geben würde.

Sie hatte nicht den Mut, ihren Eltern zu erzählen, daß sie beide unerwünschte Personen geworden waren. Es war leichter, sie zu vertrösten, einen vorläufigen Termin abzumachen und ihn dann nicht einzuhalten.

»Ich komme zum Jüdischen Neujahr, Rosh Hashanah, Ma«, sagte sie, bevor sie auflegte. »Und ich werde Melinda mitbringen. Das ist nur noch zwei Wochen hin.«

Sie würde in zwei Wochen eine gute Ausrede finden müssen. Vielleicht auch nicht. Vielleicht würde sie tatsächlich fahren.

Trotzdem, ihre Eltern hatten ein schönes Geschenk geschickt, ein Teeservice für Kinder und einen kleinen Tisch und Stühle. Fünf Minuten nachdem der große Karton ausgepackt war, spielte Melinda eine phantasievolle Teeparty, aber Barry kündigte schon an, das ganze Zeug wegzugeben. Er sagte, das sei wieder so etwas, über das man nur im Wohnzimmer stolpern würde.

OKTOBER 1984

Er hatte wieder die Abmachungen verändert und Melinda bei einem Kindergarten angemeldet, nicht der Nachbarschaftsgruppe zu der sie früher gegangen war, sondern einer teuren, der besten im ganzen Greenwich Village. Sie überlegten sich eine neue Regelung. Er brachte Melinda morgens zu Fuß hin, und Judith holte sie nachmittags um drei wieder ab. Der Kindergarten, beschwerte er sich, koste ihn ein Vermögen, und er verlangte, daß sie sich nach einem Teilzeitjob umsah oder freiberufliche Aufträge annahm. Er besorgte eine Ausgabe der ›Voice‹ und zeigte ihr im hinteren Teil die Anzeigen von Leuten, die jemanden zum Abtippen von Manuskripten suchten. Schließlich brachte sie den Mut auf, bei einigen Nummern anzurufen, aber die Leute hatten kein Interesse, als sie merkten, daß Judith kein Textverarbeitungssystem benutzte. Die Dinge änderten sich im Verlagswesen. Sie fragte sich, ob bei Claridge and Palmer auf Computer umgestellt worden war.

JUDITH

Wenn Melinda tagsüber aus dem Haus ist, habe ich frei. Ich hatte geplant, mehr zu lesen oder vielleicht eine Kurzgeschichte zu versuchen, aber es fällt mir so schwer, mich zu konzentrieren. Ich kann mich kaum dazu überwinden, einen Eintrag in meinem Tagebuch zu machen. Statt dessen schreibe ich Listen mit Arbeitsvorhaben. Oberteile des Küchenschranks putzen. Alte Farbe von Kommode abbeizen und wieder herrichten. Lose Kacheln unter Badezimmerwaschbecken festgipsen.

Balducci's, der Delikatessenladen und Höhepunkt meiner Nachmittage, war nicht mehr auf meinem Programm. Wenn ich nur zur Tür hereinkam, munterte mich das schon auf. Die knisternde Elektrizität dieses Ortes. Die Energie und die Erregung. Jeder Einkäufer mit wichtigem Auftrag, der für ein wichtiges Abendessen jagte und sammelte. Ich tat immer so, als sei ich eine von ihnen. Woher sollten sie schon wissen, daß ich nicht dazugehörte? Ich ging regelmäßig mit Melinda nach dem Mittag in den Laden und begann, die Gänge herauf und hinunter zu streifen. Ich konnte jedes Zeitgefühl verlieren, wenn ich um die Körbe mit hausgemachtem Huhn und Pasta kreiste, die marinierten Champignons, die Gurken, Avocados und Endiviensalate. Ich befingerte die knusprigen Brote, verglich die Etiketten auf riesigen Flaschen mit Estragonessig, extra jungem Olivenöl, Gänseleberpastete. Ich schob mich Stück für Stück am stark frequentierten Käsetresen voran, bis ich bei einem ganz bestimmten, streng riechenden runden Ziegenkäse ankam, der zwischen gleichermaßen ergötzlichen Rädern, Dreiecken und Blöcken von Käse lag. Ich traf meine Wahl, klemmte die Einkaufstasche an Melindas Karre und ging nach Hause.

Ich war so gedankenlos!

»Schau, Judith«, sagte Barry zu mir, »wenn dir die Sache aus dem Ruder läuft, mußt du beim Essen sparen. Nicht mehr zu Balducci's. Geh die eineinhalb Straßenblöcke weiter zu Sloans, was hast du sonst den ganzen Tag zu tun? Und benutz für den Einkauf bei Chrissake die Gutscheine, die sind bares Geld wert.«

Dumm, dumm. Ich war so gefangen in meinen eigenen Problemen, daß mir nie in den Sinn kam, ich könnte Geld verbrauchen, das wir nicht hatten. Jetzt schneide ich die 25-Cent-Gutscheine aus den Sonntagszeitungen aus und schiebe den Einkaufswagen zu Sloans, wo ich mich mit Hausmarken und wöchentlichen Sonderangeboten eindecke. Ich hasse die unpersönlichen Gänge im Supermarkt und die einfallslosen Produkte. Aber ich will ihm zeigen, daß ich mir Mühe gebe. Ich kann den Haushalt organisieren. Ich kann es. Das Notwendigste ist die Vorausplanung. Er hat recht – fehlende Organisation war mein Abstieg bei Claridge and Palmer. Wenn es mir gelingt, daß die Dinge zu Hause wie geschmiert laufen, werden sich diese Fähigkeiten auf den nächsten Job oder das Buch, zu was auch immer ich mich entscheide, übertragen. Warum sperre ich mich so dagegen?

Gestern habe ich den Kassenbon auf dem Küchentresen liegen gelassen, so daß er sah, wieviel wir sparen. Aber dann, beim Abendessen, verkündete er, daß ihm Fleisch aus dem Supermarkt Übelkeit verursacht. Als er seinen Teller zur Seite schob, tat Melinda es ihm gleich nach.

»Mammy hat Scheiße gemacht«, quietschte sie, hielt sich die Nase zu und schaute ihren Vater auf der Suche nach Zustimmung an. Dieses ›Scheiße‹ muß sie in der Krippe aufgeschnappt haben. Sie benutzt den Ausdruck für alles, was sie widerlich findet. Barry kann es nicht ausstehen, wenn Melinda Babysprache spricht, aber das »Mammy hat Scheiße gemacht« brachte ihn zum Lachen.

NOVEMBER 1984

Jeff Kellerman gewann ein Versäumnisverfahren gegen Barry Kantor, nachdem dieser zweimal der Vorladung vor das Zivilgericht nicht gefolgt war.

»Das soll er mal versuchen einzutreiben«, brummte Barry gegenüber Paul Scorvey, als er die Nachricht des Gerichts in der Post fand.

»Ich hasse diesen Hurensohn dermaßen, daß es schon weh tut«, sagte Jeff zu einem seiner neuen Partner. »Er weiß, daß er den Rest bezahlen muß, aber er wird alles versuchen, um noch mehr Ärger zu verursachen.«

Jeff wartete noch einen Monat und ließ dann Barrys Konto bei Manufacturers Hannover mit einer Vorladung und dringlichem Arrest sperren.

Ein Scheck über die volle Summe traf zwei Tage später ein. Als Jeff beim Einreichen des Schecks auf der Rückseite unterschrieb, sah er, daß Barry über die Rückseite »Fick dich ins Knie« gekritzelt hatte.

In jenem Winter brachte Barry einen Hund mit nach Hause, einen lebhaften sieben Monate alten schwarzbraunen Schäferhund. An einem kalten Januarnachmittag kam er mit dem Welpen zur Tür herein.

»Endlich, endlich«, sagte er und rieb sich die Hände. »Ein angemessener Ersatz für Thor. Du erinnerst dich an meine Dogge, nicht wahr, Judith?«

Judith schaute ängstlich auf den zitternden unsicheren Welpen, der in der Wohnung umherschnüffelte.

»Ist er stubenrein?« fragte sie.

»Klar, er ist stubenrein. Ich sollte ihn dir überlassen, Judith, du denkst immer nur an Scheiße. Sein Vater war Wettbewerbssieger in Westminster, der Züchter hat mir die Siegerschärpen gezeigt.«

Sie hielt den Mund und sagte nichts mehr. Ein Ohr des Schäferhundes stand weit ab. Würde sie Barry darauf aufmerksam machen, käme es nur zu einer Auseinandersetzung. Er würde ihr vorwerfen, sie suche bei allem, was er nach Hause brachte, verzweifelt nach einem Makel. Sobald er selbst herausfinden würde, daß die Ohren des Hundes nicht korrekt waren, würde er sich an dem armen Tier vergehen, das schlechter war, als er erwartet hatte, und im Innersten würde er sich selbst peinigen, weil er über's Ohr gehauen worden war. Sie kannte ihn so gut.

»Ich werde ihn gut abrichten«, kündigte er an und griff die Schnauze des Hundes. »Wir brauchen hier einen Wachhund.«

Er zeigte in Richtung des Schlafzimmers, wo er die Kartons und die Waage verstaut hatte. Sie nickte. Seine anderen Geschäfte, die privaten Deals für seine Mandanten. Maklergeschäfte nannte er das. In der Wohnung waren immer große Geldbeträge, Geld, von dem sie unbedingt die Finger zu lassen hatte. Einmal hatte er in einem unbedachten Moment durchblicken lassen, daß er Schließfächer in den Safes dreier verschiedener Banken hatte.

Als Melinda den Welpen sah, warf sie ihm die Arme um den

Hals. Barry erzählte ihr, daß der Name des Hundes ›Champion Great Thunder of Schleswig Holstein‹ sei, aber sie würden ihn einfach ›Shep‹ nennen. Am nächsten Tag ging er los und kaufte Shep ein Lederhalsband mit Dornen und eine Hundekette.

Der Hund war weder stubenrein, noch zeigte er die leiseste Absicht, es irgendwann einmal zu werden. Zweimal täglich führten sie ihn in den Park, aber sobald sie nach Hause kamen, setzte Shep einen Haufen auf den Teppich im Wohnzimmer. Judith kroch auf Händen und Knien mit dem Teppichreiniger herum, aber es war hoffnungslos. Barry schmiß den verschmutzten Teppich raus und packte Zeitungen auf den nackten Fußboden.

Barry wurde immer besessener von dem Gedanken, daß der Hund ihm zu gehorchen habe. Bei gutem Wetter trainierte er ihn stundenlang im Park, während Judith auf Melinda aufpaßte. Wenn er meinte, der Hund hätte etwas Neues gelernt, demonstrierte er es Judith und Melinda.

»Bleib stehen, Shep«, befahl er.

Dann sollte Judith den Hund rufen, um zu zeigen, daß Shep gelernt hatte, nur ihm zu gehorchen. Aber wenn Judith sagte: »Komm her, mein Kleiner«, kam Shep brav auf sie zugelaufen.

Melinda kicherte.

»Vielleicht kommt er zu mir, weil ich ihn füttere«, sagte Judith versöhnlich.

Barry hatte einen Dreißig-Pfund-Sack mit Trockenfutter in die Küche gestellt, aber sie meinte, der Hund sei hungrig auf Fleisch und kaufte ihm heimlich Hamburger.

Sie hatten eine ihrer guten Phasen – ihre Flitterwochen, wie sie es nannte. Ihr Tagebuch war voll positiver Notizen.

MÄRZ 1985

Orville Rodgers, Besitzer des Akita-Welpen in Appartment 2-B klopfte bei Gunther und Jim an die Tür und überbrachte eine Unterschriftenliste und eine unerhörte Geschichte. Die Leute aus Appartment 3-A richteten ihren Hund ab, indem sie ihn die Treppen rauf und runter laufen ließen. Als er gestern die Tür aufgemacht hatte, um den Müll runterzubringen, lief der Schäferhund in seine Wohnung und ging, bevor er ihn stoppen konnte, Kojo an die Kehle. Er war gerade mit Kojo vom Tierarzt zurückgekommen, er und der Hund zitterten immer noch. Als er an Kantors Tür klopfte, um ihm die Rechnungen zu präsentieren, hatte ihm der Mann frech ins Gesicht gelacht.

»Raus«, sagte Orville Rodgers, »ich will die aus diesem Haus raus haben. Der Hund ist gemeingefährlich, vollkommen ungestüm und nicht trainiert. Es ist kriminell, wie einige Menschen ihre Tiere in der Stadt mißhandeln. Haben Sie in all den Jahren, die Sie mich kennen, Kojo jemals ohne Leine laufen sehen?«

Gunther und Jim stimmten zu, daß das nie der Fall war. Jim war überglücklich, das Protestschreiben zu unterzeichnen.

»Hallelujah, darauf hätten wir schon vor Jahren kommen sollen«, freute er sich.

Die Mieter im vierten Stock unterschrieben bereitwillig und hielten Mr. Rodgers länger als eine Stunde auf, um ihm ihre eigenen Horrorgeschichten über Kantor zu erzählen. Der Frau in Appartment 3-B, der Fernsehproduzentin, die selten zu Hause war, schob er einen Zettel unter der Tür durch. Mrs. Laemmerle war die einzige, die nicht unterschrieb. Sie sagte, sie habe das hübsche kleine Mädchen in 3-A so gern, und sie fände es nicht richtig, Petitionen gegen Nachbarn zu unterschreiben.

12. APRIL 1985

Es war Zeit für die Einkommenssteuererklärung, und er war gereizt. Seit 1981 oder 1982, seitdem er keine Pflichtverteidigerfälle mehr annahm, hatte er auch keine der vierteljährlichen vorläufigen Einkommenssteuererklärungen mehr eingereicht. Dieses Jahr war sein zu versteuerndes Einkommen äußerst gering.

Nachdem er bei der Bank vorbeigegangen war, um ein Bündel Hunderter aus dem Stahlschrank zu holen, kam er nachmittags nach Hause. Judith schlief im Schlafzimmer. Er griff sich Sheps Leine, führte den Hund aus und kam eine Viertelstunde zu früh, um Melinda aus der Vorschule abzuholen. Sie lief auf Shep zu, küßte ihn und ließ sich dann vom Vater hochnehmen und drücken.

»Mammy fühlt sich wieder nicht wohl«, sagte er. Ein schmerzlicher Ausdruck erschien in Melindas Gesicht.

»Wir freuen uns, Sie zu sehen, Mr. Kantor«, sagte die Kindergärtnerin mit einem mißbilligenden Blick. »Gestern mußte ich bei Ihnen zu Hause anrufen. Die Kleine saß hier und weinte sich die Augen aus dem Kopf, als um drei Uhr niemand kam, um sie abzuholen.«

»Meine Frau und ich haben unsere Zeitpläne durcheinandergebracht«, sagte er mit einem abfälligen Lächeln, während er Melinda auf dem Arm hielt. Es lag ihm auf der Zunge zu sagen, daß es bei den Beiträgen, die hier verlangt wurden, die Lehrerinnen nicht umbringen würde, das Kind eine halbe Stunde länger zu beaufsichtigen. Aber das verkniff er sich. Melinda mochte diese Lehrerin, und er wollte keine Szene machen.

Sie gingen in den Park und ließen Shep von der Leine, und Melinda erzählte über ihren Tag in der Vorschule.

»Morgen werden wir mit dem Boot rausfahren«, versprach er. »Nur wir zwei.«

Sie nickte glücklich, während er ihr über das Haar strich. Erst dreieinhalb Jahre alt und schon konnte sie auf Anweisung das Bootsschwert hochziehen.

17. APRIL 1985

Barry und Melinda saßen am Tisch, Judith trug die Spaghetti hinaus.

»Hast du heute das kleine Kaninchen gefüttert, Melinda?« fragte er.

»Mhmh.«

»Was ißt das kleine Kaninchen?«

»Möhren.«

»Was noch?«

»Salat.«

»Zeig mir, wie das Kaninchen seinen Salat ißt.«

Melinda runzelte die Nase und machte laute Kaugeräusche.

»Was frißt Shep zum Abendessen?«

»Hamburger!« sagte das Kind triumphierend und hüpfte in seinem Stuhl auf und ab.

Die Spaghettischüssel fiel Judith aus den Händen und knallte auf den Fußboden.

»Judith!« brüllte er wutentbrannt.

Sie erstarrte. Melinda begann zu wimmern.

Barry warf seinen Stuhl zurück. Seine Schlagader am Hals pulste heftig. Seine Augen flackerten rasend hinter seinen Brillengläsern.

»Hinterhältige Hexe!«

Er stürzte auf sie zu.

Judith drehte sich mit einem Aufstöhnen zur Seite, und seine Faust schlug gegen die Wand. Er drehte sich ungestüm herum, stürzte wieder auf sie zu und stolperte über den Hund. Seine Brille fiel zu Boden. Der winselnde Schäferhund verkroch sich unter dem Tisch.

»Ich werde es dir zeigen, mich zu verarschen!«

Sein Schlag traf sie unterhalb des Ohrs. Schreiend flüchtete sie sich an das äußerste Ende des Wohnzimmers, den Hund an ihren Fersen.

Wie blind stolperte Barry hinter ihr her. Der Schäferhund versperrte ihm knurrend den Weg. Barry trat den Hund aus dem Weg und ging mit beiden Fäusten auf Judith los.

Shep fletschte die Zähne. Seine Ohren waren flach angelegt.

Melinda saß verloren am Tisch.

»Nein, Shep, nein!« weinte sie.

20. APRIL 1985

Orville Rodgers winkte auf der Straße zu Gunther hinüber.

»Action«, sagte er. »Ich wußte, daß etwas passieren würde.«

Gunther war sich nicht sicher, worüber sein Nachbar redete.

»Unsere Petition hat geholfen. Der Hund ist weg. Er hat ihn weggeschafft. Natürlich hatte ich gehofft, daß es eine Räumungsklage geben würde, aber dafür ist er zu gewitzt. Er wußte, daß wir ihm juristisch das Genick hätten brechen können.«

Gunther zog die Augenbrauen hoch und gratulierte. Als Jim nach Hause kam, erzählte er ihm die Neuigkeiten.

21. JUNI 1985

Am ersten prächtigen Sommertag saß Carol auf der Parkbank und beobachtete mit mütterlichem Stolz, wie ihr jüngerer Sohn im Klettergerüst umherstieg. Ein lebhaftes kleines Mädchen mit rotblondem Haar stand auf den oberen Sprossen. Ihre Selbstsicherheit hatte etwas Verletzendes – Carol ärgerte sich einen Moment unbändig – aber Seth schien gar nicht zu bemerken, daß er von einem Mädchen besiegt wurde. Die zwei Kinder kamen bestens miteinander aus. Eine grauhaarige Frau saß zusammengesunken am anderen Ende von Carols Bank. Sie gehörte offensichtlich zu dem Mädchen. So wie sie aussah, beschloß Carol, war sie ein Kindermädchen.

»Mami«, rief das kleine Mädchen, während es die Stufen hinunterrutschte, »ich gehe zu den Schaukeln.«

»Noch nicht, Melinda.«

Carol drehte sich abrupt herum. Die Stimme kam ihr bekannt vor, aber das Haar und die Nase paßten überhaupt nicht dazu.

»Judith?« fragte sie. »Judith Winograd? Ich bin es, Carol Altman. Ich bin Carol Marks Altman. Mein Gott, das ist zehn Jahre her!«

Judith stiegen Tränen in die Augen, als die beiden Fauen sich umarmten.

»Ist das deine?« fragte Carol. »Der kleine Rotschopf? Oh Judith, wie schön. Der kleine blaue Affe da drüben ist Seth, mein Jüngster. Sein älterer Bruder ist in einem Ferienlager. Judith, es ist so schön, dich zu sehen. Ich habe dich so oft anrufen wollen, das kannst du dir gar nicht vorstellen.«

Sie nahmen ihre Kinder mit und gingen zu den Schaukeln. Judith bewegte sich so langsam, daß es Carol auffiel. Wo war die wunderbare Lebhaftigkeit von früher?

Sie begann zu plaudern, um die Pausen zu füllen.

»Nun, falls du es nicht gehört hast, ich habe Jonathan geheiratet. Ich war so wütend auf dich und hab dir, glaube ich, deshalb keine Einladung geschickt. Wir haben uns gerade eine Dachgeschoßwohnung in Soho gekauft, nachdem wir neun Jahre im oberen Teil von Manhattan gewohnt haben. Und da habe ich mir gedacht, ich probiere mal den Washington Square Park aus. Oi, es ist verkommen hier. Aber ich bin so glücklich, daß wir uns zufällig getroffen haben!«

Judith nickte. »Ich komme jeden Tag hierher.«

»Mütter beim Ausgang. Erinnerst du dich, wie wir zusammen die Bars für Singles abgeklappert haben? Und ja, weißt du noch, wie wir zu einem dieser ersten Treffen der Frauenbewegung gegangen sind? Judith, was auch immer mit ihm passiert ist, dem – ach findest du die schleichende Senilität in unserem Alter nicht auch berauschend? – also ich nannte ihn jedenfalls El Misterioso, was ist mit ihm?«

»Barry?« fragte Judith. »Wir sind noch zusammen.«

Es folgte ein langes unbequemes Schweigen. Carol blickte verstohlen auf Judiths deformierte Nase.

»Melinda ist unser adoptiertes Kind«, sagte Judith schließlich.

»Wie toll für euch.«

Judith schaute sie komisch an.

»Ich habe im ›Times Book Review‹ immer nach deinem Namen gesucht, ist das nicht blöd?«

»Ich habe ein Kinderbuch geschrieben, das sehr gut lief. Ich glaube, ich wollte dir ein Exemplar schicken. Dann arbeitete ich bei Verlagen. Mir ging es in letzter Zeit nicht gut. Magenkoliken, etwas, das mit meinen ganzen inneren Organen zu tun hat. Ich muß vielleicht operiert werden.«

»Beschissen, wenn der Körper einen im Stich läßt. Wir sind beide über vierzig.«

»Du siehst glänzend aus, Carol.«

»Drei Stunden die Woche im Fitneßcenter bei Alex und Walter. Wenn ich einmal nicht hingehe, bekomme ich einen Hängebauch.«

Judith kicherte, ein tiefer kratzender Klang, von einer seltenen Fröhlichkeit.

»Nun, immerhin habe ich dir eine Reaktion entlockt. Ich habe mir schon Sorgen gemacht.« Als sie die Worte ausgesprochen hatte, wußte Carol, daß sie etwas Falsches gesagt hatte. Ihre alte Freundin sah aus, als wollte sie sich in ein Loch verkriechen.

»Upsa«, rief Carol aus. »Die Zeit! Ich komme zu spät zum Friseur. Seth! Seth, Liebling – andiamo! Judith, gib mir deine Telefonnummer.«

Panik huschte über Judiths Gesicht.

»Sie steht unter Kantor am Waverly Place. Wir sind immer noch in derselben Wohnung. Carol, ich wollte – ich bin sehr glücklich, dich wiedergesehen zu haben«, schloß sie leise.

Carol erzählte Jonathan an diesem Abend, wie sie ihrer alten Freundin Judith Winograd am Washington Square Park begegnet war.

»Du hast sie mal getroffen, erinnerst du dich? Vor zehn Jahren, als es mit uns begann. Ich hatte ein Abendessen zum Valentinstag gemacht, und sie kam zwei Stunden zu spät. Sie wollte Romanautorin werden. Na ja, die Sache ist so, daß sie immer noch mit demselben Kerl zusammen ist, und sie haben diese liebenswerte adoptierte Tochter, Melinda, aber Judith sah erbärmlich aus – es war sehr verwirrend. Jonathan, ihre Nase war zerschmettert. Eingeschlagen. Judith hatte eine wunderschöne Nase. Wenn ihr das ein Gesichtschirurg angetan hat, dann gehört der erschossen.«

»Wirst du sie wiedersehen?«

»Ich weiß nicht.«

Jonathan schaltete die Nachrichten ein. Er wollte die letzten Neuigkeiten über das entführte TWA-Flugzeug erfahren, das immer noch am Flughafen von Beirut festgehalten wurde. Die Schiiten hatten zwei weitere Geiseln freigelassen. Er fragte sich, was sie zu berichten haben würden.

JUDITHS TAGEBUCH, HERBST 1985

10. September. Melinda ist vier Jahre alt. B. nahm sie zu einer Segelstunde in Patchogue mit. Danach in die Bronx. Ich war nicht eingeplant und wurde wahrscheinlich auch nicht vermißt. Ich habe die freie Zeit genutzt, die Fenster zu putzen. Ammoniak ist besser als Windex, schmiert aber auch.

15. September. Anruf aus Bayonne – ob ich zum Rosh Hashanah komme? B. sagte ihnen, daß ich nicht ans Telefon kommen kann.

20. September. Wachte um fünf auf, wußte nicht, wo ich war. Niemand zu Hause. Wußte nicht, ob es Nacht oder Tag war. Habe den Fernseher angestellt, Bilder von einem Erdbeben in Mexiko. Zusammengestürzte Häuser, lebendig begrabene Menschen – schreiend, weinend – im Schutt finden sie abgerissene Gliedmaßen. Ich wünschte, ich wäre mit ihnen begraben, dieser Qual ein Ende gemacht.

4. Oktober. Habe Melinda heute morgen zur Vorschule gebracht und sie um fünfzehn Uhr wieder abgeholt. Habe das lange nicht mehr gemacht. Fühle mich viel besser.

22. Oktober. Gutes Gespräch mit B. heute abend. Haben uns wie in den guten alten Zeiten bekifft und hinter verschlossener Tür im Bett aneinander geschmiegt. M. schlief auf dem Sofa im Wohnzimmer. Alles, was B. sagte, ergab einen Sinn. Das

Hauptproblem ist, daß ich in meine eigene Welt abgleite und er mich nicht erreichen kann.

1. Meine strikte Weigerung, mit Segeln zu gehen, und meine Lustlosigkeit und mangelnde Bereitschaft mitzuhelfen an jenen Tagen, an denen es ihm gelingt, mich nach Patchogue mitzuschleppen.

2. Die Abendessen. Morgens mit ihm absprechen.

3. Küche und Badezimmer zweimal die Woche an wechselnden Tagen putzen. Er wird einen Plan machen.

4. Stimmt nicht, daß Melinda sich nicht von mir vorlesen lassen will. Ich kann das besser als er (!) – einen Großteil ihres Wortschatzes hat sie durch das Vorlesen. Natur versus Kultur. Wenn B.'s Theorien zutreffen, dann sollten die künstlerischen Anregungen von zwei hochintelligenten Menschen die genetischen Veranlagungen besiegen. Vorlesen wieder beginnen!!!

5. Ich muß mir mehr Mühe geben, für ihn da zu sein, wenn er nach einem schwierigen Termin am Gericht oder mit Mandanten nach Hause kommt. Er kämpft da draußen gegen die Welt – ich habe vergessen, wie brutal es in dem Dschungel zugeht. Meine mangelnde Sensibilität gegenüber den Zwängen, denen er in seinem Leben ausgesetzt ist, gefährdet diese Beziehung.

6. Wenn ich mich in Anwesenheit einer seiner Mandanten oder einer seiner Freunde zurückziehe (aus Langeweile oder dem Gefühl, unerwünscht zu sein – meist eine Mischung aus beidem), dann schwächt das in den Augen der anderen seine Stellung. Seine Mandanten und Geschäftspartner muß man dazu bringen zu erkennen, daß B. eine überlegene Person ist. Sie haben nicht seine Klasse. B. weiß, daß ich das verstehe, aber die Schwachen und die Unterlegenen versuchen immer den Glanz derer, die auf einer höheren Existenzstufe stehen, zu vermindern. Sie ertragen den leuchtenden Schein nicht. B.'s großes Talent besteht darin, daß er bei Menschen, die ihm nicht ebenbürtig sind, die Illusion von Freundschaft

schaffen kann. Das erlaubt ihm, in der gewöhnlichen Welt zu funktionieren. Aber dann verstehen die Unterlegenen diese Illusion als die Wirklichkeit und lassen es an dem Respekt, den er verdient, mangeln. Ich habe keine Begabung für zwanglose Gespräche mit anderen, aber meine Rolle kann sehr bedeutend sein. Körpersprache, volle Aufmerksamkeit, wenn er redet, Eingehen auf seine Bedürfnisse. Wenn ich B. den Respekt entgegenbringe, den er verdient, werden andere das auch tun.

7. Geld.

4. November. B. das ganze Wochenende in Unruhe, bis ich schließlich herausbekam, warum. Die Schnappschüsse, die eine Frau von ihm und Melinda auf den Schaukeln im Park gemacht hatte, waren fürchterlich. Er blinzelte in die Sonne und sah mit seinen dicken Gläsern aus wie ein müder Waschbär. Heute – Montag – sind wir zu Optiker Cohen auf der Greenwich Avenue gegangen und haben ein neues Gestell ausgesucht. Rahmenlose Fliegerbrille, aus Italien importiert. 540 Dollar für zwei Gestelle. Sofortige Verwandlung – B. sieht aus wie ein italienischer Filmstar. Warum habe ich daran nicht früher gedacht? Es machte ihn so glücklich.

B. ist so verletzlich, wenn es um seine äußere Erscheinung, besonders um seine Augen, geht. Seine Augen sind verheerend, jeder macht Bemerkungen über seinen durchdringenden Blick, aber ich bin die einzige, die wirklich versteht, wie sehr er leidet. Hornhautkrümmung! Welch brutaler Scherz des Schicksals, daß jemand, der bei jedem Menschen den schönen Schein durchschaut, mit schlechten Augen bestraft wird.

Ich habe in mir die Kraft, seine Wunden zu heilen, die geheime Kraft. Wir haben einen geheimnisvollen Bund zwischen uns, der durch nichts zerstört werden kann. Egal, wie sehr sie es versuchen – Mutter, Vater, Old Lady K. Niemand versteht, wie sehr er mich wirklich braucht. B. Rothman kapiert es einfach nicht. Die jämmerlichen tumben Gestalten bei Claridge and Palmer. Carol. Es war so merkwürdig, sie an jenem Tag im Park zu treffen. Niemand kapiert es. Niemand versteht, warum wir Melinda adoptiert haben. Alle denken, es lag an mir, daß ich es war, die keine Kinder bekommen konnte. Sie werden niemals die Wahrheit erfahren, weil ich niemals sein Geheimnis verraten werde. Ich halte seine traurigen Geheimnisse in meiner geöffneten Hand und puste sie fort.

JANUAR 1986

Melinda konnte wie eine Große die Treppen hinuntergehen. Mit jedem Schritt eine Stufe. Nur Kleinkinder setzten beide Füße auf dieselbe Stufe. Sie war nun kein Baby mehr. Sie war fast viereinhalb Jahre. Sie konnte sich selbst anziehen, wenn sie morgens aufwachte, und beinahe ganz allein ihre Schuhe zubinden.

Die unterste Schublade im Schlafzimmer gehörte ihr. Sie konnte jederzeit hineingehen und ihre Sachen herausholen, aber es war ihr nicht erlaubt, die anderen Schubladen zu öffnen. Die gehörten Mammy und Daddy. Daddy hatte viele Oberhemden und Sweatshirts. Mammy hatte nicht viele Sachen, sie trug jeden Tag das gleiche alte Kleid.

Daddy war jetzt viel zu Hause, weil Mammy krank im Bett lag. Er war am Telefon und telefonierte den ganzen Tag mit vielen verschiedenen Menschen. Manchmal ließ er Melinda ans Telefon, um ›Hallo‹ zu sagen. Das mochte Melinda.

Mammy weinte viel. Daddy wurde wütend und schrie sie an, und dann schlug er sie auf den Kopf. Dann weinte Mammy noch mehr. Daddy schlug Mammy, weil sie böse war. Er wollte das nicht, aber Strafe mußte sein.

Melinda war ein gutes Mädchen. Auf Melinda wurde Daddy nie böse. Daddy sagte, daß Melinda Fortschritte mache. Daddy liebte sie sehr. Daddy wußte alles, er war der beste Daddy auf der Welt, und er liebte Melinda so sehr, weil sie artig war und Fortschritte machte. Sie wünschte sich, Mammy würde auch mal versuchen, artig zu sein, dann bräuchte Daddy sie nicht zu schlagen.

Wenn Mammy krank war, dann ließ Daddy Melinda unten bei Mrs. Laemmerle spielen. Aber nur manchmal. Andere Male sagte Daddy Nein.

Mrs. Laemmerle gab ihr ein Glas Saft und Kekse und ließ sie auf dem Piano hämmern. Das machte Spaß. Aber sie mochte es nicht, wenn Mrs. Laemmerle ihr Fragen stellte. Daddy hatte ihr gesagt, sie sollte nicht antworten. Mrs. Laemmerle steckte gern ihre Nase überall rein.

Manchmal machte Mrs. Laemmerle die Tür nicht auf. Dann mußte Melinda nach oben gehen und bei Jim und Gunther anklopfen. Gunther war oft zu Hause, er war sehr nett, aber er hatte keine Kekse. Er zeigte ihr lustige Bilder, auf denen er ein Baby war, und er spielte schöne Sachen mit ihr. Er las ihr aus den Büchern für die Großen vor, genauso wie Mammy es gemacht hatte. Gunther las mit großer lauter Stimme vor, und sie mußte lachen. Er las besser vor als die Lehrer in der Schule. Sie wünschte sich, Gunther könnte mit in die Vorschule kommen und allen Kindern etwas vorlesen.

6. MAI 1986

Barry setzte sich Melinda auf die Schultern und trug sie über seinem Kopf trohnend die Straße hinab. Es war ein herrlicher Frühlingstag. Die roten Tulpen, die die Nachbarschaftsvereinigung vom Waverly Place im letzten Herbst unter den Bäumen, die gerade wieder Blätter trieben, gepflanzt hatte, machten sich prächtig. Emsige Hauseigentümer buddelten zwischen zwei Reihen gemischter Frühlingsblumen ihre handtuchgroßen Vorgärten um. Sogar der Washington Square Park sah einladend aus, wenn man nicht zu nahe herankam. Dies war eine glanzvolle Jahreszeit in Greenwich Village.

Vater und Tochter gingen nur einen kurzen Weg zur öffentlichen Schule Nr. 55. Diese Schule in der Nachbarschaft war eine der besten in der Stadt, mit herkömmlichem Lehrplan, der den verknöcherten Bürokraten in der Schulbehörde das Herz erwärmte.

Einige Eltern, die sich schnell von neuen Ideen anstecken ließen, neigten zu der mürrischen Feststellung, daß die Schule Nr. 55 ein wenig altmodisch sei. Wagten sie es, diese Meinung öffentlich zu sagen – beispielsweise auf einer Versammlung mit Eltern und Lehrern – dann schüttelte Franklin Chandler, der Direktor, diese Kritik mit einer herrischen Bewegung ab und verwies die Eltern an die nahegelegenen öffentlichen Schulen Nr. 3 oder Nr. 41. Der alte Direktor hielt nichts von diesem, wie er es nannte »Offener-Unterricht-mit-Wüstenmäusen-zum-Anfassen-Quatsch«. Nicht, daß den Kindern in der Schule Nr. 55 die Wüstenmäuse vorenthalten würden. Sie bekamen schon ihre Mäuse, Kaninchen und Hühner zu sehen. Aber Chandler unterrichtete strikt nach den drei traditionellen Grundlagen: Lesen, Schreiben, Rechnen. Und die meisten der dankbaren Eltern von Nr. 55, denen es schwer gefallen wäre, von ihren Mittelklasse-Einkommen die Gebühren für eine Privatschule zu bezahlen, sie bewunderten ihn dafür.

Darum begann die regionale Schulbehörde unter großen Anstrengungen, mit Feingefühl und politischer Taktik ihre Suche nach einem Ersatz für Chandler, als dieser am letzten Schultag im vergangenen Juni umfiel und starb. Die Stelle an der Schule Nr. 55 war eine lohnende Empfehlung, und die Kunde von der unerwartet freigewordenen Position verbreitete sich schnell in der Stadt. Bewerbungen strömten herein, Lebensläufe wurden untersucht, und in Bewerbungsgesprächen wurde das Feld sondiert. Es gab eine lange Liste, dann eine kurze Liste. Lieblingskandidaten sich bekriegender Fraktionen tauchten auf. Die stellvertretende Direktorin, die durch ein bedauerliches Versehen nicht vom Auswahlkomitee angesprochen woren war, bot ihren Rücktritt an. Neue Kandidaten wurden vorgeschlagen, Positionen verhärteten sich, Lieblingskandidaten wurden von der Liste gestrichen. Die Suche erstreckte sich über den ganzen Sommer und gewann unvermeidlich die Züge eines kleinstädtischen Schönheitswettbewerbs. Schließlich wurde auf einer stürmischen Sitzung der regionalen Schulbehörde, die bis zwei Uhr morgens dauerte, per Akklamation ein Kompromißkandidat gefunden, Arthur Blattstein, ein stellvertretender Direktor aus Queens.

Bunte Kreidezeichnungen schmückten die großen Glasfenster an der ausgedehnten Fassade der Schule Nr. 55. ›Betrachtet euch selbst und übt euch in Demut‹, lockten die Schilder. ›Zwischen diesen Säulen liegt das Paradies der Kinder.‹ Barry nahm Melinda bei der Hand und ging durch die Eingangstür.

Der neue Direktor war nicht in seinem Büro. Eine lebhafte Sekretärin mit grünem Schottenrock und Perlenohrringen informierte Mr.Kantor zwischen einigen Telefongesprächen darüber, daß er und seine Tochter sich setzen und warten könnten. Mr. Blattstein sei auf seinem Rundgang. Er konnte jeden Moment zurückkommen, aber genau konnte man das nicht sagen, denn Mr. Blattstein war immer unterwegs.

Barry geduldete sich zehn Minuten lang und sagte der Sekretärin dann, daß er eine wichtige Verabredung in der Stadt habe. Das sei aber bedauerlich, plapperte sie. Mr. Blattstein lege viel Wert darauf, alle Eltern und die zukünftigen Schüler kennenzulernen. Die Tür zu seinem Büro stehe immer offen, aber wenn Mr. Kantor seine Tochter nur für den Kindergartenkurs im Herbst anmelden wolle, könne er die Anmeldeformulare gleich mitnehmen und zu Hause ausfüllen.

Der erste Kindergartentag sei am Montag, dem fünfzehnten September.

»Streichen Sie es sich rot im Kalender an«, sagte sie.

Melinda könne an dem Schulspeisungsprogramm für drei Dollar fünfundsiebzig die Woche teilnehmen. Das dazugehörige Blatt sei im Umschlag. Nicht vergessen zu unterschreiben und einfach die Formulare zurückschicken.

3. JUNI 1986

Barry brachte seine Tochter zu Dr. Michael Rochette auf der West Twelth Street. Melindas Kinderarzt freute sich immer, ihn zu sehen.

Nach der Untersuchung schloß der Arzt die Tür seines Sprechzimmers hinter sich, während die Schwester dem Kind im anderen Zimmer beim Anziehen half.

Ohne daß Melinda stören konnte, redeten die beiden Männer über das Geschäft. Im Lauf der Jahre hatten Kantor und Rochette ein tiefes Verständnis füreinander entwickelt. Ein Verhältnis von Geben und Nehmen. Kantor befriedigte regelmäßig die Schnüffelbedürfnisse des Arztes, als gerechten Gegenwert für den medizinischen Rat, den der Arzt ohne Fragen zu stellen erteilte, wenn die Dinge mit Judith etwas aus dem Ruder liefen.

Die wundersame Behandlung mit Eisbeuteln war Rochettes Vorschlag gewesen. Legte er ihr schnell genug Eis auf, konnte man die Schwellung eindämmen. Außerdem beruhigte es sie. Gewöhnlich war das Wichtigste für sie, sich zu beruhigen. Der letzte Monat war purer Streß gewesen. Judith hatte schlimme hysterische Anfälle gehabt und Barry angeschrien, er solle sie zur Notaufnahme im St. Vincents-Hospital bringen. Aber es war nur ein Finger gebrochen, und der Kinderarzt hatte Judith bestens in seiner Praxis zurechtflicken können.

Barry legte das Päckchen auf den Tisch. Rochette entleerte eine Ärzteprobepackung Aspirin mit Orangengeschmack in den Papierkorb und füllte das Kokain in die leere Flasche um.

»Mir ist da etwas in den Schoß gefallen«, sagte der Doktor, während er die Flasche zuschraubte. »Du könntest interessiert sein. Hofft Melinda immer noch auf einen kleinen Bruder?«

10. JULI 1986

Sally Milton drehte an ihrem Adressenkartenständer und suchte nach einem weiteren möglichen Unterstützer. Sie hatte dem Menschen bei Harper and Row versprochen, am Nachmittag zwanzig weitere Unterzeichner zu haben. Die Initiative ›Autoren und Verleger für Frieden in Mittelamerika‹ sammelte Unterschriften für eine ganzseitige Anzeige in der ›Times‹. Es war so typisch für die Initiative, die Leute von den Kinderbuchverlagen bis zur letzten Minute zu vergessen.

Ihr Stift hielt das Rädchen bei R an. Robert Rothman in Sag Harbor. Sie wählte die Vorwahl 516 und spielte mit ihrem Stift. Noch so ein Stadtflüchtling. Er war im letzten Jahr endgültig dorthin gezogen. Die Frage war nur, ob er am Strand oder an seinem Computer sitzen würde.

Bob Rothman war am Computer. Er sagte, daß er die Anzeige gern unterzeichnen und dem Komitee einen Scheck über zehn Dollar schicken würde. Er würde auch weiter die Werbetrommel rühren und einige andere Leute anrufen.

»Wie geht es Judith«, fragte Sally. »Habt ihr noch Kontakt?«

»Wir telefonieren alle paar Monate einmal. Und ihr?«

»Nein. Wir haben keine Verbindung mehr. Melinda muß jetzt wie alt sein, ungefähr fünf?«

»Sie haben noch ein Baby adoptiert, das hast du wahrscheinlich noch nicht gehört.«

Sally fiel beinahe der Hörer aus der Hand. »Das kann nicht wahr sein.«

»Aber es stimmt, ich erzähle dir keinen Unsinn. Sie haben ihn Ricky Ricardo genannt. Judith geht auf in ihrem Mutterdasein, und diesmal hat sie das Gefühl zu wissen, was sie tut. Das sind die Sachen, die ich von Kantor zu hören bekomme. Normalerweise ist sie zu beschäftigt, um zum Telefon zu kommen.«

»Bob, macht er – laß es mich anders sagen. Wie sieht sie aus?«

»Nicht berauschend.«

»Sie ist nie gekommen, um nach freien Aufträgen zu fragen. Dabei stand ihr die Tür weit offen. Ich möchte, daß du das weißt.«

»Mach dir darüber keine Gedanken, Sally, sie ist nicht nachtragend. Im Moment, so glaube ich, denkt sie nicht ans Lektorieren. Wenn sie über Claridge and Palmer redet, ist es wie es war einmal, als sie in einem fernen Land lebte.«

»Wir haben zusammen Tennis gespielt, ich vermute, das wußtest du nicht. Was, meinst du, würde passieren, wenn ich anriefe?«

»Und ein Tennis-Einzel vorschlägst? Oder mit der Mittelamerika-Petition ankommst?«

»Ich habe nicht an die Initiative gedacht, aber vielleicht ist das ein guter Aufhänger?«

»Barry wäre am Telefon und würde dir die Ohren vollquasseln über Ortega. Dann würde er ein atemberaubendes Märchen über seinen letzten Erholungstrip nach Panama beginnen, wo er ganz dick mit der regierenden Junta zusammensteckt.«

»Mit General Noriega?«

»Heißt der Idiot so? Jedenfalls eine Schlüsselfigur, die den Drogentransfer überwacht. Ich schalte immer ab, wenn Kantor loslegt. Aber all seine Geschichten glaubt er selbst, dieses Geschwätz über Donald Trump, der ihn in seinem Privathubschrauber nach Atlantic City fliegt, um mit ihm zu besprechen, wie man seine Casinos auf Vordermann bringt.«

»Du meinst also, daß ich gar nicht zu Judith durchkommen würde.«

»Versuch es, wer weiß. Vielleicht hat sie einen ihrer guten Tage. Willst du die Nummer?«

»Dank dir, ich habe sie. Sie ist noch in meinem Adressenverzeichnis.«

»Sentimentale Adressbuchführung.«

»Wessen?«

»Na deine.«

Sally nahm am Wasserspender einige große Schlucke. Was könnte schon passieren, wenn sie anriefe? Er konnte ihr am Telefon nicht den Kopf abreißen.

Ein Mann nahm nach dem ersten Klingelzeichen ab.

»Petroleum Industries«, meldete sich die Stimme.

Es mußte die falsche Nummer sein.

»Judith Winograd, bitte. Ich rufe für die Initiative ›Autoren und Verleger‹ an.«

»Sie kann nicht ans Telefon kommen. Was wollen Sie?«

Sally drückte verwirrt auf die Telefongabel.

15. AUGUST 1986

Melinda griff in den Korb und umarmte den kleinen Ricky.

»Kann ich ihm seine Flasche geben?« fragte sie.

»Geh zum Kühlschrank, Melinda«, sagte Judith mit sanfter Stimme. »Bring mir eine Flasche vom unteren Regal. Knall nicht die Tür, mach sie leise zu.«

Ihr kleiner Junge. Ein Traum hatte sich erfüllt. Halte aus, halte aus, Liebling. Vertrau mir, hatte er gesagt. Ich werde etwas arrangieren. Hab Geduld. Habe ich dich jemals enttäuscht? Sie summte vor sich hin. Ein Junge für dich und ein Mädchen für mich, und oh, welches Glück ...

»Aah, iih«, Melinda dehnte die Silben in die Länge. »Ricky stinkt schon wieder.«

»Er ist ein Baby«, säuselte Judith. »Ein süßes kleines unschuldiges Baby.«

Sie nahm ihrer Tochter die kalte Flasche aus der Hand und drückte sanft den Sauggummi in den Mund des Säuglings. Er begann zu trinken. Welch herrliches Wunder. So natürlich. Alles war so natürlich. Sie schaute kurz auf das eifrige aufmerksame Kind an ihrer Seite.

»Das weißt du nicht mehr, Melinda«, sagte sie voller Stolz. »Als du gekommen bist, warst du auch so klein.«

Melinda schaute ihre Mutter mit fragenden blauen Augen an. Das konnte nicht stimmen, sie würde Daddy fragen müssen, wenn ihn das Flugzeug nach Hause brachte.

Judith wandte sich ab, ganz beschäftigt mit dem Baby in ihren Armen.

»Niemand auf der Welt wird dir jemals etwas zu leide tun, Ricky«, säuselte sie. »Niemand. Ich werde immer da sein, um dich zu beschützen. Ich bin deine Mammy, kleiner Ricky, und ich liebe dich ganz doll.«

»Warum kann er nicht das Töpfchen benutzen?«

4. SEPTEMBER 1986

Cindy Owens fuhr direkt von der Redaktion zum Abendessen in die Wohnung ihrer Schwester in Gramercy Park. Die arme Joanne durchlebte gerade eine fürchterliche Karrierekrise, und Cindy gab ihr jede denkbare Unterstützung. Bei der letzten Umbesetzung im Management bei Claridge and Palmer hatte der neue Verleger ihre Abteilung umstrukturiert und Harvey Erickson auf ihren Posten gesetzt. Alle erwarteten, daß Joanne kündigen würde, aber sie hatte drei scheußliche Monate durchgehalten. Nun sollte sie eine eigene Reihe bekommen. Sie mußte die angemessenen Vorschüsse für die Autoren immer noch mit Harvey absprechen, aber es war besser als gar nichts.

Bei Joanne stand eine silberne Kanne mit frisch gebrühtem koffeinfreiem Amaretto-Kaffee auf dem Tisch. Cindy atmete den angenehmen Duft ein. Joanne mahlte die Kaffeebohnen selbst, so daß der koffeinfreie Kaffe fast so gut wie echter schmeckte.

»Jo, ich möchte dich in einer Sache um Rat fragen«, begann Cindy. »Es geht um meine Serie über mißhandelte Frauen. Ich habe brauchbares Material über die Frauenhäuser, und ich bekomme ein Interview mit einer Frau, die ihren Mann umgebracht hat. Ihr Anwalt hat gesagt, nach dem Prozeß sei es kein Problem, aber mein Chefredakteur hat mich vor einigen Tagen völlig aus dem Konzept gebracht. Er sagte, was ist mit all den Frauen, die ihren Mann nicht umbringen und ihn nicht verlassen? Natürlich hat er recht. Sie sind sozusagen die schweigende Mehrheit.« Cindy brach ab. »Es wäre greulich und geschmacklos, nicht wahr, wenn ich Judith Winograd anriefe? Ich meine, wie sollte ich es anfangen?«

Joanne schaute ihre Schwester an, als sähe sie sie zum ersten Mal in ihrem Leben.

»Das kannst du nicht tun. Das kannst du einfach nicht tun. Cindy!«

»Das hat Jeff auch gesagt. Ich habe ihn angerufen. Schon gut, schon gut, es war ja nur eine Idee. Merkst du, warum sie mir nur diese harmlosen Reportagen geben? Ich bin nicht rücksichtslos genug, um eine wirkliche Rechercherreporterin zu sein.« Sie griff nach dem Süßstoff in Joannes Silberschale von Georg Jensen. »Soll ich dir mal was Merkwürdiges sagen? Bevor ich diese Serie begonnen habe, hatte ich nie an Judith als eine Kranke gedacht. Du?«

23. SEPTEMBER 1986

Die Nachmittagssonne ließ die grauen Haare im gepflegten Bart von Arthur Blattstein aufglänzen, als der dynamische junge Direktor den Hof der Vorschule inspizierte.

»Guten Tag, Kinder.«

»N'Tag, Mr. Blattstein«, riefen sie im Chor zurück.

Wunderbar. Eine Gruppe aufgeweckter Kinder. Er kannte schon die Hälfte ihrer Namen. Horace, Kwame, Melissa, Melinda, Tyrone, Jennifer, Jessica, Gabrielle, Margot, Cheryl, Jeremy, David, Danni, Ari, Robert, LuBelle. Genau das ethnische Gleichgewicht. Ihm gefiel es, die armen Benachteiligten aus den Wohlfahrtsheimen gleichmäßig auf die Kindergartengruppen verteilt zu sehen. Sieben oder acht Mädchen spielten im Kreis Ente-Ente-Gans. Ein umwerfendes rothaariges Kind mit Namen Melinda war an der Reihe. Sie war klein für ihr Alter, hübsch, und wurde gewöhnlich von ihrem Vater zur Schule gebracht. Die kleine Melinda machte den Eindruck, als würde sie auch noch in der dritten Klasse leidenschaftlich gern Ente-Ente-Gans spielen. Er lächelte wohlwollend über die Gruppe von Mädchen hinweg und ging zu einer ausgelassen tobenden Gruppe am äußersten Ende des Hofs.

»Miss Cavetti«, sagte er zur Lehrerin, »was in Gottes Namen ist das?«

Sie zuckte zusammen.

»Wenn ich es wüßte, Mr. Blattstein, es ist ein Fernsehspiel. Es ist abgewandelt vom Ich-fang-dich-und-du-erfrierst-Spiel, aber anstatt zu erfrieren, rufen sie die Namen von Fernseh-Shows.

Sie wären überrascht wie oft sie ›Miami Vice‹ rufen.«

»Wie kommen die auf solche Sachen?«

»Da bin ich überfragt.«

Sie lachten beide.

»Miss Cavetti, morgen kommt ein Fotograf vom ›Scholastic-Magazin‹ vorbei. Ein zeitgerechtes Thema: der Anstieg der Schulanmeldungen durch die vielen Kinder, die jetzt von den geburtenstarken Jahrgängen in die Welt gesetzt werden. Ich werde ihn in den Hof schicken, wenn die zweite Kindergarten-Klasse Pause hat.« Er schaute prüfend auf den ausgebeulten Pulli und die Hose der Lehrerin. »Ich werde einen Anzug tragen. Beim letzten Mal, als ein Fotograf vom ›Scholastic‹ auftauchte, war Ihre Kollegin Miss Ely gekränkt, daß sie nicht vorab informiert worden ist.«

»Ich werde meine Nägel lackieren.«

»Ach, so weit brauchen wir es nicht zu treiben, Miss Cavetti.«

Er verschwand.

17. OKTOBER 1986

Marianna liebte die Dinner-Parties bei den Laughlins. Das Essen war hinreißend, und die Unterhaltung wurde niemals zäh. Diesmal zog sie die Tischgesellschaft mit ihrem Bericht über das Gipfeltreffen in Reykjavik in den Bann. Sie verschlangen ihre Geschichten über Gorbatschow und bettelten um mehr. Natürlich waren all diese Häppchen, die sie zu bieten hatte, aus zweiter Hand. Sie hatte den Mann in der ganzen Woche nicht einmal mit eigenen Augen gesehen, aber wer wußte das schon? In Wahrheit war sie an diesem verdammten Ort nicht ein einziges Mal aus dem Regieraum des Studios herausgekommen.

Als Maria die Schokoladentorte von Sarabeth hereinbrachte, wandte sich Bill an die Frau zu seiner Rechten.

»Nun Cindy«, sagte er mit einem aufmunternden Lächeln, »wir haben alle mit Interesse deine Serie gelesen. Ein wahrer Augenöffner. Marianna, die lief, als du weg warst.«

Marianna war pikiert. Aber dies war die strikte Regel bei den Laughlins. Jeder Gast an ihrem Tisch sollte eine Chance bekommen, um zu glänzen.

»Ich tappe im Dunkeln«, sagte sie mit gezwungenem Lachen. »Mich muß mal jemand aufklären.« Sie richtete ihren Blick über den Chrysanthemenstrauß hinweg auf eine gepflegt wirkende Frau mit einem schönen Haarschnitt. Eine Zeitungsreporterin, das hätte sie auch an den kurzen Fingernägeln und dem unauffälligen Gesicht erkennen können. »Es tut mir leid, ich habe Ihren Autorennamen nicht mitbekommen, als wir einander vorgestellt wurden.«

»Cynthia Owens«, sagte Bill laut.

»Wir sind uns übrigens schon mal begegnet«, sagte Cindy. »Die erste Pressekonferenz von Mondale und Ferraro in St. Paul.«

»Das ist doch lange vergessen«, scherzte Bob Aschenhoover.

»Cindy hat gerade eine sechsteilige Reportage über mißhandelte Frauen abgeschlossen«, erklärte Bill den Anwesenden. »Teil Sechs berichtete über die Frauen, die ihre Partner schließlich umbringen. Starkes Material. Sie fand heraus, daß das Selbstwertgefühl dieser Frauen erschreckend gering ist. Sie sind Opfer dieses Syndroms von der anerzogenen Hilflosigkeit. Zitiere ich Sie korrekt, Ms. O.?« fragte er mit einem Lächeln.

»Nun, nicht mich, aber die Psychologin, die ich interviewt habe. Dr. Lenore Walker.«

Marianna schaute kurz zu Bill hinüber. Es war so offensichtlich, daß Cynthia Owens nicht vor den anderen brillieren würde.

»Habt ihr Cindy erzählt, daß ich Tür an Tür mit einer mißhandelten Frau wohne?«

»Nein«, antwortete Maria für ihren Mann. »Wir dachten, wir führen einfach das Thema ein und lassen euch beide dann weitermachen.« Sie servierte Bob Aschenhoover ein zweites Stück Kuchen. »Glaubst du, die Frau in deinem Haus ist ein Opfer?«

»Ich glaube, sie ist ein moralischer Zombie«, brach es aus Marianna heraus.

Cindy blickte erschrocken auf.

Marianna griff nach dem teuren französischen Wein.

»Ich habe den Verfall über Jahre hin beobachtet. Mein Gott, die haben jetzt zwei Kinder dort. Zwei! Erzählt mir nichts über anerzogene Hilflosigkeit und fehlende Auswege – das ist nur die eine Seite. Diese Frau jedenfalls ist nicht eine der vom Leben benachteiligten Kreaturen vom untersten Ende der sozialen Leiter, deren Sozialhilfeleistungen durch die Reagonomics bedroht sind. Ich rede hier über eine krankhafte, irre Unverantwortlichkeit. Sie könnte jederzeit, wann immer sie will, die Kinder nehmen und gehen. Aber sie wird nicht gehen, das ist das Ding. Sie ist ihm völlig verfallen. Und das liegt nicht daran, daß sie nicht wüßte, wohin. Sie hatte einen guten Verlagsjob, den sie für diesen Scheißkerl aufgegeben hat.«

Cindy schaute betreten auf ihren Teller. Bill Laughlin wechselte das Thema. Er begann mit Peter Feldman und Bob Aschenhoover über die Westbank zu reden.

Als sie ins Wohnzimmer umzogen, begleitete Cindy Bob Aschenhoover und setzte sich neben Marianna ins Sofa.

»Sie wohnen nicht zufällig am Waverly Place, oder?« fragte sie leise.

»Warum?« lachte Marianna. »Sieht man mir das an?«

20. OKTOBER 1986

Jennifer Westerhof hob die Hand und ging zum Lehrerpult. Sie hatte für das ›Zeige-und-Beschreibe‹-Spiel eine geflochtene Handtasche mitgebracht.

»Da ist ein Kamm und ein Spiegel drin«, erzählte sie mit einer Singsang-Stimme, während sie die Tasche öffnete. »Sie gehört meiner Mammy, aber sie hat gesagt, ich könnte sie behalten, weil sie und Daddy sowieso nicht mehr ausgehen und die Tasche dann im Schrank rumliegt.«

Miss Cavetti unterdrückte ein Lachen.

»Danke, Jennifer. Noch jemand? Daniel.«

Daniel Sidell schritt nach vorn und holte aus einer Wildledertasche einen Klumpen aus rosafarbenem Quarz.

»Ich hab einen Kristall. Meine Mutti und mein Vati haben ihn von einem Menschen auf der Straße gekauft, der gesagt hat, der Kristall ist verzaubert.«

»Glauben wir an solche Zauberei, Daniel?«

»Weiß nicht.«

Melinda Kantor meldete sich. Das übermütige kleine Mädchen preschte nach vorn. Ihre Hände waren leer.

»Mein Daddy hat ein großes Segelboot, das ist größer als dies ganze Zimmer. Wir haben ein Deck und eine Kabine und können, wann wir wollen, darauf schlafen, weil es da viele Betten gibt und ein kleines Klo.«

»Wo segelst du mit dem Boot deines Vaters, Melinda? Weißt du, wo ihr segelt?«

Das Kind schien ratlos.

»Auf dem Wasser. Wir segeln immer im Kreis. Manchmal halten wir an und essen Mittag und dann segeln wir weiter. Wenn wir zurückkommen, macht Daddy einen festen Knoten.«

»Danke, Melinda. Noch jemand? Nein?«

Miss Cavetti klatschte in die Hände.

»Jungen und Mädchen, diejenigen, die sich Mittagessen mitgebracht haben, holt bitte eure Essenspakete. Und dann stellt euch in einer Zweierreihe auf.«

Die Praktikantin ging am hintersten Ende, als die Zweite Kindergartenklasse zur Kantine marschierte, bummelte und hüpfte.

14. NOVEMBER 1986

Barry kam eine halbe Stunde vor Mitternacht mit eingezogenem Kopf in die Carousel-Bar, gerade rechtzeitig, um das letzte Stück einer teuflisch guten dreiköpfigen Barband noch zu hören. Der Klub in der Eighth Street war an einem Freitagabend dreiviertel leer.

Jerry, der Barmann, begrüßte ihn überschwenglich.

»Leon ist hinten, Mr. Kantor. Ich sag ihm, daß Sie hier sind. Wir haben gerade die Küche geschlossen.«

Leon, der schwergewichtige Besitzer, kam in einem weißen Kittel nach vorn.

»Barry, wo zum Teufel hast du gesteckt? Ich habe dir vier Nachrichten auf deinen Anrufbeantworter gesprochen.«

»War im Ausland. Wie läuft das Geschäft?«

»Guck dich um. Dieses neue Gesetz bringt mich um. Möchtest du Mexikanische Bohnen? Maggie hat gerade den Ofen abgestellt. Barry, die haben mir eine Vorladung geschickt. Wegen Lärmbelästigung. Was erwarten die eigentlich, wenn man Live-Musik hat?«

Barry überflog das offizielle Schreiben und steckte es in seine Tasche.

»Mach dir keine Sorgen drum, das ist gar nichts.«

»Gar nichts, sagt er. Ich könnte den Bürgermeister, diesen Koch, umbringen.«

»Dafür hast du ja einen Anwalt.«

»Dieser Stadtrat wird uns alle um unser Geschäft bringen. Hey, hast du schon das Neueste über den Wallstreet-Star Boesky gehört? Sie haben es gerade im Radio gebracht. Das sollte eine verdammte Warnung sein.«

Die zwei Männer saßen an einem der hinteren Tische, während Barry seinen Bohneneintopf mit viel saurer Sahne hinunterschlang.

»Die Stadt ändert sich, Barry, das gefällt mir nicht. Die Yuppies machen sich breit und tun, als wenn ihnen alles gehört. Sie werfen mit Kreditkarten nur so um sich. Haben sie aus deinem Haus schon Eigentumswohnungen gemacht? Wir haben gerade Post bekommen, daß sie unser Haus in Eigentumswohnungen umwandeln wollen. Ein beschissenes Mietshaus auf der Lower East Side, und es wird angepriesen wie ein Luxusbau.«

»Schick mir mal den Prospekt«, sagte Barry zwischen zwei Löffeln mit Bohnen. »Könnte eine gute Geldanlage sein.«

»Eine gute Geldanlage für wen?«

»Was machst du dieser Tage mit deinem gesparten Kleingeld, Leon?«

»Welches gesparte Kleingeld, machst du Witze?« Leon strich sich über den Bauch. »Hast du ein gutes Geschäft anzubieten?«

»Ja, ich hab da so ein paar Sachen auf Lager, nichts für Hasenfüße.« Er wischte sich den Mund ab. »Hast du Ahnung von Ölkonzessionen? Hast du mal die Marktprognosen verfolgt, die internationale Wirtschaftslage? Der Preis pro Barrel ging '79 von sechsunddreißig Dollar auf fünfzig und auf hundert, erinnerst du dich? Was passierte jetzt im Januar? Er fiel unter zehn Dollar, die Saudis bekamen einen auf ihre fetten Ärsche, und Texas liegt darnieder. Alles verläuft in Zyklen, Leon. Alles wiederholt sich. Was schon mal da war kommt auch wieder. Die Ölpreise können nur steigen.« Er lehnte sich vor. »Ich habe mit einem Typen in Houston zu tun, der mit einem früheren Gouverneur zusammensteckt. Mit Fünfzigtausend bist du dabei, aber du hast keine Gewinngarantie.«

Leon wurde blaß.

»Hey Schätzchen, was glaubst du, wie Boesky reich geworden ist?«

»Nicht mit offiziellen Kassenquittungen.«

Barry erhob sich, um zu gehen.

»Okay Leon, engagiere du nur weiter deine Bands.«

Leon lief ihm nach zur Tür.

»Ich habe einen Mandanten für dich«, flüsterte er. »Einer meiner Abwäscher. Unerlaubter Waffenbesitz. Der Mensch ist Sammler, ohne Quatsch, ein passionierter Sammler. Ich dachte, als einen Gefallen – «

Barrys Gesicht war ein einziges Grinsen.

»Und du kommst für das Honorar auf?«

»Maggie wird eine Sammlung machen.«

»Sag ihm, er soll mich anrufen.«

Samstagabend in der Bronx. Er hatte seine Mutter schließlich überredet, von der Morris Avenue in die relativ sichere Kingsbridge Road zu ziehen. All die Möbel, die er aus Kindertagen kannte, waren in die neue Wohnung, die wie ein Abklatsch der alten wirkte, hineingestopft. Auch sein Zimmer gab es noch, bis hin zur Ahornkommode und den Collegewimpeln über seinem Bett.

Der vertraute Geruch von gekochtem Huhn mit Karotten kroch ihm aufdringlich in die Nase, als er aus dem Fahrstuhl stieg. Sie öffnete die Tür, eine formlose Gestalt in Schwarz. Wie es von ihm erwartet wurde, beugte er sich hinunter und küßte ihre faltige Stirn. Melinda trottete hinter ihm in die dunkle Wohnung.

»Komm, gib Oma einen Kuß«, befahl seine Mutter.

Das Kind schaute seinen Vater an und gehorchte schnell.

Eine Jahrzeit-Kerze flackerte schwach auf der Anrichte. Er fragte nicht, für wen sie brannte. Seine Mutter kannte viele Tote.

Die alte Lady Kantor schlurfte dreimal mit angestoßenen Porzellantellern, auf denen sehniges trockenes Huhn lag, zum Tisch. Melinda stocherte in ihrem Essen herum.

»Wunderbar, Ma«, sagte Barry.

Mutter und Sohn saßen in der Küche und unterhielten sich leise, während das gelangweilte kleine Mädchen Walnüsse über den Linoleumfußboden kullern ließ.

Schließlich war es Zeit zu gehen. Er hatte seit fast drei Stunden keine Zigarette mehr geraucht. Seine Mutter wußte nicht, daß er rauchte.

Die alte Dame griff in ihr Portemonnaie und nahm einen Quarter heraus.

»Heute ist Chanukah, und die Kinder bekommen Geld«, sagte sie zu der Kleinen.

Melinda nahm die Münze und schaute ihren Vater an. Er bedeutete ihr, daß sie sich hochstrecken und die alte verschrumpelte Wange küssen sollte.

Zu spät. Der bohrende Blick seiner Mutter traf ihn.

»Mein Enkelkind weiß nicht, was Chanukah ist? Barry, Barry, wie weit ist es mit dieser Welt gekommen? Wie oft hast du auf meinem Schoß gesessen, während ich dir die schöne Geschichte erzählt habe? Du wußtest sie auswendig. Du hieltest mir die Hand auf den Mund und wolltest sie selbst zu Ende erzählen. Weißt du noch? Abe, möge er in Frieden ruhen, er war so stolz. Barry! Judah Maccabee und seine prächtigen Brüder. Das Öl brannte acht Tage lang, aber sie gaben nicht auf.«

»Wir haben das in der Schule gelernt«, fiel Melinda ein. »Es ist das jüdische Weihnachtsfest.«

Die alte Lady Kantor schlug sich auf ihre Brust.

»Mutter – «

»Ich bekomme noch einen Herzinfarkt. Willst du mich umbringen? Deine meschugge Braut ist so damit beschäftigt zu telefonieren, daß sie ihrer Tochter nicht einmal erzählen kann, was Chanukah ist?«

Tief in seinem Inneren begann unbändiger Zorn zu wachsen.

SILVESTERABEND 1986

Barry sagte ihr am Morgen, daß sie ein Kleid für Melinda waschen und bügeln und etwas Sauberes für das Baby finden sollte. Er wollte sie alle zu einer Silvesterparty bei einem seiner Mandanten in Queens mitnehmen.

»Eine nette Sippe«, sagte er mit einem Zwinkern. »Onkel, Cousins und Brüder. Die Frauen haben den ganzen Tag über gekocht. Empanadas, Musik und Tanz. Vielleicht lernst du den ›Merengue-Tanz‹.«

Auf sein Drängen ging Judith am Nachmittag zum Friseur. Sie war seit Jahren nicht mehr in einem Schönheitssalon gewesen. Auf dem Nachhauseweg kaufte sie Melinda auf der Eighth Street ein billiges Paar praktischer Lederschuhe.

Barry hatte ihr eingeschärft, daß sie um achtzehn Uhr fertig sein müßten. Dann müßten sie gehen. Sie legte Melinda ihre Sachen auf das Bett – die neuen Schuhe, ein weißes Höschen und das rosafarbene Partykleid mit dem gerafften Lätzchen, das Goldie ihr zum Geburstag geschickt hatte. Sie bürstete Melindas schulterlanges Haar bis es glänzte und steckte die Haare an der Seite mit einer rosafarbenen Spange zurück. Melinda stolzierte durch die Wohnung, während Judith Ricky in einen grünen Krabbelanzug steckte. Auch eines von Goldies Geschenken. Ihre Mutter hoffte immer noch auf eine Wiederannäherung.

Judith ging ins Badezimmer und schminkte sich die Augen – ein wenig schwarzes Mascara und einen Hauch blauen Lidschatten, wie in den alten Tagen. Sie hatte es nicht verlernt, ihre Hand war ganz ruhig.

Sie trug gerade etwas Cayal-Stift auf, als sie einen Schlag und einen Schrei hörte. Ihre Hand begann stark zu zittern, sie verschmierte den Strich. Melinda, Melinda, was war in letzter Zeit mit ihr los? Es war nicht das erste Mal, daß es passierte. Warum tat sie Dinge, die ihn wütend machten? Judith hielt sich am Waschbecken fest. Das Kind mußte lernen. Sie hatte auch gelernt. Melinda mußte auch lernen. Bitte, laß es gut werden heute abend, bitte, lieber Gott. Sie sprach zum Spiegel.

Als sie aus dem Badezimmer kam, zog Barry seinen schwarzen Pullover über ein frischgewaschenes weißes Hemd. Melinda malte still in ihrem Malbuch. Judith schaute sie kurz an. Die Wange des Kindes war rot. Nichts Ernsthaftes, morgen würde man es schon nicht mehr sehen. Der Knoten in Judiths Magen begann sich zu lösen.

Barry war mit dem Anziehen fertig und lief nun in der Wohnung auf und ab. Achtung, Achtung. Judith eilte zur Kommode und zog ihren eigenen schwarzen Pullover heraus. Partnerlook. Sie schaute ihn nach Bestätigung suchend an.

»Das trägst du zum Silvesterabend?« fragte er. »Du siehst wie eine dieser Einfältigen von Claridge and Palmer aus. Okay, gehen wir.«

Jaime Gutierrez Calderon fühlte sich geehrt, daß sein amerikanischer Anwalt mit seiner Familie zur Silvesterparty gekommen war. Aber er hatte schon gemerkt, daß Barry Kantor kein typischer amerikanischer Anwalt war. Er hatte ihm letzte Woche gesagt, daß Barry für ihn eher wie ein ›paisano‹, ein guter Freund, sei. Barry Kantor hatte das sehr geschmeichelt.

Jaime führte seine Gäste von oben bis unten durch das schöne Haus und stellte sie all den Verwandten der Gutierrez und Calderons vor. Einige von ihnen hatten ihre Kinder dabei. Melinda brauchte nicht aufgefordert zu werden. Sie tat sich sofort mit den anderen zusammen. Jaimes Mutter war mit seinen Schwestern in der großen Küche beschäftigt und kümmerte sich um das Essen. Es gab reichlich zu essen, zu trinken und zu rauchen. Barry langte zu.

Im Gegensatz zu den Männern des Hauses, die bequeme Sporthemden trugen, waren die Frauen herausgeputzt, in Satin und hochhackigen Schuhen. Judith saß dicht neben Barry in der Küche, rot vor Scham. Sie paßte so offensichtlich nicht dazu in ihrem Pullover und Kleid. Er stieß sie an. Sie sollte aufstehen und sich mit den anderen Frauen unterhalten. Sie lächelte und versuchte, interessiert zu gucken, aber die meisten Gespräche um sie herum fanden in Spanisch statt. Sie nahm etwas Kokain, um Barry eine Freude zu machen, aber sie wußte, was sie brauchte, um den Abend zu überstehen. Sie mußte sich mit starkem kolumbianischen Gras zukiffen. Und darauf warten, daß Eva Tanguay in ihrem Kopf zu singen begann. ›I don't care, oh I don't care‹.

Nachdem sie gegessen hatten, wurden die Kleinkinder im oberen Stockwerk Schlafen gelegt. Jaime, seine Brüder und Barry zogen sich zu einer privaten Unterhaltung in ein anderes Zimmer zurück. Der Rest der Gesellschaft begab sich in das holzgetäfelte Ruhezimmer im Erdgeschoß, wo auch der Weihnachtsbaum stand. Luftballons und Girlanden aus Kreppapier hingen von der Decke. Jemand stellte Salsa-Musik an, und die Frauen lockten ihre Männer von den Sofas. Nach einigen Tänzen verdrückten sich die Männer, und die Frauen in ihren Satinkleidern tanzten miteinander.

Judith nahm einen tiefen Zug von ihrem Joint. Freundlich, diese Leute waren sehr freundlich. Eva Tanguay summte in ihrem Kopf. ›I don't care, oh I don't care‹. Ein Gedankenfetzen tauchte in ihrem leichten Nebelrausch auf, und sie versuchte, ihn festzuhalten, bevor er wieder verschwand. Das Wohnzimmer. Lächerlich. Die Familie Gutierrez benutzte für die Parties nicht ihr gewöhnliches Wohnzimmer, das war es. Die Frauen wollten keinen Schmutz und keine Flecken. Sie hätte ihnen gern von Brooklyn erzählt, von all den großen unbenutzten Wohnzimmern in Brooklyn, Queens und Long Island.

Sie suchte nach Barry, um ihm ihre weltbewegende Erkenntnis mitzuteilen, aber er war nicht zu finden. Ricky schlief auf einem Bett. Sie saß eine Weile bei ihm, bevor sie wieder ins Erdgeschoß ging.

Melinda hüpfte zwischen den Tänzern umher und ahmte die Schritte nach. Die Musik war eine andere als bei den Tänzen in der Schule, und zunächst fiel es ihr schwer mitzuhalten. Ein Ausdruck begeisterter Willenskraft erschien auf dem Gesicht des Kindes. Schritt, Schritt, Drehung, Drehung. Schritt, Schritt, und den Arm, und den Arm. Die Damen Gutierrez lachten und klatschten Beifall. Eine ›muchacha‹. Ihre eigenen Kinder schliefen fest. Jaimes Neffe Roberto steckte eine neue Videokassette in seine Panasonic-Kamera. Melinda streifte ihre neuen Schuhe ab und posierte für die Kamera. Sie machte Grimassen vor dem Objektiv, ein tänzelnder rosagekleideter Wirbelwind mit rotblondem Haar und einer lockeren Spange.

Barry kam wieder nach unten. Judith saß in einer Ecke, gedankenverloren. Er wandte sich ab.

»Hey, Barry«, rief Jaimes Neffe. »Ich mache viele Aufnahmen von deinem Kind. Sie ist eine gute kleine Tänzerin.«

Der Advokat steckte sich eine Zigarette an und grinste. Er merkte die Wirkung des sehr guten Kokains. Er besprach etwas mit Jaimes Bruder, berührte freundschaftlich dessen Arm und sah seiner Tochter zu, die sich zu südamerikanischen Rhythmen drehte und tänzelte.

Das erschöpfte kleine Mädchen wollte nicht aufhören.

›Daddy schaut zu‹. Sie zerrte an einem mit Gas gefüllten Ballon, der von der Decke hing. Eine der Frauen warf ihr eine Papiergirlande um den Hals. ›Daddy schaut zu‹. Melinda wirbelte und tänzelte in ihren Strümpfen herum, mit einem gehetzten Lächeln auf ihrem müden Gesicht.

Die Kantors verabschiedeten sich kurz nach Mitternacht. Sie hatten einen langen Rückweg nach Manhattan. Ricky schlief fest in Judiths Armen.

21. JANUAR 1987

»Gut, Kinder, heute ist welcher Wochentag, na?«

Miss Cavetti hielt den unruhigen Kleinen, die in einem losen Halbkreis auf einer Matte nahe der Tafel saßen, schnell eine Schautafel hin.

»Mittwoch, richtig.« Miss Cavetti strahlte über ihre kleinen Schützlinge.

Ohne sich an der morgendlichen Kalenderlektion zu beteiligen, spielte eine Gruppe von Jungen an einem Ecktisch mit Bauklötzen. An einem anderen Tisch tauchte ein einzelnes Mädchen seinen Pinsel in einen Farbbecher und füllte ein kleines Kästchen auf einem großen leeren Blatt Papier aus. Eine Praktikantin stand neben ihr. Der überfütterte graue Hase, der zur zweiten Kindergartenklasse gehörte, äugte sanft aus seinem Drahtkäfig.

»Bobby, nicht schubsen. Peter, komm setz dich hier hin.« Miss Cavetti zog eine andere Tafel. »Und der Monat ist ... Januar. Prima. Und das Datum ist ... der einundzwanzigste.«

Die Lehrerin verwandelte die morgendliche Anwesenheitskontrolle geschickt in eine einfache Rechenstunde. Heute fehlten drei Kinder, dieselben wie gestern. Ihre Namen, Melinda, Joia und Carlos, waren mit Kreide an die Tafel gemalt.

»Okay Kinder«, sagte sie. »Wir haben sechzehn Mädchen in unserer Klasse. Melinda und Joia fehlen. Dann sind also heute wieviele Mädchen in der Klasse?« Sie zeigte auf die richtige Tafel. »Vierzehn. Sehr gut.«

Melinda Kantor schoß durch die offene Tür. Miss Cavetti blickte auf. Der Vater des Kindes stand im Türrahmen, ein einnehmendes und entschuldigendes Lächeln im Gesicht.

Miss Cavetti nickte kaum merklich, während Melinda flink ihre Jacke auf den Haken hängte und sich zwischen die anderen in den Halbkreis quetschte.

»Also«, sagte Miss Cavetti und wischte Melindas Namen von der Tafel. »Melinda ist da. Also fehlen heute wieviele Mädchen? Eines. Und wieviele Mädchen sind da? Fünfzehn. Sehr gut.«

Miss Cavetti seufzte. Seit den Neujahrsferien war Melinda Kantor mindestens sechsmal nicht erschienen oder zu spät gekommen. Das Kind war so beliebt bei seinen Klassenkameraden und so lerneifrig, daß die Lehrerin nicht wußte, was das Fehlen zu bedeuten haben könnte.

FEBRUAR 1987

Ricky war jetzt eine unaufhaltsame Bewegungsmaschine, die durch die Wohnung rollte, krabbelte und robbte. In dem Moment, in dem Judith ihm den Rücken kehrte, würde er sich aus seinem Tragegestell winden, vom Sofa fallen oder sich den Kopf am Tisch stoßen. Ricky schrie nicht nur, wenn er hinfiel, er brüllte unaufhörlich.

»Unzulängliche Mutter, ich bin eine unzulängliche Mutter«, kritzelte sie mit ihrer krakeligen Kinderschrift in ihr Tagebuch.

»Kümmer dich nicht um ihn, er will nur Aufmerksamkeit«, befahl Barry, als das Baby zum ersten Mal einen Wutausbruch bekam. Das war das erste Mal. Dann, wenn er zehn Minuten lang Rickys phänomenalem Lungenvermögen ausgesetzt war, stürmte Barry gewöhnlich aus der Wohnung, und sie holte sich aus dem Medizinschrank eine Valium oder baute sich einen großen Joint.

Ricky brachte sie einander nicht näher, sondern er trieb sie auseinander. Ihr Ficus-Baum flog auf die Straße, als Barry das Baby dabei erwischte, wie es Erde aß. Rickys neuestes Vergnügen war es, die Kommode aufzureißen und die ganze Kleidung auszuladen.

»Tu etwas, Judith, zähme ihn«, tobte Barry dann und trat in den Kleiderhaufen.

Judith bekam einen Schlag ins Gesicht und meinte auch, sie hätte ihn verdient, als Ricky die Ringbucheinlagen aus Barrys Gesetzessammlungen herausriß. Die Nachträge zu ›McKinneys Consolidated Laws of New York Annotated‹ lagen in Fetzen auf dem Fußboden.

»Wo bist du gewesen? Dem verdammten Stumpfsinn verfallen?« herrschte er sie an, als er die herausgerissenen Seiten sah. »Versuchst du meine Arbeit zu sabotieren?«

Sie mußte in Gedanken versunken im Schlafzimmer gewesen sein, als Ricky an die Gesetzesbücher ging. Am liebsten wäre sie gestorben.

Er polterte aus der Wohnung und kam mit einem gebrauchten hölzernen Laufstall zurück.

»Die besten Lösungen sind immer die einfachsten«, verkündete er händereibend. »Ein Experimentierkäfig. Laßt mal einen Experten ran.«

Judith schaute ängstlich und aufgeregt zu. Er war immer strikt gegen Laufställe gewesen. Barry sammelte die Spielsachen des Babys ein und warf sie auf einen Haufen nahe dem Fenster, wo früher der Ficus-Baum gestanden hatte. Dann schleuderte er Ricky auf den Haufen. Bevor das überraschte Baby wußte, was überhaupt passierte, bekam es den umgekippten Laufstall übergestülpt. Ricky schaute durch die Gitterstäbe und heulte.

»Laß ihm etwas Zeit, er wird es mögen«, sagte Barry. »Sein eigenes privates Reich.«

Es war für Ricky unmöglich, herauszuklettern. Es war ebenso simpel wie wirksam.

Melinda weinte, als sie vom Kindergarten nach Hause kam und Ricky im Käfig sah.

»Ich kann ihn nicht in den Arm nehmen und streicheln«, schluchzte sie.

»Er wird nicht da drin leben, Melinda«, erklärte ihr der Vater.

»Es ist für nachts und für tagsüber nur, wenn deine Mutter nicht klarkommt. Paß auf. Deine Mutter kann den Laufstall ganz leicht umdrehen und Ricky wann immer sie will rausnehmen. Zeig es ihr, Judith.«

Judith führte es ihrer Tochter vor.

»Er wird nicht den ganzen Tag dort drin bleiben, Melinda«, tröstete sie.

»Versprochen?«

»Hand aufs Herz und so wahr ich lebe.«

»Oh, Mammy, das sagen die Kinder in der Schule, wenn sie eine Lüge erzählen.«

»Laßt ihn in Ruhe«, wies Barry an. »Seht ihr? Er hat sich schon bestens eingewöhnt.«

7. MÄRZ 1987

Judith lief barfuß mitten in den Verkehrsstrom auf der Sixth Avenue. Ein Taxi bremste scharf.

»Bitte«, sagte sie. »Bitte. Bringen Sie mich ins Krankenhaus.«

Der Fahrer stellte die Zähluhr an und raste die Sixth Avenue hinauf.

»Nein, nicht nach St. Vincent's«, flehte sie ihn an. »Bellevue. Bringen sie mich zum Bellevue. Ich habe Geld. Bitte.«

Sie steckte einen Zehn-Dollar-Schein durch die Öffnung in der Plastiktrennscheibe.

Der Fahrer fuhr nördlich, dann Richtung Osten und lud seine Fuhre beim Eingang der Notaufnahme ab. Sie wartete nicht auf ihr Wechselgeld.

Die Angestellte in der Aufnahme schaute zu der fahrig wirkenden Frau auf.

»Verstecken Sie mich«, krächzte Judith mit brüchiger Stimme. »Schließen Sie mich weg. Ich will nicht, daß er mich findet. Ich halte es nicht mehr aus, ich werde wahnsinnig.«

»Beruhigen Sie sich, wollen Sie sich bitte beruhigen«, sagte die Angestellte, während sie Judith untersuchte. »Sind sie schon mal hier gewesen?«

Judith schüttelte den Kopf.

»Was ist es, Schätzchen, bist du auf einem schlechten Trip?«

Sie wollte wegrennen.

»Liebes, gib mir deinen Namen und deine Adresse. Kannst du dich irgendwie ausweisen? In Ordnung, ich werde den psychiatrischen Assistenzarzt rufen. Komm, wir bringen dich in ein Sprechzimmer, da kannst du sitzen und auf den Arzt warten.«

Judith zitterte grauenvoll, als sie der Frau durch den Flur folgte.

Zwei Stunden später präsentierte Barry Kantor, Rechtsanwalt, seine Visitenkarte in der Aufnahme und wollte den Arzt der Nachtwache sprechen. Den Grund seines Besuches beschrieb er in sachlichen kurzen Sätzen. Er suchte nach einer Judith Winograd. Er hatte allen Grund zu der Annahme, daß sie ins Bellevue-Hospital gekommen war.

Der Assistenzarzt im ersten Jahr kam, um mit Mr. Kantor zu sprechen. Barry legte dem Arzt seinen Arm um die Schulter und ging mit ihm durch die Tür.

Sie fanden Judith allein in einem Sprechzimmer sitzend.

»Hallo Judith, du weißt doch wer ich bin, nicht wahr?« sagte Barry mit ruhiger Stimme.

Sie starrte auf den Boden, gebrochen.

Er öffnete seinen Aktenkoffer.

»Bist du soweit? Kommst du jetzt mit mir?«

Sie nickte.

»Zieh deine Schuhe an, Judith«, sagte er sanft. »Ich habe dir deine Schuhe mitgebracht. Du willst doch nicht noch mehr von der wertvollen Zeit dieser Menschen hier verschwenden.«

»Was war denn das?« fragte die Frau in der Aufnahme den Assistenzarzt.

»Ziemlich interessant. Er ist ein Anwalt, der als ›Gehirnwäscher‹ arbeitet. Er nimmt die Leute in die Mangel, nachdem sie eine Sekte verlassen haben. Er polt praktisch das Bewußtsein um. Eine ziemlich harte Angelegenheit. Sie ist mitten in einer Sitzung von ihm weggerannt. Hat es wahrscheinlich nicht mehr ausgehalten, denke ich. Ihre Familie hat ihm gesagt, er solle es im Bellevue versuchen, sie kennen ihre Maschen. Mußte ich ihm überlassen, die Arbeit wird nicht leicht sein.«

»Eine weniger für uns«, sagte die Frau.

10. MÄRZ 1987

Judith saß in einer steifen Märzbrise auf der Parkbank, eine Hand sorgsam an Rickys Kinderkarre. Ohne sie wahrzunehmen, schaute sie zu den Dealern herüber. Die Dealer reagierten auf ihren Blick mit beiläufiger Gleichgültigkeit.

Radios plärrten, Parkpenner trotteten vor sich hin, ein Streifenwagen machte seine Runde, Dealer priesen ihre Waren an: ›Samenloses Gras, Crack, Heroin, en detail und en gros‹. Ein Tier, größer als ein Eichhörnchen, mit unbehaartem Schwanz huschte über den Weg.

Sie mußte mindestens zwei Stunden im Park bleiben, das hatte sie Barry versprochen. Das Baby brauchte frische Luft.

11. MÄRZ 1987

Eine große braune Ratte tauchte aus den Büschen auf und flitzte hinter Rickys Karre.

Judith schrie auf. Sie faßte nach dem Griff und schob die Kinderkarre aus dem Park.

Für den Bruchteil einer Sekunde unterbrachen zwei Crack-Händler ihr Geschäft, um die verrückte Mutter anzuglotzen.

»Was'n los?«

Sie zuckten beide mit den Schultern.

12. MÄRZ 1987

Bleecker und Hudson laufen mit der Eighth Avenue am Abingdon Square zusammen. Das ist kein richtiger Platz, sondern zwei einander gegenüberliegende Dreiecke, die durch rasenden Verkehr voneinander getrennt werden. Die dazugehörende gepflasterte Landzunge, die das nördliche Dreieck darstellt, heißt Abingdon Square Park und hat eine Reihe von Kinderschaukeln. Leider ist der Abingdon Square Park nichts für Kinder. Dies ist das Gebiet der Stadtstreicher und alkoholabhängigen Transvestiten, die auf der Straße um Kleingeld betteln.

Um Verwechslungen mit dem Bettlerpark zu vermeiden, heißt das südliche Dreieck Bleecker Street Spielplatz. Auf diesem Spielplatz gibt es keine Schaukeln, das ist für die Mütter von Greenwich Village ein wunder Punkt. Sie verteidigen eifersüchtig ihre Sandkiste, die Rutsche und das Klettergerüst gegen die Penner von der anderen Straßenseite. Die Grenzlinie zwischen Park und Spielplatz ist genau festgelegt und wird respektiert.

Judith schob Ricky den ganzen Weg vom Waverly Place zum Abingdon Square. Auf dem Spielplatz wimmelte es in der späten Nachmittagssonne von kleinen Kindern. Sie hob das Baby in die Sandkiste, stöhnte vor Anstrengung und nahm ihren Platz auf einer der Bänke ein.

Hin und zurück waren es zwölf Straßenblocks zusätzlichen Weges. Die Luft war sauberer hier, es war friedlich und ruhig. Wenn sie die Kraft hätte, würde sie Ricky jeden Nachmittag zum Abingdon Square Park bringen.

Wenn sie die Kraft hätte.

19. März 1987

Er liebte diese Routine. Dienstags und donnerstags holte er Melinda nach der Schule ab und brachte sie zu Deena Ribelows Tanzkursus für Kinder in einer Fabriketage im dritten Stock am Sheridan Square. Gewöhnlich schaute er für fünf oder zehn Minuten seinem kleinen Mädchen beim Dehnen und Strecken auf dem harten Holzfußboden zu und ging dann in die Restaurantbar nach unten, um einige Telefongespräche zu führen. Wenn der Unterricht vorbei war, nahm er Melinda auf einen Hamburger in das Restaurant mit, während er weitere Telefongespräche führte.

Die Hälfte der Kindergarten-Kinder der Schule Nr. 55, zumindest die Hälfte der Mädchen, beendete ihren Schultag mit Aerobic und Ballettübungen bei Ribelow. Melinda hatte immer als erste ihren Gymnastikanzug an, bereit zum Vorführen.

An diesem Donnerstag dankte ihm Deena Ribelow für den Scheck und strich die ausstehende Summe in ihrem Notizbuch aus. Sie sagte, sie sei froh, Melinda nicht zu verlieren. Sie unterrichte seit zwanzig Jahren Kinder, sein kleines Mädchen habe für seine fünfeinhalb Jahre schon ein bemerkenswertes Körpergefühl.

Nächsten Herbst sollte bei Ribelow ein Fortgeschrittenen-Kursus beginnen, montags und mittwochs zusätzlich mit Stepptanz für Anfänger im Programm. Eltern könnten über das Studio die Tanzschuhe mit Rabatt kaufen, und sie hoffte, daß er seine niedliche Tochter auch anmelden würde.

20. MÄRZ 1987

Judith saß auf ihrer Bank und starrte geradeaus. Sie flüsterten wieder über sie. Grausamkeit – warum war die Welt so grausam? Laß es nicht an dich herankommen, gib ihnen nicht diese Genugtuung, tu so, als wenn du nichts merkst, sie müssen es nicht sehen.

Gackernde Hühner in ihren modischen Jacken und Stiefeln, was glaubten sie eigentlich, wen sie da auf den Arm nahmen? Sie war nicht taub oder blind. Sie wollten sie und Ricky nicht in ihrem kostbaren Park haben.

Sie summte tonlos, nahm Ricky aus der Sandkiste und hob ihn in seine Karre. Sie stand zu schnell auf, und fürchterlicher Schmerz schoß ihr in die Schulter. Langsam, ganz ruhig, so daß die Hexen nicht sahen, wie sie das Gewicht nur auf das rechte Gelenk lagerte, so schob sie die Karre vom Spielplatz.

Auf der anderen Straßenseite hielten die Transvestiten bei dem, was sie gerade machten, inne, um den langsamen Zug, der auf sie zukam, zu beobachten.

»Hey, Lady, dies ist unser Platz.«

Ein junger Penner in einer Militärjacke stand ihr schwankend im Weg. Mit aufgesetztem Lächeln fuhr sie um ihn herum auf die leeren Schaukeln zu.

Das Baby wurde so schwer, daß sie es kaum auf den Metallsitz heben konnte. Ihre Schulter schmerzte.

»Lala-la«, schnulzte sie, während sie die quietschende Schaukel anschubste.

Ricky strahlte zu ihr hinauf und gluckste vor Vergnügen.

»Lala-la.«

4. APRIL 1987

Er nahm Melinda mit nach Patchogue. Es war Zeit, das Boot zu Wasser zu lassen. Die Jahreszeit der Erneuerung. Er konnte wieder leben.

14. APRIL 1987

Max rief zum Passahfest an. Barry beklagte sich einige Augenblicke über das neue Steuergesetz und gab schließlich an Judith weiter. Ihre Stimme war schwach.

»Sie erschlugen all die erstgeborenen Söhne, Daddy. Da war Blut an den Türen.«

Goldie kam an den Apparat.

»Judith, bist du in Ordnung? Dein Vater versteht nicht, wovon du redest.«

»Mir geht es gut, Ma, mir geht es gut. Ich bin sehr glücklich.«

Barry nahm den Hörer am Zweitapparat auf.

»Judith sieht blendend aus, Goldie, du solltest sie sehen. Was? Ach so, sie liest den Kindern aus der ›Haggadah‹ vor. Ha, hör mal Goldie, das erinnert mich daran, ich muß Schluß machen und meine Mutter anrufen.«

22. MAI 1987

Gwen Faber, eine Modeberaterin, die in der Morton Street lebte, hatte begonnen, einige ihrer Entwürfe zu verkaufen und brauchte einen Anwalt, der ihr gerade aufblühendes Geschäft organisieren konnte. Leon und Maggie aus der Carousel Bar empfahlen ihr einen Anwalt aus Greenwich Village, namens Barry Kantor.

Ihr neuer Rechtsberater schlug vor, sich zu einem frühen Abendessen bei Florent zu treffen. Die Wahl sagte ihr sehr zu. Das düstere Lokal mitten im städtischen Fleischgroßmarkt war, seitdem einige Franzosen, angeregt durch die Pariser Markthallen, es in ein die ganze Nacht geöffnetes Bistro verwandelt hatten, ein beliebter Treffpunkt für Leute aus dem Village und der betuchten Szene.

Kantor brachte seine kleine Tochter mit, die den Eindruck machte, als sei sie häufiger in dem geschäftigen Restaurant. Gwen war sofort von ihr entzückt. Der Anwalt ließ das kleine Mädchen demonstrieren, was es konnte. Sie war im Kindergarten an der Schule Nr. 55. Im Rahmen der Schulausflüge war sie mit ihrer Klasse ins Museum of Modern Art gegangen.

»Erzähl Gwen über Miró, Melinda.«

Das kleine Mädchen beschrieb lebhaft die Farbklekse und Linien.

»Zeig Gwen einen Picasso, Liebling.«

Es war umwerfend. Das kleine Mädchen imitierte einen traurigen Clown, und Gwen sah beinahe die Blaue Periode vor ihren Augen entstehen.

Kantor hatte dem Kellner barsch untersagt, ihm Wein einzuschenken, aber er nahm ständig Schlucke aus Gwens Glas. Sie war gelinde gesagt erstaunt, als er eine Flasche Kahlua zum Nachtisch bestellte und den Großteil des süßen Likörs selbst trank.

Als Melinda zum Klo ging, drückte der Anwalt abrupt seine Zigarette aus und erzählte, daß er zu Hause Probleme hätte. Melinda sei adoptiert, genauso wie ihr Junge, Ricky. Vor Jahren habe er in einem hoffnungslosen Versuch seine Frau zur Untersuchung in die besten Frauenkliniken der Ostküste gebracht – nun, das sei lange vor den Zeiten der künstlichen Befruchtung gewesen. Der Spaß sei auf seine Rechnung gegangen. In seinen wilden Jugendtagen habe er die Abtreibungen bei drei Freundinnen bezahlt, aber er sei in diesen sorglosen Jahren nie auf den Gedanken gekommen, daß er mit einer unfruchtbaren Frau enden würde.

Er schaute sie mit seinen traurigen schwarzen Augen eindringlich an. Gwen bekam das Gefühl, daß Barry Kantor irgend etwas im Schilde führte. Ein Angebot, einen Schnellfick, eine Affäre? Was wollte er? Sie war sich nicht sicher. Seine intimen Enthüllungen waren ihr unangenehm. Der ganze Abend war eher eine Verabredung als ein Geschäftsgespräch zwischen Anwalt und Mandantin gwesen. Sie fand, daß er ungemein attraktiv war und offensichtlich ein reizender Vater, aber in bezug auf verheiratete Männer hatte sie ihre Prinzipien.

Melinda kam gerade in dem Moment an den Tisch zurück, als Gwen hinüberlangte, um die Rechnung an sich zu nehmen.

»Können wir die Zuckerwürfel für Ricky mit nach Hause nehmen?« fragte das Kind.

»Melinda, Miss Faber wird noch denken, daß wir zu Hause nichts zu essen haben.«

Das Kind schreckte zurück, als hätte es etwas auf die Finger bekommen.

Ihr neuer Anwalt, entschied Gwen, war ein strenger Erzieher. Nun, diese Art hatte bei seiner Tochter offenbar gefruchtet. Sie war ein Engel.

Gwen nahm sich vor, einige Entwürfe für Kinderkleider zu

machen. Dieser Stil von Kate Greenway in sanfter pastellfarbener Baumwolle, mit einem Strohhütchen und zur Vervollständigung der Wirkung mit Schleifen. Ein viktorianisches Partykleid in schwarzem Samt, mit Schrägstreifen und einer dünnen Borte am Kragen und an den Handgelenken. Ihr Modell würde genauso wie Melinda aussehen, langes glattes Haar, bescheiden, und doch für ihr Alter sehr weltgewandt.

Anspruchsvolle Kinderkleidung in ihr Angebot aufzunehmen war eine gute Idee. Sie konnte es kaum erwarten, zu ihrem Zeichenblock zurückzukehren.

10. JUNI 1987

Miss Cavetti bemerkte eine Veränderung an Melinda Kantor. Beim Spielen war das Mädchen ein Energiebündel, es war eine Wonne, sie auf dem Klettergerüst zu beobachten, aber seit nunmehr drei Tagen hatte sie große Schwierigkeiten gehabt, nach der Mittagsruhe wieder aufzuwachen. Vielleicht bekam sie zu Hause nicht genug Schlaf?

Die Lehrerin besprach sich kurz mit Clara Zaretsky, der Schulpsychologin, die vorschlug, mit dem Vater des Kindes darüber zu sprechen, wenn er es am Nachmittag abholte.

Zunächst machte sich Mr. Kantor über den vorsichtig geäußerten Gedanken, daß seine Tochter müde sei, lustig. Dann lachte er und sagte, daß keiner von ihnen zu Hause genügend Schlaf bekam, weil Melindas jüngerer Bruder Ricky eine ziemliche Portion sei. Miss Cavetti hätte beinahe gefragt, wo welche Person zu Hause schlief - vielleicht konnte Melinda in ein anderes Zimmer umziehen - aber eine innere Stimme sagte ihr, daß sie weit genug gegangen war.

Sie hatte recht. Am nächsten Tag rief Mr. Blattstein sie in sein Büro.

»Netter Kerl, dieser Kantor.« Der Direktor strich sich über seinen kurzen Bart. »Erfolgreicher Anwalt, hat ein Boot auf Long Island.«

Der Vater war direkt zum Büro des Direktors gegangen, um sich über sie zu beschweren!

Mr. Blattstein verbrachte zehn Minuten damit, Miss Cavetti zu beruhigen. Er versicherte ihr, daß er immer hinter seinen Lehrern stünde, wenn empfindliche Eltern meinten, ihre häusliche Erziehung würde angefochten.

Um die unangenehme Diskussion zu beenden, sagte Miss Cavetti, daß sie vielleicht zu voreilig gewesen sei.

»Nichts kann zu voreilig sein, wenn es um das Wohlergehen eines Kindes geht, Miss Cavetti«, mahnte der Direktor mit erhobenen Augenbrauen.

26. JUNI 1987

Am letzten Schultag ließ Miss Cavetti ihre unruhigen Kindergartenkinder erzählen, wie sie ihre Sommerferien verbringen würden.

Die Hälfte der Klasse zog es aus der Stadt – Vineyard, die Hamptons, Fire Island und Woodstock, waren Namen, die ihnen vertraut über die Lippen kamen. Vier kleine Gören fuhren nach Europa, einige freuten sich auf ein Ferienlager, und ein Junge flog nach Kalifornien, um seinen Vater zu besuchen.

Melinda Kantor zeigte einige verschmierte Bilder von einem schwarzen Segelboot herum. Sie erzählte der Klasse, daß sie den ganzen Sommer auf dem großen Boot ihres Vaters segeln würde.

9. JULI 1987

Barry wechselte den Zahnarzt.

Während Colonel Oliver North auf einem kleinen Schwarzweiß-Bildschirm über seinem Kopf die Bedeutung des Patriotismus für das amerikanische Volk neu definierte, setzte Dr. Ethan Zimmer seinem unruhigen neuen Patienten ein ganz neues oberes Gebiß ein.

Mr. Kantor sagte der Sprechstundenhilfe, sie solle die Rechnung an sein Büro am Waverly Place 104 schicken. Seine Sekretärin verwalte sein Scheckheft.

12. JULI 1987

Dylan and the Dead, angekündigt als Solo- und Gemeinschaftsauftritt, gaben ein einziges Konzert im Stadion in Meadowlands.

Im letzten Moment hatte Barry einem Plattenmanager zwei Freikarten abgebettelt, und er nahm Melinda mit auf seine innere Reise, zurück in die Erinnerung an vergangene Zeiten. Auf dem Parkplatz an dem riesigen Stadion in New Jersey entdeckte er ein bekanntes Gesicht, einen Kerl, den er schon seit Jahren immer in Greenwich Village gesehen hatte. Randy Carter, ein schwarzer Jazzmusiker, der immer mal am Zapfhahn der Carousel Bar ausgeholfen hatte. Er war ein Fan von Jerry Garcia, dem Leadgitarristen der Grateful Dead. Carter war mit seiner Tochter Tyra im Konzert, einem niedlichen kleinen Mädchen, ungefähr in Melindas Alter.

Die beiden Väter und ihre Töchter kamen bestens miteinander klar. Carter erzählte ganz offen über seine vor kurzem vollzogene bittere Scheidung. Kantor erwähnte nichts von seiner Situation zu Hause, aber er erweckte den Eindruck, als würden er und seine Frau ihre getrennten Leben führen. Sie fanden gemeinsam gute Plätze in einem leeren Abschnitt der Ränge, nachdem Hunderte von Jugendlichen mit ihren nachgemachten T-Shirts in imitierter Knoten-Batik über die Polizeiabsperrungen gesprungen waren, um näher an der Bühne zu sein. Die neue Generation.

Tyra und Melinda futterten sich dumm und dämlich an Hot Dogs, Erdnüssen und Eiskrem. Die beiden Väter bemitleideten sich gegenseitig angesichts ihres fortgeschrittenen Alters, während computergesteuerte Abbilder von Jerry und der Band in leuchtenden Traumfarben über zwei riesige Monitore flimmerten. Die Männer machten Witze darüber, daß sie sich wie ein

Paar älterer Opas vorkamen, eingekreist von Deadheads, den Fans der Grateful Dead, die nicht älter als neunzehn Jahre alt zu sein schienen.

Barry lud Randy und Tyra ein, ihn und Melinda an einem Wochenende zum Segeln zu begleiten. Die kleinen Mädchen umarmten sich und hüpften auf und ab.

25. JULI 1987

»Hey Mindy, komm mal her.«

Das rothaarige kleine Mädchen in dem verwaschenen T-Shirt und kurzen Hosen schaute zu ihrem Vater auf, bevor sie über die Holzplanken fortlief.

»Ich will dir ein Bild zeigen«, sagte der Manager des Büros im Yachthafen. Er schlug eine Ausgabe des Segelmagazins auf und strich die Zeitschrift auf seinem Tisch glatt.

»Siehst du das hier, junge Dame? Diese hübsche Frau ist einundzwanzig Jahre alt. Sie heißt Tania Aebi, und sie umsegelt allein die Welt, in einem Boot, das nicht viel größer ist als eures.«

Melinda starrte auf das Bild.

»Va-ru-na« las sie laut und langsam. »Die alte Büchse ist ihr Boot?«

Der Manager lachte.

»Daddy und ich können um die Welt segeln«, trumpfte sie auf, eine Hand in die Hüfte gestützt.

»Ich wette, daß du das kannst, Mindy, jede Wette. Du wirst die nächste Tania Aebi sein.«

Ihr Vater rief.

Sie dachte daran, bevor sie in das Boot hüpfte, sich bei dem Mann dafür zu bedanken, daß er ihr das Bild gezeigt hatte.

Glänzend und mit schwarzem Rumpf schlug die Melinda Maru gegen die Gummireifen, die als Puffer an der schmalen Pier hingen. Der Vater runzelte die Stirn, als er die Takelage festzurrte.

»Verdammt nochmal Melinda, ich hab keine Lust, den ganzen Tag in diesem beschissenen Yachthafen zu sein.«

Das aufgeweckte Kind sprang an Bord.

27. JULI 1987

Er konnte sich einfach gewissen ökonomischen Tatsachen, die mit dem Gesetz von Angebot und Nachfrage zu tun hatten, nicht verschließen. Einfacher gesagt, es drückte ein voller Markt auf den Preis, was sich wiederum in sinkenden Honorareinnahmen bei seinen Rechtsberatungen niederschlug. Die kolumbianischen Barbaren waren so produktiv geworden, daß ein Kilo mit sechzig bis fünfundsiebzig Prozent Reinheitsgrad, das vor einigen Jahren für vierzigtausend Dollar weggegangen wäre, sich jetzt nur noch für zehntausend losschlagen ließ. Seine Waren lagen im Regal und verloren an Wert.

Aber, wie immer man es auch verschnitt (›Keine krummen Sachen, ich muß doch bitten, unsere Kunden werden gut bedient, Junge, mit Inositol wird's verschnitten, und mit Lidocaine ist's kalt auf der Zunge‹), mit dem Kokainmarkt ging es abwärts, wohingegen die Börse einen Höhenflug erlebte. Er hatte der Wall Street nie getraut. Über die Jahre hinweg hatte er sich sehr bedacht eine Sammlung von Wertpapieren und kommunalen Pfandleihen angelegt und dann schweren Herzens zugesehen, wie der Wert abnahm und sein Kapital schrumpfte. Er war kein armer Mann, um den Satz zu gebrauchen, den er von seinem Vater gelernt hatte. Judith würde tot umfallen, wenn sie wüßte, daß er mal eben eine Million in Pfandbriefen im Sparstrumpf hatte und zusätzlich noch die sauber verpackten Bündel mit Hundert-Dollar-Scheinen, die er im Stahlschrank aufbewahrte. Ach, Kleinkram. Wie die Brüder Collier, Geldadel wie Hetty Green. Unter der Matratze gespart. Typen an der Wall Street mit einem Zehntel seines Verstandes, Hühnerficker, Arschlöcher – die strichen eine Million als jährliche Umsatzbeteiligung ein. Es gab nur einen Weg, um die Inflation abzufangen, etwas, was jeder Yuppie schon bei der Geburt zu wissen schien: Spekulationsgeschäft. Es war an der Zeit, daß er seinen Widerwillen überwand, die Pfandbriefe loswurde, die Wertbriefe verkaufte und entschlossen den ersten Schritt unternahm.

Er rief einen Aktienmakler an, bestellte seine Aktien und spulte dabei die Namen all der sicheren Anlagefirmen und Marktführer herunter, gegen die er so lange Vorbehalte gehabt hatte: IBM für 162 1/2, CBS für 185, Digital Equipment für 163 1/2, Eastman Kodak für 88 3/8, General Electric für 57 1/8, Du Pont für 124, Procter and Gamble für 91 1/8, Minnesota Mining für 72 1/8 und Disney bei 71 1/2.

Als er auflegte, verfluchte er sich, daß er so lange damit gewartet hatte.

1. AUGUST 1987

Gunther hatte Jim überredet, für zwei Stunden mit ihm einen Informationsstand am Sheridan Square zu betreuen. Sie hatten einen Stapel Bücher über den neuesten Stand der AIDS-Forschung, eine Unterschriftenliste und eine Spendenbüchse.

Barry Kantor kam mit Melinda vorbei. Jim war bei seinem ersten Auftreten als schwuler Aktivist nicht darauf erpicht, einen Nachbarn vom Waverly Place zu treffen, und ganz bestimmt nicht diesen Nachbarn vom Waverly Place. Sein erster Gedanke war, unter den Tisch zu kriechen, aber er nahm allen Mut zusammen und brachte ein ›Hi‹ heraus.

Während Melinda Gunther stürmisch begrüßte, nahm ihr Vater ein Flugblatt auf und überflog es. Er legte es zurück und murmelte: »Gute Sache.«

Jim war platt, als sein Nachbar ins Portemonnaie griff, einen Schein in die Dose stopfte und mit dem kleinen Mädchen weiter die Straße entlang bummelte.

»Schnell, ich sterbe vor Neugier, was hat er reingesteckt?« Jim angelte den Schein heraus.

»Jesus und Maria, das ist ja nicht zu fassen. Einhundert Dollar!«

3. AUGUST 1987

Er kam mit einem Paar Hängeschuhen und einem Metallreck nach Hause. Den Nachmittag verbrachte er auf der Trittleiter und schraubte das Gestänge im engen Flur, der zum Schlafzimmer führte, an die Decke.

»Muß etwas gegen den Bauch tun«, brummte er.

Melinda saß auf dem Fußboden und schaute zu, wie ihr Vater mit dem Kopf nach unten baumelte, eingehängt an Metallhaken, die an den gefütterten Riemen um seine Knöchel festgemacht waren.

»Daddy, kann ich auch mal?«

»Die Hängeschuhe sind zu groß für dich«, pustete er. »Geh, lies ein Buch. Ich trainiere.«

25. AUGUST 1987

Am Dienstag von dreizehn bis fünfzehn Uhr fand Stevie Cutlers Geburtstagsparty statt. Seine Mutter ging die Namensliste aus der Kindergartenklasse durch und lud alle von Stevies Freunden ein, die nicht verreist waren.

Am Tag der Party besorgte Barry ein kleines Lego-Spielzeug als Geschenk von Melinda und brachte sie, während er sie auf dem Weg mit Fragen löcherte, zur Jane Street.

»Was für Fragen stellen dir deine kleinen Freunde?«

»Meistens wollen sie wissen, ob ich mein eigenes Zimmer habe, und so was«, antwortete sie.

»Was sagst du dann?«

Das Kind war still.

»Melinda, wenn ein Kind oder seine Eltern dich etwas fragen, was die nichts angeht, sowas wie ›Hast du dein eigenes Zimmer?‹, weißt du, was du ihnen sagen mußt? Du sagst ›Hat das nicht jeder?‹ Das bringt sie schnell zum Schweigen.«

»Daddy, kann Stevie irgendwann zu mir nach Hause zum Spielen kommen?«

»Mal sehen. Melinda, hörst du was ich sage? Das ist sehr wichtig. Erwachsene stellen häufig neugierige Fragen, weil ihr eigenes Leben ganz leer und langweilig ist. Dann schaffen sie sich einen schäbigen Kitzel daraus, anderen Leuten, die nach Vorstellungen leben, die sie nicht verstehen, Probleme zu machen. Kinder lassen sich leicht beeindrucken, sie übernehmen die schlechten Gewohnheiten der Erwachsenen. Das ist ja noch harmlos. Aber die schlimmste Möglichkeit ist, daß die Kinder manchmal von ihren Eltern angeleitet werden, schmutzige Tricks zu machen. Nehmen wir mal an, Stevie stellt dir eine persönliche Frage. Die kann sich für dich ganz harmlos anhören, und sie kann auch gut harmlos gemeint sein. Aber nehmen wir mal an, Stevies Vater, oder seine Mutter, oder eure Schullehrerin trägt ihm auf, soviele Informationen wie möglich über dich zu bekommen, weil sie schlechte Menschen sind, die uns zerstören wollen. Die suchen nach Schmutz, den sie gegen uns verwenden können. Verstehst du? Okay, ich gebe dir ein Beispiel. Nehmen wir an, Stevies Mutter ruft die staatliche Adoptionsbehörde an und sagt: ›Ich habe Hinweise bekommen, daß Melinda Kantor kein eigenes Schlafzimmer hat, ich weiß auch, daß Melinda Kantor auf dem Wohnzimmersofa schläft.‹ Und, mal weitergesponnen, dann schickt die Adoptionsbehörde einen Untersuchungsbeamten, der an die Tür klopft und sagt: ›Wie wir hören, haben Sie dort drinnen ein Kind, das Melinda heißt und kein eigenes Zimmer hat, ja, tut mir leid, ich denke, wir müssen sie Ihnen wegnehmen.‹«

»Daddy!« Das Kind erstarrte. »Daddy, du würdest doch niemandem erlauben, mich wegzubringen?«

»Natürlich nicht, Liebling, ich kann sie alle reinlegen. Wir haben ja nur ›Stell dir vor‹ gespielt.«

»Daddy, werden sie Ricky wegnehmen?«

»Niemand nimmt irgend jemanden weg. Ich beschreibe nur eine ausgedachte Situation. Also, was fragen deine kleinen Freunde, wenn ihr zusammen spielt?«

»Nichts.«

»Nichts?«

»Daddy, kann ich Taschengeld bekommen? Alle anderen Kinder haben ein Taschengeld.«

»Fragen sie dich nach deiner Mutter?«

»Manchmal.«

»Was fragen sie?«

»Caras Mutter hat gefragt, ob Mammy einen Unfall hatte.«

»Einen Unfall?« Ihr Vater kicherte amüsiert. »Was hast du gesagt?«

»Ich habe gesagt, sie soll Mammy selbst fragen.«

»Braves Mädchen.« Er umarmte sie.

Die Kinder spielten gerade Topfschlagen, als um halb drei die Klingel läutete. Barbara Cutler war überrascht, Melindas Mutter die Treppe hochkommen zu sehen. Mrs. Cutler lud sie ein, zu Kaffee und Kuchen hereinzukommen.

»Melinda muß nach Hause kommen«, wisperte Judith an der Tür.

Mrs. Cutler hatte Schwierigkeiten, Melinda zum Gehen zu bewegen, aber ihre Mutter wollte auch nicht hereinkommen. Also packte sie für das Kind Geburtstagskuchen und einige Partygeschenke in eine Einkaufstasche, um sie ihr mit nach Hause zu geben. Melindas Mutter wollte das Paket nicht annehmen, aber das kleine Mädchen griff danach.

»Was für eine tumbe Schlampe«, flüsterte Barbara ihrer Freundin Gretchen Mehling zu, als sie die Tür schloß.

»Sie tut mir leid.«

»Mir tut ihr Mann leid.«

»Wer, Mama?« fragte ihr Sohn.

Gretchen kicherte.

»Kleine Männer haben schon große Ohren«, antwortete Stevies Mutter.

7. SEPTEMBER 1987

Randy Carter war schlecht gelaunt, als er Tyra am Ende des Feiertagwochenendes bei seiner früheren Frau ablieferte. Regina Carter vermutete, daß ihn die drei Tage, in denen er die volle Verantwortung für eine lebhafte Sechsjährige gehabt hatte, vollkommen geschafft hatten, aber Randy sagte, nein, das Wochenende sei aus einem anderen Grund großer Mist gewesen. Ein Nachbar aus dem Village, Barry Kantor, hatte am Freitag angerufen und gefragt, ob er irgendwelche Pläne für das Wochenende hätte. Sie machten einen Handel ab. Randy sollte am Samstag mit den Mädchen in den Zoo in der Bronx gehen, und Barry würde sie alle am Sonntag einen ganzen Tag mit zum Segeln nehmen. Randy hatte den Teil, für den er verantwortlich war, genossen. Er und Tyra holten Melinda am Samstagmorgen vor dem Sandsteingebäude am Waverly Place ab und fuhren zum Zoo. Die Kinder verbrachten einen schönen Tag auf der Affeninsel, und sie liebten die afrikanische Eisenbahnsafari. Er kaufte ihnen Luftballons und Trillerpfeifen und lud sie zu Würstchen und Eiskrem ein. Melinda schlang alles sofort herunter. Randy hatte das Gefühl, daß sie nicht gefrühstückt hatte. Sie war ein hinreißendes Kind, aber sehr anstrengend. Nicht im geringsten schüchtern. Tyra wollte wissen, was mit Melindas schönem roten Haar passiert war – ein großes Büschel war am Hinterkopf abgeschnitten.

»Kaugummi«, sagte das Kind. Sie zuckte mit den Schultern. »Mammy mußte es mit der Schere rausschneiden.«

Als Tyra von ihrem Vater eine Weile getragen werden wollte, machte Melinda großes Theater.

»Ich bin doch auch dein kleines Mädchen, oder?« fragte sie.

Fast den ganzen Tag verbrachte Randy damit, erst die eine Sechsjährige und dann die andere auf seinen Schultern herumzutragen.

Der Sonntag war weniger erfolgreich. Kantor rief um acht Uhr morgens an und sagte, er fände es besser, wenn Randy seine neue Freundin nicht mitbrächte. Er hatte den schwachen Vorwand, daß sein Boot zum ernsthaften Segeln gemacht sei und nicht zum Amüsieren für schnatternde Weiber. Randy fand das nicht in Ordnung, besonders, da sie sein Auto benutzten, um nach Patchogue zu fahren, aber er sagte nichts weiter. Der Segelausflug war ein großer Reinfall. Kantor spielte Captain Quegg oder so etwas und bellte Randy und den Kindern unablässig seine Befehle zu. Sie durchkreuzten die Great South Bay, aßen zu Mittag, gingen in Cherry Grove zum Schwimmen und segelten dann zurück zum Yachthafen.

»Wie findest du das? Wie gefällt es dir? Ist das nicht das wahre Leben?« fragte Kantor ständig.

Randy lag es auf der Zunge zu sagen, daß er sich ausgenutzt vorkam und sich langweilte, aber er verkniff es sich.

Den ganzen Montag verbrachte Randy damit, seine Freundin zu besänftigen, daß er sie fast das ganze Wochenende hatte hängen lassen. Diesen Teil der Geschichte ließ er aus, als er Tyra in Reginas Wohnung absetzte.

14. SEPTEMBER 1987

Sie kamen aus allen Richtungen. Eine überschwengliche Schar nervöser und erleichterter Mütter, dankbarer und stolzer Väter, die ihre fein herausgeputzten, drängelnden, ziehenden und trödelnden Kleinen an der Hand führten. Schüchterne Neulinge, draufgängerische Abenteurer, gewandte alte Hasen. Ernste Leseratten und weinerliche Heulsusen. Altkluge Kinder und tranige Spätentwickler. Scheinheilige Frechdachse und unerträglich Selbstgefällige. Chronische Bettnässer und mäkelige Esser. Kurz und gut, die zukünftige Elite von Greenwich Village – Ärzte, Anwälte, Maler, Schriftsteller, Lehrer, Psychologen, Molekularbiologen, Raumfahrtingenieure, vielleicht einige Präsidenten multinationaler Konzerne strömten an diesem Morgen zum momentan wichtigsten Ort ihrer kleinen Welt.

Der erste Schultag! Melinda tobte in ihren brandneuen Halbschuhen ausgelassen die Straße entlang, und ihr Schulranzen aus blauem Segeltuch flog hinter ihr her.

Der Raum ihrer ersten Schulklasse war im ersten Stock. Sie zog ihren Vater an der Hand und zeigte ihm den Weg. Er ließ sie an der Tür stehen und stellte sich ihrer neuen Lehrerin, Lila Rumson, vor.

15. SEPTEMBER 1987

Lila Rumson steckte ihre Karte in die Stechuhr, bevor sie ihr Fach kontrollierte. Da war es. Wieder so ein ausführliches, langatmiges Rundschreiben von Arthur Blattstein auf gallegrünem Papier. Frank Chandler hatte sandfarbenes Papier für seine unregelmäßigen, immer kurzen und prägnanten Erinnerungsschreiben benutzt. Sie empfand diesen Farbenwechsel zunehmend als ärgerlich.

16. SEPTEMBER 1987

Judith versuchte, sich auf das grüne Papier zu konzentrieren.

Liebe Eltern,
Ihr Kind benötigt diese Woche folgende Dinge:

1. ein Merkheft mit hartem Einband, Format 7 1/2 x 10 Inch
2. eine Schachtel Malstifte
3. ein Fläschchen Leim, in der Größe von 1 1/2 Unzen Gewicht, zur Aufbewahrung zu Hause, für Schulaufgaben
4. ein altes großes Hemd für den Kunstunterricht
5. eine Schachtel Kleenex-Tücher
6. $ 2.00 für ein Jahresabonnement des ›Scholastic News‹ – Magazin
7. $2.00 für den Musikunterricht
8. eine Mappe mit zwei Klarsichthüllen für Schulaufgaben

Bitte versehen Sie die oben genannten Gegenstände mit dem Vor- und Nachnamen Ihres Kindes. Bitte versehen Sie die persönlichen Dinge Ihres Kindes, wie Mantel, Handschuhe, Schal und Schultasche mit Ihrer Adresse und Telefonnummer.
Merke: Kinder können um 8.30 Uhr in der Cafeteria frühstücken ($1.75 pro Woche). Sie haben um 8:40 Uhr im Klassenzimmer zu sein.
Merke: Schulschluß ist um 14:55 Uhr. Seien Sie bitte pünktlich!
Merke: Ihr Kind sollte täglich an den ›Zeige-und-Beschreibe‹-Einheiten teilnehmen. Gegenstände für ›Zeige-und-Beschreibe‹ können Dinge aus der Natur, der Kunst, Fotos und dergleichen sein. Geschichten sollen laut vorgetragen werden.
Merke: Persönliches Spielzeug, insbesondere Kriegsspielzeug, Baseballschläger, Süßigkeiten und Kaugummi sind im Klassenzimmer nicht erlaubt und nicht für die ›Zeige-und-Beschreibe‹-Einheiten zugelassen. Die Verantwortung beginnt zu Hause. Ihre Mitarbeit ist unerläßlich.
Merke: Zu Beginn jeden Monats wird von Ihnen erwartet, eine Schachtel mit Knabberkram zur Verfügung zu stellen, den Ihr Kind in der Pause mit der Klasse teilen kann. Gesüßte Dinge minderer Qualität sollten vermieden werden. Als lagerfähige nahrhafte Gegenstände werden u.a. vorgeschlagen: Müsli-Riegel, Vollwertkekse, kleine Rosinenpackungen etc. Schicken Sie keine Möhren, Käse oder andere verderbliche Gegenstände mit.
Notieren Sie bitte, daß die Schule am 24. und am 25. September aus Anlaß des Rosh Hashanah und am 12. Oktober für den Columbus-Tag geschlossen bleibt.

Arthur Blattstein, Direktor
Lila Rumson, Klassenlehrerin

Judith legte das Papier entnervt beiseite.

»Mammy, ich muß alle diese Sachen morgen haben.«

»Melinda, hör auf zu drängeln.«

»Mammy, ich brauche das Geld jetzt. Sonst sind die Geschäfte zu.«

»Melinda!« Sie erschrak über das kratzige Geräusch in ihrem Hals, das ihre Stimme unnatürlich klingen ließ.

Gestern, letzte Nacht, vergangene Woche? Das letzte Mal, als seine Finger zudrückten, mußte sie kratzen. Wann war das passiert?

So schwer, sich zu erinnern.

Sie schlurfte in die Küche.

»Stör mich jetzt nicht. Ich mache das Abendbrot für Ricky.«

Als ihr Vater nach Hause kam, lief Melinda mit dem Schulbrief zu ihm.

»Scheiß Faschisten«, platzte er heraus, knüllte den Brief zusammen und warf ihn durch das Zimmer.

Als er nicht hinschaute, holte das Kind den zusammengeknüllten Fetzen und strich ihn vorsichtig glatt. Sie würde ihm den Brief später noch einmal zeigen. Wenn Daddy böse mit ihr war, dann hielt das nie lange an.

21. SEPTEMBER 1987

Leon hatte ein Problem: Sein Anwalt las nie seine Post. Rief er bei ihm zu Hause an, erwischte er entweder den automatischen Anrufbeantworter oder Barrys Trine, die Dinge sagte wie: »Einen Moment, ich schau mal nach, ob er da ist«, und dann das Telefon liegen ließ.

Maggie fand das nicht sonderlich witzig. Sie hatten gerade ihre zweite Aufforderung zur Räumung bekommen, und offensichtlich hatte Kantor nichts gegen die erste Aufforderung unternommen.

»Wechsel den Anwalt oder benutz einen Botenservice«, sagte sie ihrem Mann.

Leon rief bei einem Kurierdienst an.

22. SEPTEMBER 1987

Melinda mochte Bobby DeLessio, der mit ihr am Tisch saß. Sie erzählte es Jennifer Westerhof, die Stein und Bein schwor, es keinem Menschen auf der großen weiten Welt zu erzählen.

Diese Romanze war für die erste Schulklasse von Mrs. Rumson kein großes Geheimnis. Wenn sie in der Pause ›Ente, Ente, Gans‹ in dem kleinen Innenhof spielten, dann wählte Melinda jedesmal wenn sie dran war, Bobby.

23. SEPTEMBER 1987

Judith setzte Ricky in die Kinderkarre und schob ihn Richtung Hudson River. Sie mußte die Botschaft entziffern.

Als die Ampel an der West Street umsprang, griff sie die Karre und rannte.

Die verlassene Hafenpier an der Morton Street war abgesperrt. WARNUNG. GEFAHR. BETRETEN VERBOTEN. stand auf einem Schild am Eisenkettenzaun. Sie drückte sich gegen die Ketten und atmete die salzige Luft ein. Die Botschaft war immer noch da, es war keine Einbildung gewesen. Es war in Rot auf eine Betonkante gekritzelt, die an der Pier entlang verlief.

RETTET DIE MOLEN. JAGT KOCH ZUM TEUFEL. SCHWEIGEN = TOD. FREIHEIT FÜR SHARON KOWALSKI.

Was hatte das zu bedeuten?

24. SEPTEMBER 1987

Der Besitzer des kleinen Süßwarenladens war rot vor Zorn.

»Ich habe es Ihnen letzte Woche gesagt«, brüllte er, »ich habe es Ihnen die Woche davor gesagt, ich habe es Ihnen im Juli gesagt. Ich verkaufe keine Teile der Sonntagszeitung am Donnerstag. Das ist gegen das Gesetz, und sie streichen mir die Zuteilung. Um halb zehn Uhr am Samstagabend können Sie wie jeder andere auch die Zeitung kaufen.«

»Mr. Hummel, wieviel Jahre komme ich nun schon zu Ihnen? Sie haben fünfzig Beilagen mit Makleranzeigen hinten im Lager liegen. Warum kann ich nicht eine davon kaufen? Hier, nehmen Sie den Dollar.«

»Mr. Kantor, treiben Sie mich nicht zur Weißglut. Das Leben ist kurz. Tun Sie mir den Gefallen, und gehen Sie in Zukunft woanders einkaufen.«

28. SEPTEMBER 1987

Nach dem ›Zeige-und-Beschreibe‹-Spiel las Mrs. Rumson ihren andächtigen Erstklässlern die Geschichte von Babar, dem Elefanten vor. Dann bat sie die Kinder, zurück an ihre Tische zu gehen und eigene Geschichten über Babars Abenteuer zu erfinden.

Amy Campbell, die Praktikantin, verteilte große Bögen Malpapier und suchte sich selbst einen Platz im hinteren Teil des Klassenraums, von dem aus sie alles gut beobachten konnte. Nachdem sie in Vorlesungen die Theorien über das Lernen des Schreibens aufgesogen hatte, war es jetzt spannend, die Praxis zu sehen. Den Kindern wurde zuerst beigebracht, sich mittels des Alphabets auszudrücken, bevor sie überhaupt lesen konnten. Mit den Buchstaben wurde gespielt. Die Idee dabei war es, die Angst vorm Schreiben zu umgehen.

Am Fenstertisch bewarf Bobby DeLessio Melinda Kantor mit einem Buntstift. Melinda schaute auf und boxte Bobby in den Arm. Grinsend beugte sie sich über ihr Bild und schrieb aufmerksam BA BA GTTB WDADAN ME FO MY ans untere Ende des Bildes. Sie war als erste fertig.

»Das ist ein sehr schöner Elefant, Melinda«, sagte Amy Campbell, als sie ihr über die Schulter schaute. »Dann lies mir mal deine Geschichte vor.«

Das Kind sammelte sich.

»Babar geht mit Daddy und mir zur Bank, um Geld zu holen.«

Durch das starke Sonnenlicht, das durchs Fenster fiel, wurde Melindas schulterlanges Haar von goldglänzenden Schattierungen durchstrahlt. Die Praktikantin nahm das kaum wahr. Sie sah wie gebannt auf den lila Fleck unter dem linken Auge des Kindes.

DONNERSTAG, 1. OKTOBER 1987

»Könnte ich bitte die Wohnungsbeilage der Sunday Times haben?« legte das kleine Mädchen los.

Mr. Hummel wirbelte herum. Der Vater des Kindes stand vor dem Geschäft und rauchte neben dem Kantstein eine Zigarette.

»Raus hier, oder willst du, daß ich die Polizei rufe?« brüllte der Ladenbesitzer. »Ich habe deinem Vater gesagt, daß wir die Zeitung nicht am Donnerstagabend verkaufen.«

Den Rest des Abends klagte er den anderen Kunden sein Leid.

DIENSTAG, 6. OKTOBER 1987

Um acht Uhr fünfundzwanzig fuhren die Beamten Pennetto und Haney von der Sechsten Wache, durch die anonyme Anzeige einer Nachbarin alarmiert, zum Waverly Place 104.

Zunächst hörten sie keine Geräusche in der Wohnung 3-A. Nachdem sie noch einige Male kräftig mit dem edlen Adlerkopf-Türklopfer gegen die Tür geschlagen hatten, rief eine wütende Männerstimme: »Haut ab.«

Aber die Beamten Pennetto und Haney ließen sich nicht so leicht abwimmeln. Sie sagten, wer sie waren und bestanden darauf, daß der Mann aufmachte, ansonsten kämen sie mit einem Durchsuchungsbefehl zurück.

Man hörte das Rasseln von Schlössern und Ketten. Eine

männliche Person, ungefähr fünfundvierzig Jahre alt, öffnete die Tür.

Die Wohnung sah aus wie ein Schweinestall. Ein kleines halbnacktes Mädchen lief weinend umher und rief:

»Daddy, Daddy ich komme zu spät zur Schule.«

»Haben Sie dieses Kind geschlagen?« fragte Officer Haney.

»Gucken Sie sie sich doch an«, bellte der Mann. »Sehen Sie irgendwelche Flecken oder Kratzer? Melinda, zieh dich an.«

»Wer ist in dem anderen Zimmer?« fragte Officer Pennetto.

»Bleiben Sie da raus«, brüllte der Mann. »Sie will Sie nicht sehen.«

Die Beamten blickten sich erstaunt an.

Haney notierte den Namen des Mannes, und schrieb die Nummer ab, die auf dem Telefon stand. Währenddessen ging Pennetto den Flur entlang und hämmerte an die Glastüren. Die Glaseinsätze in den Türen waren übermalt.

»Judith, du brauchst nicht herauszukommen«, rief der Mann. Er griff nach Bleistift und Papier. »Geben Sie mir Ihre Dienstnummer, ich bin Anwalt, ich kenne meine Rechte.«

»Sie sind Anwalt? Was für ein Anwalt?«

»Mein Kind kommt zu spät zur Schule, ich muß los, Sie halten mich auf.«

Pennetto kam nicht rein. Er drehte den Türgriff. Von innen verriegelt.

»Lady«, sagte er, »wir sind hier, um Sie zu beschützen. Haben Sie keine Angst. Kommen Sie nur für einen Moment heraus, Lady, so daß wir sehen können, daß Sie okay sind.«

Ängstlich wechselte der Mann den Tonfall.

»Hören Sie, Officer«, sagte er mit sanfter versöhnlicher Stimme. »Meine Frau und ich hatten heute morgen Streit. Sie wissen, wie das ist. Sind Sie Familienväter? Dann kennen Sie das, dann wissen Sie genau Bescheid über diese Zankereien zwischen einem Mann und seiner Frau. Ganz im Vertrauen, wir haben eine Nachbarin auf der anderen Seite des Treppenhauses, die ist mitten in den Wechseljahren und hört immer alles am Schlüsselloch mit.«

Haney lachte.

»Hier ist meine Visitenkarte, ich bin Rechtsanwalt. Kennen Sie Harry Kovitz, Sergeant Harry Kovitz? Er arbeitete früher auf der Sechsten Wache, wir sind seit zwanzig Jahren befreundet. Rufen Sie ihn gleich an. Hier, nehmen Sie mein Telefon.«

Pennetto hämmerte an die Tür.

»Mir geht's gut«, sagte eine unsichere Stimme. »Lassen Sie uns in Ruhe.«

»Sehen Sie?« sagte der Mann.

»Was sehen wir?« sagte Pennetto. »Lady«, rief er, »machen Sie uns die Sache hier nicht unnötig schwer. Wir können den ganzen Tag hier stehen bleiben, wenn wir es müssen. Also machen Sie auf.«

»Judith, die gehen nicht«, flehte der Mann. »Die gehen einfach nicht weg, Judith. Judith zieh dir deinen Mantel an und komm heraus.«

Minuten vergingen wie eine Ewigkeit, bis die Tür sich langsam öffnete.

Judith stand in einem Frotteebademantel da. Ihre Nase war eingeschlagen, ihre Augen funkelten vor Widerwillen. Mit soviel Würde, wie es nur ging, richtete sie ihren Blick auf die zwei fremden Eindringlinge, die das Gesetz vertraten.

»Ist es das, was Sie sehen wollten?« sagte sie mit kalter ausgebrannter Stimme. »Sind sie zufrieden? Lassen Sie uns jetzt in Ruhe.«

Officer Pennetto kniff mehrmals die Augen zusammen, als er auf dieses menschliche Wrack schaute.

»Judith«, sagte er. »Sie sehen aus, als hätten Sie eine harte Zeit gehabt. Es gibt nichts, wovor Sie Angst zu haben brauchen, Judith. Wir würden Ihnen gern helfen, aber dazu müssen Sie uns helfen. Wir möchten, daß Sie mit zur Wache kommen und eine Anzeige unterschreiben.«

»Lassen Sie uns in Ruhe. Gehen Sie.« Sie zog den Bademantel enger um ihren Körper.

Pennetto zog sich zurück.

»Lady, was Sie mit ihrem Leben machen, ist Ihre Angelegenheit, Sie sind eine erwachsene Frau. Wenn Sie keine Anklage erheben wollen, dann ist das nicht mein Bier. Ich bin nicht derjenige, der zwei blaue Augen hat. Aber eines will ich Ihnen sagen – «

»Sehen Sie, was Sie angerichtet haben! Sie haben meiner Tochter Angst eingejagt.«

Die Beamten hatten das kleine Mädchen vollkommen vergessen. Sie stand mit ernstem Gesicht neben ihrem Vater und drückte seine Hand.

Aus dem hinteren Zimmer kam das lebhafte Geheul eines Babys.

»Haben Sie da noch ein anderes Kind?«

»Melinda«, sagte der Mann, »gib Ricky seine Flasche.«

Das Kind ging gehorsam in die Küche.

Officer Pennetto schaute nach dem schreienden Baby. Als er zurückkam, bedeutete er seinem Kollegen zu gehen.

»Verrückt, verrückt, einfach verrückt«, sagte Pennetto, als er die Namen vom Briefkasten in sein Notizbuch abschrieb.

Officer Haney ärgerte sich über den Becher Kaffee, den er auf dem Armaturenbrett hatte stehen lassen. Er war nicht Polizist geworden, um Hausbesuche bei Irren zu machen.

MITTWOCH, 14. OKTOBER 1987

Der Mann hinter dem Tresen im koreanischen Lebensmittelgeschäft an der Sixth Avenue beobachtete die ärmlich gekleidete Frau mit der Babykarre, wie sie die Birnen befühlte. Sie nahm eine Anjou in die Hand, schaute sie genau an und legte sie gewissenhaft an ihren Platz zurück. Sein Blick folgte ihr, als sie die Karre den Gang entlang schob und bei den glänzend grünen Granny Smith Äpfeln anhielt. Überstürzt, als hätte sie etwas vergessen, schob sie die Karre aus dem Laden.

Er drehte sich zu seiner Frau an der Kasse um und machte mit der Hand eine Kreisbewegung vor seinem Kopf.

»Michin nyon! Die verrückte Frau«, sagte sie lachend.

FREITAG, 16. OKTOBER 1987

»Na, über's Wochenende verreisen?« fragte Mrs. Laemmerle strahlend.

»Ich bitte Sie, Mrs. Laemmerle.« Marianna stellte die Koffer auf den Kantstein. »Ich fliege nach Midland, Texas, wo auch immer das ist. Das Kind im Brunnen, Sie wissen schon.«

Mrs. Laemmerle legte sich die Hand auf die Brust.

»Das arme kleine Mädchen, ich habe so ein merkwürdiges Gefühl dabei. Sie sind viel zu jung, sich daran zu erinnern, Liebes, das muß, na, nageln Sie mich nicht drauf fest, aber ich würde sagen, es muß 1949 gewesen sein. Manche Dinge lassen einen nie mehr los. Kathy Fiscus, ich werde den Namen bis ins Grab mit mir herumschleppen. Sie haben drei Tage lang gebohrt, die ganze Nation betete für die kleine Kathy Fiscus.«

»Sehr interessant, Mrs. Laemmerle. Dieses Kind heißt Jessica McClure.«

»Als die Rettungsmannschaften sie fanden – «

»Da kommt mein Taxi.«

»Werde ich Sie im Fernsehen sehen?«

Marianna knallte die Taxitür zu.

MONTAG, 19. OKTOBER 1987

Schwarzer Montag. Eine Welle von Panikverkäufen. Die Leitungen waren blockiert, er konnte nicht zu seinem Aktienmakler durchkommen.

An jenem Abend verglich er die Kurse mit seinen Einkaufssummen vom Juli. IBM bei 103 1/4, 59 1/4 gefallen. CBS bei 152 1/2, 32 1/2 gefallen. Digital Equipment bei 130, 33 1/2 gefallen. Eastman Kodak bei 62 7/8, 25 1/2 gefallen. General Electric bei 41 7/8, um 15 1/4 gefallen. Du Pont bei 80 1/2, 43 1/2 gefallen. Procter and Gamble auf 61 3/8, um 29 3/4 gefallen. Minnesota Mining bei 52, um 20 1/8 gefallen. Disney bei 46, um 25 1/2 gefallen.

Alles für die Katz. Ein Verlust von dreihunderttausend Dollar.

Sie beobachtet ihn jetzt ständig. Ich sehe diesen Blick in ihren Augen. Wir sind wie eingesperrte Wölfe, immer auf der Hut vor jeder Bewegung und Geste. Wenn er zur Tür hereinkommt, sehe ich sie für den Bruchteil einer Sekunde zögern, mit einem Ausdruck in ihrem Gesicht, den ich selbst so gut kenne, bevor sie ihm dann in die Arme läuft.

Er steht in der offenen Tür und schneuzt sich. Was ist anders? Was hat sich verändert? Er wartet. Und dann rennt sie zu ihm.

»Daddy.«

Die Anspannung bringt mich um – sie muß sich bald lösen. Höre ich den Schlüssel im Schloß, mache ich mich so klein wie möglich, verstecke mich im hinteren Zimmer oder beschäftige mich in der Küche. Ich warte auf den Schrei.

»Daddy.«

Dann ist alles in Ordnung, und ich kann auch kommen.

Ich höre das Murmeln von Stimmen, die beiden reden. Ihr kindliches Geschnatter übertönt das leere Dröhnen in meinen Ohren. Seine Stimme, wie sie steigt und fällt. Er erzählt ihr Dinge, die er früher mir erzählt hat. Es ist gerade so, als wäre ich nicht in der gleichen Wohnung.

Wissen sie, daß ich sie auch beobachte?

DIENSTAG, 20. OKTOBER 1987

Lila Rumson wußte nicht, daß sie vor Wut die Zähne aufeinanderpreßte, obwohl sich das später rächen sollte. Ein neues gallegrünes Erinnerungsschreiben war in ihr Fach gestopft.

»Zur freundlichen Erinnerung, daß Freitag, der 30. Oktober der Tag vor Halloween ist.«

Ihre Kiefer drückten stärker aufeinander, während sie aus Macht der Gewohnheit weiterlas:

»Lehrer mögen entsprechende Spielaktivitäten für diesen Tag planen wie beispielsweise ›Apfelgreifen‹, das Schnitzen oder Bemalen von Kürbisköpfen etc. Bitte beachten Sie, daß Kinder

der unteren Klassen leicht in Furcht geraten. Äpfel und Kürbisse sind den Hexen, Kobolden und Geistern vorzuziehen.«

Ach wirklich, murmelte sie. Was glaubt der eigentlich, wo ich die letzten dreiundzwanzig Jahre gewesen bin?

Ihre schöne Art und Weise, Halloween zu feiern, hatte sich seit 1964 nicht verändert, und Arthur Blattstein sollte von ihr aus in einen gallegrünen See springen. Wenn es um das Bearbeiten von Kürbisköpfen ging, sie kannte einen Kürbis, bei dem man anfangen könnte.

Eine neue Migräne war im Anzug.

MITTWOCH, 21. OKTOBER 1987

In Syracuse bekam der stellvertretende US-Staatsanwalt für den nördlichen Distrikt einen Anruf vom Strafverteidiger Barry Kantor. Sein Mandant Vincent R. Snell könnte sich heute der Vorladung der Bundesbehörde nicht stellen. Kein Problem, überhaupt kein Problem. Mr. Snell sei in Miami und müsse morgen zurück sein. Der Anwalt würde ihn persönlich am Freitagmorgen abliefern. Maguire rief die Drogenfahndungsbehörde an und gab die Nachricht weiter.

DONNERSTAG, 22. OKTOBER 1987

Len Cohen genoß den Fototermin. Er mochte gern Kinder fotografieren, hatte er doch selbst zwei eigene. Dies war ein Auftrag für einen Tag, für den Katalog eines Schulbuchverlages. Seine Auftraggeberin war hevorragend, wie sie ihm die Kamerataschen hinterherschleppte. Das war eine große Hilfe. Außerdem erwies sie ihm einen großen Dienst, indem sie ihm den Direktor, einen bärtigen Charakter in dreiteiligem Anzug, vom Halse hielt. Bis jetzt lief alles ganz einfach. In jedem Klassenzimmer auf der Liste schien man zu wissen, daß sie kamen.

Der Fotograf legte einen neuen Film ein und kontrollierte die

Nikon um seinem Hals. Zu schade, daß die Auftraggeberin nur Aufnahmen in schwarzweiß wollte. Er hätte gern einiges in Farbe fotografiert.

Er sah die kleine Herzensbrecherin sofort, als er durch die Tür kam. Vielleicht war es die Art, wie sie herumsprang und um Aufmerksamkeit kämpfte, oder vielleicht war es nur sein geübter Blick. So oder so mußte man auf sie aufmerksam werden. Dies war eine blitzblanke saubere Schule, in der jedes zweite Kind als Fotomodell hätte durchgehen können.

Sie hatte ein Veilchen unter ihrem rechten Auge und eine andere Stelle auf ihrer linken Wange. Ihr stumpfes ungekämmtes Haar mußte seit langem nicht mehr mit Shampoo in Berührung gekommen sein, und irgend jemand hatte ihr hinten ein Büschel herausgeschnitten. Unter ihren Fingernägeln war Dreck, und das langärmlige weiße Sweatshirt unter ihrem beigen Kordröckchen mußte dringend gewaschen werden.

Cohen blickte zu seiner Auftraggeberin aus dem Verlag. Vor einer Stunde hatte sie ihn mit der Bemerkung überrascht, daß sie nicht viel mit Kindern anfangen könnte. Jetzt zeigte ihr Gesichtsausdruck, daß dieses Kind sie erobert hatte.

»Was denken Sie?« flüsterte er. »Ich werde mich auf, ehm, das schmutzige Püppchen einschießen.«

Das schmutzige Püppchen wollte nicht übersehen werden.

»Hey«, rief sie. »Hier rüber, hier rüber.«

»Ich komme noch zu dir, Schätzchen, sei geduldig.«

Cohen entdeckte im hinteren Teil des Klassenzimmers einen bequemen, gepolsterten Stuhl. Er rückte ihn einen halben Fuß vor, um sein Bild zu bekommen: drei Kinder, die in einem großen Bilderbuch lasen.

»Nicht in die Kamera gucken, Liebling, guck ins Buch. Nein, nicht mich angucken, schau ins Buch.«

»Jessica! Er will, daß du so tust, als wenn du liest!«

Der Fotograf drehte sich um. Es war das schmutzige Püppchen. Sie hatte die langen Ärmel ihres Sweatshirts hochgeschoben. Unter ihrem Ellbogen wurde eine andere Kratzwunde sichtbar.

»Aha, ich habe eine kleine Mitarbeiterin! Hier, Schätzchen, halt mal den Deckel für mich, während ich die Objektive wechsele.«

»Ich bin keine Mitarbeiterin, ich will auf den Bildern sein. Hey, wie kommt's, daß du zwei Kameras hast?«

Er war hingerissen von ihrer Eigenwilligkeit. Um ihr eine Freude zu machen, nahm er seine andere Nikon.

»Diese hier macht kleine Mädchen schön. Also, schön lächeln.«

Sie raste zu ihrem Stuhl neben dem Fenster.

»Nimm uns zusammen auf«, befahl sie und zeigte auf ihren Tischnachbarn. »Er ist mein Freund.«

Die Praktikantin buchstabierte der Frau vom Verlag ruhig die Namen, während der Fotograf seinen Verschluß klicken ließ.

»Robert D-e, groß, L-e-s-s-i-o und Melinda Kantor, mit einem K.«

»Wie hast du den blauen Fleck unter deinem Auge bekommen, Melinda?«

»Ich heiße nicht Melinda, ich heiße Mindy.«

»Okay Mindy. Wer hat dir das Veilchen verpaßt?«

»Mein kleiner Bruder hat mich geschlagen. Hey, kommt mein Bild in ein Buch?«

»Vielleicht. Wenn ich eine Genehmigung von deiner Mutter bekomme.«

Die Frau vom Verlag wollte, bevor sie den Klassenraum verließen, der Lehrerin etwas sagen, aber die günstige Gelegenheit verstrich.

»Es ist so offensichtlich«, flüsterte sie. »Die brauchen mich nicht, um sie darauf hinzuweisen.«

DONNERSTAGABEND, 22. OKTOBER 1987

Karen Handelsman war, als sie ihre Schachtel mit Knabberzeug für den Nachmittagsimbiß ablieferte, sehr erschrocken, über das Aussehen einer von Jessicas Klassenkameradinnen. Das kleine Mädchen sah aus wie ein mißhandeltes Kind.

Mrs. Rumson liebte Unterbrechungen nicht, also nahm die Mutter die Praktikantin beiseite. Amy Campbell wußte sofort, welches Kind gemeint war. Amy flüsterte, daß sie sich den Kopf über Melinda zerbreche, aber nicht wüßte, was man tun sollte. Melinda erzähle immer die gleiche Geschichte – ihr kleiner Bruder habe sie geschlagen.

»Was macht Mrs. Rumson in diesem Fall?« flüsterte Mrs. Handelsman zurück. »Hat sie mit den Eltern gesprochen?«

»Ich weiß nicht«, erwiderte die unglückliche Praktikantin.

Das einzige, was Mrs. Handelsman an jenem Abend aus ihrer Tochter herausbekam, war, daß Melinda häufig fehlte. Abgesehen davon erfuhr sie, daß Melinda in der Klasse sehr beliebt war und wie ein Junge im kleinen Hof Klimmzüge machte.

Nachdem Jessica zu Bett gegangen war, rief Mrs. Handelsman ihren Hausarzt an und beschrieb ausführlich den Fleck, den sie unter dem Auge des Kindes gesehen hatte. Er schlug vor, daß sie, und sei es nur zur Beruhigung ihres Gewissens, die Lehrerin darauf anspräche.

FREITAGMORGEN, 23. OKTOBER 1987, 8:00 UHR

Judith suchte überall in der Wohnung nach dem Genehmigungsvordruck des Fotografen, dessentwegen Melinda weinte. Das Formular hatte sich in Luft aufgelöst.

»Melinda. Bitte, Liebling«, sagte sie erschöpft. »Das ist doch nicht schlimm. Ich schreibe dir ein neues Blatt, das ist genau so gut, das verspreche ich. Als ich bei Claridge and Palmer arbeitete, habe ich immer mit solchen Formularen zu tun gehabt. Hier.«

Sie fand einen Block mit gelbem, liniertem Papier und schrieb in ihrer verkrampften Kinderschrift: »Ich gestatte hiermit die Veröffentlichung aller Fotos von Melinda Kantor«, fügte das Datum hinzu und unterschrieb. Sie hielt inne und schrieb dann noch ›Kantor‹ hinter ›Winograd‹.

Melinda schnappte mit ungläubigem Blick das Stück Papier.

»Das stimmt«, sagte Judith sanft. »Ich habe früher einmal wunderschöne Bücher veröffentlicht. Ich habe das gemacht.«

FREITAGMORGEN, 23. OKTOBER 1987, 11:00 UHR

Chip Maguire bekam einen aufgeregten Anruf von Barry Kantor. Sein Mandant Vincent R. Snell hatte seinen Flug aus Miami verpaßt und würde nicht vor dem späten Nachmittag in New York ankommen. Ob der Norddistrikt den Vorladungsbefehl bis nach dem Wochenende aufhalten und Vinnies Vorladung in New York City statt in Syracuse vorgenommen werden könnte?

»Wagen Sie es«, sagte ihm Maguire, »und ich ersuche den Southern District um Verhaftung und dreitägige Inhaftierung, bis ich dann da bin.«

Samstag. In Syracuse. Zehn Uhr morgens. Die Leute von der Drogenfahndung würden da sein, und Richter Hawkins würde das Verfahren zur Hauptverhandlung eröffnen.

»Wie bekomme ich ihn denn an einem Samstag in der Provinz auf Kaution heraus?« jammerte der Anwalt.

»Das ist Ihr Problem.«

Der stellvertretende US-Staatsanwalt war Mr. Kantor noch nie begegnet, aber er konnte ihn schon jetzt nicht ausstehen.

FREITAGNACHMITTAG, 23. OKTOBER 1987

Karen Handelsman hatte die feste Absicht, Mrs. Rumson zur Rede zu stellen, aber zunächst wollte sie sich ganz genau und aus der Nähe den Menschen ansehen, der Melinda nach der Schule abholte. Wenn das Kind den Eindruck erweckte, Angst vor zu Hause zu haben, wußte Mrs. Handelsman, was zu tun war – sie würde direkt zum Büro des Direktors gehen.

Die Erstklässler wurden um vierzehn Uhr fünfundfünfzig entlassen. Handelsman hielt sich im Hintergrund und beobachtete, wie Melinda auf einen großen Mann im Pullover zurannte, der in der Nähe des Fahnenmastes herumstand. Er schloß sie in seine Arme.

»Daddy, Daddy!« gluckste das kleine Mädchen. »Guck, was ich gezeichnet habe!«

»Wie geht's meinem liebsten Mädchen?« Zärtlich streichelte der Vater die Wange des Kindes.

Es war ein filmreifes Wiedersehen mit Umarmungen und Küssen und vertrautem Familiengespräch. Karen Handelsman zog Jessica auf dem Nachhauseweg ziemlich heftig hinter sich her.

FREITAGABEND - SAMSTAGMORGEN
23. - 24. OKTOBER 1987

Der Mietwagen, ein weißer Chevrolet Corsica, war vor dem Haus geparkt. Er hatte ihr eine große Reise versprochen, sie würden über Nacht fortbleiben, und sie würde Daddy im Gericht erleben. Während er mit siebzig Meilen pro Stunde nach Fulton, New York, fuhr, um Vinnie Snell beizustehen, erzählte sie ihm von ihrem Schultag in der ersten Klasse. Vater und Tochter erreichten Vinnies palastartiges Haus gerade rechtzeitig zum Abendessen.

Am Samstagmorgen nahm Vinnie sie zum Frühstück mit in das Restaurant seiner Mutter. Seine Schwester Kitty brachte den Mercedes vorbei, so daß Barry nicht zusätzliche Meilen mit dem Mietwagen fahren mußte. Die Stimmung auf der kurzen Fahrt nach Syracuse war angeregt und heiter. Melinda kuschelte sich in den Schoß ihres Vaters, während er zum vierten oder fünften Mal das Verfahren bei der Festnahme und Anklageerhebung erklärte.

»Die Leute von der Drogenbehörde machen ihre Sachen, dann gehen wir ins Gericht und verlangen eine Freilassung ohne Kaution. Wir haben eine gute Chance«, sagte er in wichtigem Ton zu den Geschwistern. »Freilassung aufgrund seines persönlichen Geständnisses«, erklärte er Melinda und tätschelte sie unter dem Kinn. »Die fünfundzwanzigtausend Mäuse sind zur Sicherheit.«

Kitty nickte und strich über ihr Portemonnaie. Der Anwalt legte seine Hand auf Vinnies Schulter.

»Ich würde deiner Mutter nicht unter die Augen treten wollen, wenn ich ohne dich nach Hause käme.«

Nachdem sie sich einige Male verfahren hatten, kamen die drei Erwachsenen und das Kind beim Gebäude der Bundesbehörde auf der South Clinton Street an. Gepflegt gekleidet und ernst blickend wartete Chip Maguire am Seiteneingang. Er führte sie zum Büro der Drogenfahndung, wo Vinnie weggeführt wurde, damit man ihn fotografierte, Fingerabdrücke nahm und ihn unter Arrest stellte. Barry entschuldigte sich für einen Moment und ließ Melinda bei Kitty, während er nach der Herrentoilette suchte und ein Röhrchen schniefte. Die nächste Station war der Distriktgerichtshof der Bundesbehörde im gleichen Gebäude. Maguire begleitete sie zu Vinnies Anklage im Gerichtssaal von Richter Hawkins im dritten Stock.

Die Richterbank, der Zeugenstand, die Tische der Verteidiger, drei Reihen Besucherbänke – jede helle Oberfläche aus Eichenholz in dem mit blauem Teppich ausgelegten Reich von William S. Hawkins war poliert und glänzte. Anstatt eines Gerichtsschreibers nahmen vier Mikrophone und ein Tonband der neuesten Ausführung, den Verlauf des Prozesses auf.

In der ersten Reihe ließ die Sechsjährige ihre nackten Beine baumeln, während sie die moderne Einrichtung musterte, den fleckenlosen Teppich, die dazu passenden blauen Plastikstühle.

»Ich hatte es größer erwartet«, flüsterte sie Kitty zu.

Ihr Vater trug Vinnies Einspruch ›Nicht schuldig im Sinne des Vorwurfs, Kokain besessen zu haben, mit der Absicht es zu verkaufen‹ vor. Das Feilschen um die Kaution begann.

Chip Maguire bat das Gericht, den vierunddreißigjährigen Angeklagten bis zur Gerichtsverhandlung zu inhaftieren. Die letzten fünf Jahre habe Mr. Snell monatlich ein Pfund Kokain gekauft, achtzigprozentig rein, von einem New Yorker Händler namens Fernandez, der im Moment unter Anklage stehe, dessen Aufenthaltsort aber unbekannt sei. Als der Durchsuchungsbefehl der Bundesbehörde ausgeführt wurde, fand man verschlüsselte Aufzeichnungen über Mr. Snells Barverkäufe in einem verschlossenen Safe in seinem Haus. Mr. Snell selbst war kokainabhängig. Seine letzte Einkommenssteuerklärung von 1982 sei in den Akten mit dem Vermerk ›Verstorben‹ abgelegt. Er sei unverheiratet, habe einen Paß, einen Waffenschein und zwei scharfe Wachhunde, und es bestehe Fluchtgefahr.

Barry erhob sich und schaute dabei kurz in seine Aufzeichnungen. Seine Zunge war schwer, seine Sprache nuschelig, als er einen verzweifelten Versuch unternahm, Vinnies Beruf als seriös darzustellen. Er sei ein preisgekrönter Gebrauchtwagenverkäufer, der nebenbei Dobermannpinscher züchte. Vinnie sei durch ständige Überarbeitung und Erschöpfung in die Fänge der Kokainsucht geraten und habe dabei seine Gesundheit, sein Einkommen und den Zusammenhalt seiner Familie ruiniert. Ein Kokaindealer? Niemals. Ein Käufer? Ja, wir gestehen ein, Euer Ehren, aber nur für die eigene Abhängigkeit, nicht um Profit zu machen. Vinnie habe diesen Sommer mit einem freiwilligen Entzugsprogramm begonnen. Die letzten – wieviele Tage, Vinnie, achtzig? – die letzten achtzig Tage sei er drogenfrei gewesen.

»In all den Jahren meiner Berufserfahrung, Euer Ehren – großes Indianerehrenwort, Hand aufs Herz, geschworen bei meinem Leben –, nach all den Jahren in meinem Beurf kann ich sagen, wenn jemals ein Angeklagter für eine Freilassung ohne Kaution prädestiniert war, dann ist es dieser.«

Richter Hawkins sprach.

»Es gibt hier einige sehr undurchsichtige Dinge, Mr. Kantor. Ich bekomme ein völlig unklares Bild von diesem Angeklagten.«

Der Anwalt kratzte sich am Kopf und grinste wie ein kleiner Junge. Diesen Part mochte er am meisten. Absolute Glaubwürdigkeit, sein Grundkapital, sein Erfolgsmittel, immer wieder trainiert, seit seiner Kindheit auf den Hügeln in der Morris Avenue. ›Nein, Daddy, ich habe die Rollschuhe nicht gestohlen, ich hab sie beim Spielen gewonnen. Judith, du bist solch ein Trottel, ich hab dich nicht geschubst, du bist selbst gegen die Tür gelaufen. Dies ist unsere adoptierte Tochter Melinda. Ach Ma, hör doch auf, wir haben vor zehn Jahren auf Hawaii geheiratet, erinnerst du dich nicht, ich habe dir eine Postkarte geschickt.‹

»Euer Ehren, lassen Sie mich die Sache mit dem Waffenschein entkräften. Ich hatte heute morgen Gelegenheit, mit der Mutter und der Schwester des Angeklagten zu sprechen. Sie haben nie Waffen im Hause gesehen. Was den Vorwurf in der Angelegenheit der Einkommenssteuer betrifft, das streiten wir ab, Euer Ehren. Ich habe selbst eine Kopie der Erklärung des Angeklagten von 1985 gesehen, und er versichert mir, daß alle seine Einkommenssteuererklärungen in Ordnung waren. Lassen Sie mich zuammenfassen. Ja, er hat einen gesetzlichen Waffenschein. Nein, er hat keine Waffen. Ja, er hat Kokain zum persönlichen Gebrauch erworben. Nein, er hat es nicht an andere verkauft. Bei allem Respekt vor dem Bundesstaatsanwalt«, er lächelte leicht mitleidig zu Maguire hinüber, »wenn alle Fakten offenliegen, zeigt sich, daß mein Mandant in viel weniger Punkten zu belangen ist, als der Staatsanwalt denkt.«

Der Richter machte sich einige Notizen.

»Wenn ich eine Kaution festsetze, Mr. Kantor, sind Sie sich hoffentlich im klaren darüber, daß es keine Möglichkeit gibt, ihren Mandanten an diesem Wochenende freizulassen.«

Barry versuchte, sich auf die Worte des Richters zu konzentrieren, er war wie benebelt.

»Ich verstehe nicht, Euer Ehren.«

Der Richter schaute auf.

»Das Verwaltungsbüro ist samstags nicht auf. Es gibt niemanden, der die Papiere bearbeiten könnte.«

»Sie werden ihn inhaftieren?« Der Anwalt versuchte sich am Tisch aufzurichten. »Einen Moment, Euer Ehren, ich versteh das nicht. Sie werden ihn festnehmen?«

Der Saal drehte sich. Er schlug mit der Faust auf den Tisch, das Mikrofon zitterte. Richter Hawkins erstarrte.

»Ich fordere Gerechtigkeit, Euer Ehren. Die Freiheit eines

Mannes steht auf dem Spiel. Ich habe um eine genaue Auflistung der Indizien gebeten. Die Regierungsseite hat gar keine Beweise erbracht« - Knall - »nicht den geringsten Nachweis eines Handelsvergehens« - Knall - »kein Zubehör, Waagen, irgendeinen der Gegenstände, die jemand haben muß, der dealt, verkauft, verpackt. Nicht ein Tütchen. Dieser Mandant hat sich diesem Gericht« - Knall - »freiwillig gestellt.«

»Er hatte«, fuhr Chip Maguire dazwischen, »die ganze Woche die Möglichkeit, sich zu stellen, Euer Ehren. Wir waren bereit, den Fall am Freitag, als das Verwaltungsbüro auf hatte, zu verhandeln.«

»Kommen Sie, Richter, seien Sie vernünftig«, schmeichelte Barry. »Fünfhundert Gramm im Monat? Ich bin Anwalt in New York. Ich sage Ihnen, in New York City ist das ein Witz.«

Für einen Moment sah der Richter erschrocken aus.

»Nicht diese Menge macht es moralisch richtig oder falsch«, stotterte Barry eilfertig. »Euer Ehren, dies ist eine fundamentale Grundlage des Strafrechtes.«

Er setzte sich, zitternd. Er hatte Vinnie in die Falle getrieben, die fletschenden Kiefer würden bald zuschnappen.

Richter Hawkins legt die Kaution auf hunderttausend Dollar in bar fest und verfügte, daß der Gefangene weiter inhaftiert bleiben sollte, bis die Kautionssumme hinterlegt sein würde. Die Augen des kleinen Mädchens in der ersten Reihe wurden ganz groß, als die Sheriffs der Bundesbehörde Vinnie in Handschellen abführten.

Die Anhörung war vorbei.

»New Yorker Anwälte«, sagte Richter Hawkins in seinem Zimmer zum Staatsanwalt. »Die kommen hier mit ihren U-Bahn-Manieren angerauscht und glauben, wir wären Umfaller.« Er ging zum Fenster und genoß den friedlichen Anblick. »Aber ab und an stolpern sie über einen von uns. Und fallen.«

Der weiße Chevrolet Corsica hielt den Betrieb auf. Angela Bonelli schaute ärgerlich zu, wie der aufgeregte Fahrer nach seinem Portemonnaie suchte.

Erst als er aus dem Wagen stieg, um seine Jacke auszuschütteln, bemerkte die Mautkassiererin das kleine Mädchen auf dem Vordersitz. Ihr Körper krümmte sich unter dem Schluchzen, und auf der Stirn hatte sie einen roten Striemen.

»Was ist mit Ihrem kleinen Mädchen passiert?«

»Nichts. Sie hat ihren Kopf an der Windschutzscheibe gestoßen. Scharfe Biegung an der Auffahrt neununddreißig. Sie sollten etwas am Winkel der Kurve verändern.« Er langte zum Handschuhfach hinüber und holte einen Beutel Sahnebonbons heraus. »Das wird sie trösten.«

Sein Portemonnaie lag hinter der Bonbontüte. Er fingerte einen Zwanziger heraus und nahm sein Wechselgeld entgegen.

Angela Bonelli bemerkte das Nummernschild einer Autoverleihfirma, als das Auto davonraste. Ihr gingen die Suchanzeigen nach vermißten Kindern, die auf Milchtüten abgedruckt waren, durch den Kopf. Sie griff zum Telefon.

»Weißer Chevrolet«, meldete sie. »Neues Modell Corsica. Viertürig. Kennzeichen ZBB956. Ich denke, es könnte eine Entführung sein.«

Fünfundzwanzig Meilen südlich der Mautstelle von Woodbury entdeckten die Bundespolizisten den weißen Chevy Corsica, ZBB956, der sich der Tappan Zee Brücke näherte. Sie winkten den Wagen heraus und forderten den Fahrer auf, sich auszuweisen.

»Hey, was'n hier los?« sagte er über das ganze Gesicht strahlend. »Ich war unter sechzig Meilen.«

»Ihr kleines Mädchen?«

Melinda saß mit verweinten Augen und verängstigtem Blick auf dem Vordersitz.

»Wir hatten eine Meldung, daß ein kleines Mädchen schluchzte.«

»Ja, gut, schauen Sie sie an. Sie ist in Ordnung. Ich bin Anwalt, ich hatte heute morgen einen Gerichtstermin in Syracuse. Wir sind auf dem Weg nach Hause. Sie ist müde. Sie wird quengelig, wenn sie müde ist – will an jedem Rastplatz anhalten.

Macht Sie das schon mißtrauisch, wenn ein Vater und seine Tochter im Auto fahren?«

»An einem Samstag? Was für ein Gerichtstermin? Vormundschaftsverfahren?«

»Unglaublich! Ich habe einen meiner Mandanten in einer Anklageverhandlung vertreten. Hier, gucken Sie in meinen Aktenkoffer. Rufen Sie den Richter an. Ich muß heute abend noch zu einem Kautionsverwalter. Sie verhaften ein Organ der Rechtspflege, ich sollte Sie wegen Behinderung des Gesetzes melden.«

»Würden Sie bitte mit uns kommen.«

Die Polizisten brachten sie zum Mautgebäude am Tarrytown Plaza. Sie setzten Melinda auf einen Tisch und fotografierten sie.

»Wie heißt du, meine Kleine? Weißt du eure Telefonnummer?«

Sie sagte die Telefonnummer auswendig. Beim achten Klingelzeichen nahm Judith ab.

Barry hielt an einer Eisdiele, bevor er auf die Autobahn zurückfuhr. Er spendierte Melinda ein Schokoladeneisgetränk und nahm selbst einen Softeisbecher mit heißer Nußsauce und extra Schlagsahne.

MONTAG, 26. OKTOBER 1987

Lila Rumson biß die Zähne zusammen und ging in das Büro das Direktors.

»Eine aus meiner ersten Klasse«, sagte sie ohne Einleitung. »Da stimmt etwas nicht zu Hause. Sie sieht nicht – «

»Aus einem der Sozialhilfehotels?«

Die Lehrerin fühlte ihren Widerwillen in sich aufsteigen. Er hatte mit selbstverständlicher Überzeugung gesprochen, war ihr, bevor sie ihren Satz beendet hatte, ins Wort gefallen. Seine Arroganz, seine unanfechtbare Überheblichkeit, die Art, wie er leichtfertig abwinkte, sie gleich abwehrte, bevor sie den Satz zu-ende gesprochen hatte!

»Nicht aus einem Sozialhilfehotel!« Ihre Stimme war schrill. »Nicht aus einem Sozialhilfehotel«, wiederholte sie.

DIENSTAG, 27. OKTOBER 1987

Barry spürte ein Zerren in den Nackenmuskeln, als er das Büro des Direktors der Länge nach durchschritt.

»Ich melde sie ab, ich melde sie sofort ab. Ich habe gute Freunde in der Livingston Street, die Distriktschulbehörde wird davon hören. Ich werde Anzeige erstatten wegen persönlicher Diffamierung. Was für ein faschistisches Komplott haben Sie hier vor, Blattstein? Irgendeine alte Jungfer zieht voreilige Schlüsse. Habt ihr mit Melinda gesprochen? Was hat meine Tochter euch erzählt?«

»Im Grunde das gleiche wie Sie«, besänftigte der Schulleiter. »Und natürlich glauben wir ihr, aber – «

»Was aber? Was, was?«

»Mr. Kantor, brüllen Sie nicht, auf der anderen Seite des Korridors sind Klassenräume. Niemand behauptet etwas, es sind nur Tatsachen beschrieben worden. Mrs. Rumson ist seit langer Zeit bei uns, und wir schätzen ihr Urteil.« Unbeabsichtigt lief es dem Direktor kalt den Rücken herunter. »Sie glaubt, daß Melinda vielleicht zu Hause Spannungen ausgesetzt ist, daß Dinge geschehen, von denen es gut wäre, wenn wir sie wüßten.«

Barry setzte sich schnell hin.

»Spannungen zu Hause?«

Der Direktor nickte ihm erwartungsvoll und aufmunternd zu.

Barry starrte aus dem Fenster. Ein junges Pärchen ging Arm in Arm vorbei. Er nahm seine Brille ab und rieb sich die Augen.

»Blattstein«, sagte er mit kläglicher Stimme, »in dem Moment, als ich Sie das erste Mal gesehen habe, schätzte ich Sie als einen ungewöhnlich einsichtigen Kerl ein. Es stimmt, Melinda war zu Hause Spannungen ausgesetzt.

Der Direktor gönnte sich ein selbstbestätigendes Achselzucken.

»Blattstein – « Der Anwalt verfiel in einen zutraulicheren Tonfall. »Es ist nicht meine Art, mich Fremden gegenüber auszusprechen, aber ich glaube, in diesem Moment brauche ich einen guten Freund. Ich denke, ich schulde Ihnen eine Entschuldigung und eine Erklärung.« Er rieb sich den Nasenrücken. »Judith ist für Melinda eine wunderbare Mutter. Sie sollen wissen, daß sie in meiner Gegenwart niemals die Hand gegenüber unserer Tochter erhoben hat. Es gibt Zeiten – manchmal mehrere Wochen hintereinander –, in denen meine Frau die glückliche schwungvolle Frau ist, in die ich mich vor siebzehn Jahren verliebt habe. Das ist es, was mir den Mut zum Weitermachen gibt.«

Der Direktor schaute ungläubig. Barry machte ein Pause, um seine Worte wirken zu lassen.

»Wenn ich daran denke, wie wir Arm in Arm durch Greenwich Village gelaufen sind! Damals schien das Leben so einfach, so voller Versprechungen. Blattstein, wissen Sie, was es bedeutet, mit einer als depressiv und schizophren diagnostizierten Frau zusammenzuleben? Was es bedeutet, jeden Morgen aufzustehen und sich zu fragen, ob dies der Tag ist, an dem sie sich aus dem Fenster stürzen wird? Im letzten Winter hatte sie einen monatelangen Heulkrampf. Ich brachte sie nach Bellevue. Sie haben sie mit Psychopharmaka vollgepumpt und zu einer tumben Person zurechtgespritzt. Es hat mir das Herz gebrochen, sie so leblos zu sehen. Ich habe sie dann in der nächsten Woche da rausgeholt. Sehen Sie, ich will Ihnen nicht mit den tragischen Details auf die Nerven gehen oder Ihnen die Rechnungen dieser erstklassigen Spezialisten in der Park Avenue zeigen, die sich mit meinem Geld dünngemacht haben. Ich bettele nicht um Anteilnahme. Wofür ist Geld schon gut, wenn man es denn nicht für seine Lieben ausgeben kann? Vielleicht habe ich mir selbst etwas vorgemacht, daß wir weiter als Familie zusammenbleiben können. Man hat mir schon vor langer Zeit empfohlen, sie als Patientin einweisen zu lassen – zur Gesundheit und zum

Wohlergehen aller, nicht nur für sie selbst. Aber was soll ich machen? Ihr einen Lebewohlkuß geben, und das war's dann?«

Der Direktor strich sich in der angespannten Stille durch den Bart.

»Mr. Kantor«, sagte er unterwürfig. »Darf ich Sie Barry nennen? Ich würde mich geehrt fühlen, wenn Sie mich Art nennen.«

»Art«, wiederholte Barry. »Art, ich bin so gefangen gewesen in meinen persönlichen Problemen, daß ich, glaube ich, meine Verpflichtungen gegenüber meinem kleinen Mädchen und dem Jungen vernachlässigt habe.«

»Mit Geisteskrankheiten klarzukommen ist nie einfach, Barry. In unserer Familie hatten wir eine Tante Ida, die Schwester meiner Mutter, die mit uns in der Bronx lebte. Eine Situation, die nicht sehr viel anders war als jene, die Sie beschreiben. Aber es gibt etwas, das ich von Tante Ida gelernt habe, und diese Erkenntnis möchte ich jetzt mit Ihnen teilen. Sich selbst in Schuldzuweisungen zu verfangen bringt überhaupt nichts. Ich spüre, daß in der kurzen Zeit, die wir hier verbracht haben, glücklicherweise sehr viel Druck von Ihnen genommen wurde. Ich glaube, daß Sie im Grunde Ihres Herzens wissen, daß Sie sich gegen etwas gesträubt haben, das unabwendbar ist.«

»Hören Sie zu Art, ich brauche noch ein paar Monate. Ich möchte, daß sie freiwillig geht, mit der Einsicht, daß es für sie selbst das Beste ist. Neulich, als ihr mit Melinda der Geduldsfaden gerissen ist, hat sie etwas gesagt, das mich zum ersten Mal daran denken ließ, daß sie in intensive psychiatrische Behandlung sollte.«

Der Direktor nickte.

»Sie verstehen doch, daß wir eine Verpflichtung gegenüber Melinda haben. Wenn wir Grund zu der Annahme haben, das Kind sei in physischer Gefahr, dann müssen wir einschreiten.«

»Ich höre Sie klar und deutlich, Art, ich verstehe. Sie haben recht. Es war gut, so offen mit Ihnen zu reden. Ich glaube es ist gut, einen objektiven Beobachter zu haben, der die Dinge im Verhältnis sieht.«

Der Anwalt erhob sich, um zu gehen.

»Welche Ecke in der Bronx?«

»Entschuldigung? Oh. Mosholu Parkway. Als ich zehn war, zogen wir nach Forest Hills.«

»Teufelskerl! Meine Mutter lebt noch an Kingsbridge und Jerome Street. Ich bin zu DeWitt Clinton gegangen und habe meinen Collegeabschluß in Fordham gemacht. Yankees oder Giants?«

»Yankees.«

»Gut, bei den Gewinnern bleiben. Du wärst wahrscheinlich der nächste Baseballstar wie Mickey Manley gewesen, richtig? Also, was denkst du über diese Saison? Sie haben ziemlich gut begonnen, bevor sie gegen Detroit antraten.«

»Die haben keinen Stich gesehen.«

»Ganz klar. Und wir werden ihnen nie verzeihen, daß sie Reggie verkauft haben, richtig? Ich sage das George jedesmal, wenn ich ihn sehe. Steinbrenner ist ein alter Freund von mir, ich war diesen Sommer mit ihm und Billy Martin zusammen auf meinem Boot. Hey, wann bist du zum letzten Mal bei einem Spiel gewesen? Zu dumm, hätte ich davon eher gewußt, Art, jederzeit, wann immer du willst, kann ich zwei Tribünenplätze bekommen.« Er drehte sich an der Tür um. »Melindas Lehrerin, alte Hexe –«

Obwohl er es nicht wollte, lachte Arthur Blattstein.

»Art, ich brauche dir nicht zu sagen, wie es zu so etwas kommt, du hast ja auch bei dieser Angelegenheit immer mehr gewußt als ich. Aber wenn ein Wichtigtuer etwas davon mitbekommt, dann gibt es Tratsch, und die ganze Schule weiß es. Ich mache mir keine Gedanken um meine eigenen Empfindungen, aber um die meiner Tochter. Was werde ich ihr sagen, wenn sie in Tränen aufgelöst zu mir kommt, nachdem irgend ein Klassenkamerad mit so einem Spruch wie ›Hey, meine Mammy sagt, daß deine Mammy eine Irre ist‹ herausplatzt?«

Der Direktor schüttelte ihm die Hand.

»Du kannst auf mich zählen, Barry. Alles was wir besprochen haben, wird vertraulich bleiben, du hast mein Wort.«

MITTWOCH, 28. OKTOBER 1987

Kitty Snell kam in die Stadt mit den Eigentumstiteln für Vinnies Haus, ihre Eigentumswohnung in Florida und den Wohnwagen mit Stehplatz, den Vinnie im letzten Jahr für seine Mutter gekauft hatte. Barry brachte sie zu Alberto Cruz, seinem bevorzugten Kautionsverwalter.

Als sie danach Kaffeetrinken gingen, sagte sie es ihm klar und deutlich.

»Barry, du und Vinnie, ihr kennt euch lange, ich will, daß du weißt, daß dies meine Entscheidung ist.« Sie drückte ihre Zigarette aus und nahm sich sofort eine neue aus ihrer Schachtel. »Ich habe mit einigen Freunden gesprochen. Ich werde Vinnie einen Anwalt aus Syracuse besorgen.«

»Ach ja. So?«

»Du bist nicht böse?«

»Ich denke, das ist eine gute Idee«, sagte er ruhig, während er mit seinem Feuerzeug spielte.

DONNERSTAGABEND, 29. OKTOBER 1987

Sie schliefen, als er nach Hause kam.

Er rülpste. Sein Magen war übersäuert vom zu vielen Essen, Trinken und Rauchen. Er beschloß, sich eine Viertelstunde in den Hängeschuhen abzuarbeiten.

Fluchend legte er die Stiefel an, griff nach dem Halteseil und machte Klappmesserübungen, während sein Fuß über dem Metallbarren hing. Es gab einen unheilvollen Stoß. Er krachte auf den Boden.

»Judith!« brüllte er.

In der unteren Wohnung erwachten Gunther und Jim durch das vertraute Getrampel.

»Leg die Sinfonie von Mahler auf«, seufzte Jim.

FREITAGNACHMITTAG, 30. OKTOBER 1987

Carrie Westerhof hatte sich mit der Arbeit an Jennifers Kostüm übernommen. Nachdem sie sich zwei Tage lang mit einem Paar hauchdünner weißer Flügel abgequält hatte, war ihr spät am letzten Abend endlich klar geworden, wie sie das komische Ding an Jennifers Schultern festmachen sollte. Voilá! Ein weißer Gymnastikanzug und ein Balletkleidchen aus dem Tanzunterricht, ein Zauberstab und ein Stirnreif von Lamstons, und schon verwandelte ihre Tochter sich in eine Märchenfee. Die stolze Mutter wühlte in ihren Bastelsachen nach einer Schachtel mit Sternchen aus Goldpapier. Zur Vollendung klebte sie wahllos einige Sterne auf das kurze steife Kleidchen.

Die Halloweenfeier der ersten Klasse sollte von dreizehn bis vierzehn Uhr dreißig stattfinden, und Carrie wollte sie auf keinen Fall verpassen. Sie hatte mit Mrs. Rumson abgesprochen, daß sie die gesamte Feier fotografieren würde.

Batmänner und Supermänner lagen beim Halloween der ersten Klasse im Wettstreit mit Darth Vaders. Carrie zählte schnell einen Piraten, zwei Clowns, drei Dinosaurier, zwei Spinnen. Einige Mädchen waren die She-Ras aus ›Masters of the Universe‹. Sie stolzierten kichernd in ihren Stiefeln, den Umhängen und Strumpfhöschen durch den Klassenraum. Graziöse Prinzessinnen gab es leider sehr viele, obwohl Jennifer dank ihrer Mutter die einzige Märchenfee mit Flügeln war.

Carrie holte ihr Täschchen mit Make-up hervor und puderte etwas Rouge auf Jennifers Wangen.

»Mal mein Gesicht, mal mein Gesicht!«

Es war Jennifers kleine Freundin Melinda Kantor. Sie war nicht verkleidet. Sie trug einen lila-weißen Pullover, der zwei Nummern zu groß war.

»Mal mein Gesicht an, bittebitte.«

»Mach das bitte Mammy, gleich nachdem du mich gemacht hast.«

Carrie bewunderte die pfirsichsamtene Haut des Kindes.

»Melinda, Liebling, woher weiß ich, ob das deiner Mutter

recht ist? Frag deine Lehrerin, ob es okay ist.«

Zu spät. In einem Pullover und Hosen für die bevorstehenden Aktivitäten gewappnet, stellte Mrs. Rumson ihre Kleinen zur Kostümschau auf. Carrie nahm ihre Olympus und begann zu fotografieren.

Das Spiel, in dem ein Apfel mit dem Mund aus dem Wassereimer geschnappt wurde, ging, genau nach dem Plan, den die Lehrerin an die Tafel geschrieben hatte, über in ein anderes Vergnügen, bei dem der Apfel von Mund zu Mund weitergereicht wurde. Während Carrie unablässig knipste, bemerkte sie, daß Jennifers rechter Flügel herunterhing. Überall um sie herum gerieten die Kostüme in Unordnung.

»Mach ein Foto von mir!«

Melinda. Das Kind machte einen Knicks vor ihr, grinste und posierte.

Carrie bekam heftige Gewissensbisse.

»Melinda, ich verspreche, ich werde ein Foto von dir machen, aber nicht, wenn du posierst. Ich werde mich an dich heranschleichen und genau dann abdrücken, wenn du nicht hinguckst.«

Ein keckes Kind, dachte Carrie. Unbändige Energie. Hat mehr Selbstvertrauen als Jennifer. Setzt sich aber immer in Pose. Wie konnte ihre Mutter nur vergessen, ihr ein Kostüm zu machen? Das Kind muß sich gedemütigt fühlen. Sie wohnen in einem wohlhabenden Viertel, die Kantors. Warum kleiden die Eltern sie so schlecht, in abgelegtem Zeug?

Melindas Mutter humpelte und sah aus, als hätte sie eine Hasenscharte. Carrie hatte sie einige Male im Park gesehen, es aber nicht fertig gebracht, zu ihr zu gehen und zu sagen: »Hi, ich bin Jennifers Mutter, unsere Töchter sind befreundet.« Einmal hatte Carrie gehört, wie zwei andere Mütter redeten. Eine bezeichnete Mrs. Kantor als verkrüppelt, worauf die andere sagte: »Meine Liebe, das ist etwas anderes, das ist ein unanständiges Wort, die korrekte Bezeichnung ist ›behindert‹.« Nun, es gab solche Behinderte und andere. Melindas Vater hatte immer ein Augenzwinkern oder ein Kopfnicken übrig, aber ihre Mutter verbreitete eine Stimmung, die zeigte: »Komm mir nicht zu nahe«.

Das Spiel mit den Äpfeln war vorbei. Mrs. Rumson legte etwas Musik auf, um die Kinder zu beruhigen, während die Praktikantin den Wassereimer ausleerte und die Spritzer aufwischte.

Es war Zeit für die Geschichte. Die gehorsamen Kinder gingen mit ihren Pappbechern voll Zuckermais an ihre Tische. Wohlwollend dreinblickend ging Mrs. Rumson die Gänge zwischen den Reihen entlang. Sie hielt einen Moment inne, als sie zu Melinda Kantor kam. Carrie beobachtete, wie die Lehrerin ihre Hand auf die Schulter des Kindes legte und aufmunternd drückte.

Stille kehrte im Klassenzimmer ein, als Mrs. Rumson begann, die bekannte Geschichte vorzulesen von dem kleinen Mädchen, das Angst vor der Dunkelheit hatte. Jennifer saß aufrecht auf ihrem Stuhl. Am anderen Ende des Klassenzimmers, am Fenstertisch, beugte sich Melinda nach vorn. Ihre blauen Augen blickten nun ernst. Sie starrte geradeaus.

Ruhig nahm Carrie ihre Kamera in die Hand und stellte scharf. Jetzt! Sie drückte den Auslöser.

Gott sei Dank, sagte Carrie Westerhoff zu sich selbst, endlich habe ich sie erwischt, wenn sie nicht posiert.

FREITAGABEND, 30. OKTOBER 1987

Gunther kam rückwärts aus seiner Wohnung und verriegelte umständlich die Tür. Vollbepackt mit zwei Stofftaschen und einem kleinen Handkoffer, stieß er fast mit der Nachbarin von oben zusammen. Marianna kämpfte auf dem Treppenabsatz mit ihrem Koffer.

»Kommen oder gehen Sie?« fragte er.

»Nach dem letzten Halloween, was denken Sie? Ich ziehe über das Wochenende zu einigen netten normalen Freunden weiter oben in Manhattan.«

»Entschuldigung, ich habe keine Hand frei, sonst würde ich Ihnen helfen. Bei uns geht es nach Amagansett.«

»Das ist weit genug weg«, murmelte sie. »Warum unterstützt die Stadtverwaltung diesen Trubel auch noch? Denken die überhaupt nicht daran, daß dies ein Wohngebiet ist?«

Gunthers Stofftaschen knallten und schrammten gegen die Wände, während er seiner Nachbarin die enge Treppe hinab folgte.

»Vor drei Jahren sind acht von uns als Geburtstagskuchenstücke verkleidet gegangen. Mit Kerzen. Die Schneiderin und Bühnenbildnerin aus der Inszenierung, in der ich gerade auftrat, hatte sich das ausgedacht. Das war fabelhaft, wie wir in einem Kreis getanzt haben. Früher mochte ich diesen Umzug sehr«, sagte er nachdenklich, »damals in den unbeschwerten Tagen vor AIDS.«

»Ich auch«, rief Marianna über ihre Schulter hinweg. »Ha, es war wunderbar bunt und lebendig. Und jetzt würde ich am liebsten die Decke über den Kopf ziehen, bis es vorbei ist.«

»Jim holt den Wagen«, sagte er, als sie zur Straße kamen. »Wenn Sie wollen, können wir Sie mitnehmen.«

»Würden Sie das machen?« fragte sie und lachte ihn strahlend an. »Die armen Kerle gucken immer so deprimiert, wenn sie mitbekommen, daß man nicht bis zum Flughafen fährt.«

SAMSTAG, 31. OKTOBER 1987

Die heidnischen Bräuche sind in den Ländern mit starken keltischen Traditionen noch sehr lebendig. Am Allerheiligen dürfen die Volksmassen ihren unterdrückten Sexualtrieb und ihren monotonen Alltag hinter sich lassen und in einem zügellosen Zug der dreckigen Fantasie und der Begeisterung die Straßen stürmen. Kürbislaternen und das Singen der Kinder um Süßigkeiten an den Haustüren sind die abgeschwächte amerikanische Version dieses Feiertagsvergnügens.

Um 1975 rebellierten in den nahe am Fluß gelegenen Ausläufern von Greenwich Village einige sehr kreative Menschen gegen das kommerzialisierte Halloween ihrer Kindheit und brachten eine schaurige Parade ausgesprochen dämonischer Schöpfungen aus Pappmaché zustande. Pfeifende Hexen und reptilienartige Monster zeigten der Nachbarschaft, die begeistert mitmachte, die Formen und den Sinn des Festes. Der makabre Umzug war ein riesiger Erfolg und wurde zum jährlichen Brauch in Greenwich Village.

Die einheimischen Medien deklarierten diesen Auflauf von schauderhaften Gestalten und Gespenstern als überwältigend. Mit jedem neuen Halloween tauchten noch einmal hundert als Königinnen verkleidete Typen mit Rollschuhen auf, gemeinsam mit sechzig neuen Teufeln auf Stelzen. Achtzig weitere Ronald Reagans drängten sich vorbei an vierzig zusätzlichen Richard Nixons. Tanzende Dominosteine und gemischte Kartenspiele aus dem Yuppieviertel Tribeca, unterhalb der Canal Street, konkurrierten mit zweibeinigen Leichen aus Soho. Winkende Ayatollahs strömten aus New Jersey herbei. Schließlich, so schien es, tauchte die gesamte Ostküste zum Umzug im Village auf.

Das Unvermeidliche trat ein. Glotzende Touristen blockierten die engen Straßen in den Wohnvierteln. Händler tauchten auf. Taschendiebe hatten ihre große Zeit. Umherziehende Jugendliche praktizierten ihre eigenen heidnischen Riten an unschuldigen Zuschauern entlang der Marschroute. Die Gemeindeversammlung von Greenwich Village verabschiedete wütende Appelle, in denen eine verstärkte Polizeieskorte gefordert wurde. Der Umzug wurde umgeleitet, und der ursprüngliche kreative Geist verabschiedete sich resigniert. Die Stadtverwaltung nahm das Terrain ein.

Im Jahr 1987 gab es nur noch ein Überbleibsel vom ursprünglichen Umzug. Eine unheilvolle Stimmung, eine mörderische Spannung legte sich am Abend des Halloween über Greenwich Village.

Barry setzte Melinda auf seine Schultern und suchte sich an den drängenden Massen vorbei einen Weg zur Kreuzung von Sixth Avenue und Tenth Street nahe der Jefferson-Market-Courthouse-Bücherei. Sie kamen zu spät. Die Menge stand in

Sechserreihen hinter den Absperrungen auf dem Bürgersteig. Er konnte kaum die Köpfe des vorbeiziehenden Marsches sehen.

»Hey Mann, nicht schubsen.«

»Wer schubst denn hier? Ich versuche nur, meinem kleinen Mädchen einen Platz zum Gucken zu finden.«

»Ja, gute Sicht wollen wir alle. Wir haben hier seit sechs Uhr gestanden. Fahr nach Hause, da wo du hergekommen bist.«

»Ich wohne hier zufällig.«

»Nicht zu fassen.«

Er griff die Knie des Kindes und arbeitete sich weiter den Häuserblock entlang.

»Aus'm Weg, ich hab diese Laterne besetzt.«

»Hey, Edelwichser! Komm von der Ampel runter.«

»Nicht schubsen.«

»Willst du Streit anfangen, Arschloch? Du hast mich zuerst geschubst.«

»Fick dich ins Knie.«

Er gab angewidert auf und brachte Melinda nach Hause.

Zwei Stunden später verließ er allein die Wohnung und lief hinaus in die Nacht.

Melinda saß im Schneidersitz auf den kalten Fliesen und machte leise flüsternd ihre Schulübungen. Sie zählte bis fünfhundert. Dann zählte sie rückwärts von zweihundertfünfzig bis null. Abgesehen von Ricky war es still in der Wohnung.

Ohne zu atmen, entriegelte das Kind die Badezimmertür. Nichts passierte. Sie zog ihre Schuhe aus, um keinen Lärm zu machen, lief auf Zehenspitzen über den Wohnzimmerfußboden und folgte dem merkwürdigen Knarren, bis sie zum Laufstall ihres Bruders kam.

»Hör auf damit, Ricky, halt die Klappe«, flüsterte sie so bestimmt sie konnte. »Wenn du nicht die Klappe hältst, gebe ich dir nicht die Flasche.«

Das Baby rang nach Luft und wimmerte weiter. Melinda langte durch die hölzernen Stäbe und strich ihm über den Kopf.

»Hab keine Angst Ricky, bitte, hab keine Angst. Es ist vorbei.« Sie setzte sich neben ihn auf den Fußboden. »Komm her, ich will dir einen Kuß geben.« Sie zerrte an seinem Arm. »Ricky, bitte, wein nicht mehr. Willst du da raus? Ich geh und frage Mammy.«

Melinda folgte wieder dem mysteriösen Knacken den Flur entlang, bis sie zum Schlafzimmer ihrer Eltern kam. Angestrengt lauschte sie an der Tür, bevor sie den Weg, den sie gekommen war, zurücklief.

»Du wirst noch eine Weile da drin bleiben müssen, Ricky. Mammy schläft. Sei nicht böse, du kommst später raus.« Sie lehnte ihren Kopf gegen die Holzstreben. »Ricky? Wenn du aufhörst zu weinen, erzähle ich dir eine Geschichte.«

Judith schob die Tür auf und ging wankend zur Toilette. Sie verfehlte die Kloschüssel und erbrach sich auf den Fußboden. ›Wegmachen, wegmachen‹, befahl ihr die innere Stimme.

»Melinda«, rief sie schwach.

Das Kind rannte zu seiner Mutter.

»Mammy, Mammy, ich bin hier.«

Judith hielt sich die Hände vor das Gesicht.

»Melinda, ich kann nicht gehen. Du mußt mir helfen. Geh, hol das Eis aus dem Gefrierschrank. Nimm die Trittleiter, sei vorsichtig. Bring mir alles Eis und eine Schüssel«.

Melinda tat, was ihr gesagt worden war. Unruhig trat sie von einem Bein aufs andere und beobachtete, wie ihre Mutter das Eis in ein Handtuch wickelte und die Kompresse auf ihre Nase hielt.

Im Spiegel war zu sehen, daß diese Kreatur, die nicht mehr wie ein Mensch aussah, eine gelbviolette Maske hatte. Sie verhöhnte die Frau, die sich am Waschbecken festhielt mit einem ›Livergut, livergut‹.

»Mammy, ich kann nicht schlafen. Ich habe Angst.«

Judith versuchte, das weiße Pulver vor dem Kind zu verbergen.

»Oh, Mammy, laß das.«

»Ich muß, Liebling. Nur ein ganz klein bißchen. Die Schmerzen.«

Sie tupfte etwas Pulver mit ihrem kleinen Finger auf und strich ihn auf ihre Zunge. Bitter. Gut. Ein viertel Teelöffel voll. Jetzt, schnell. Sie löffelte einige Körnchen auf die Pappe eines Streichholzbriefchens und schnupfte sie in ihr linkes Nasenloch. Zum Ausgleich nahm sie noch einen Schub ins rechte Nasenloch. ›Oh Cocaine Bill and Morphine Sue were strolling down the avenooo. Honey have a (sniff) have a (sniff) on me, Oh honey have a (sniff) on me.‹

»Mammy, ich habe Angst. Kann ich hier mit dir schlafen, bis Daddy nach Hause kommt?«

»Melinda, nein. Geh wieder auf das Sofa.« – ›They walked up Broadway, turned down Main, looking for a place to buy cocaine. Honey have a (sniff) have a (sniff) on me, Oh honey have a (sniff) on me.‹ Irgendwann hatte er ihr eine klebrige braune Kugel in den Schoß geworfen, groß wie ein Riesenbonbon. Versuch das, sagte er. Mohn. Du rauchst ihn wie Hasch. Ach, solche süßen Träume. Nur einmal und nie wieder. Nerv mich nicht, Judith. Niemand spritzt sich Opium, 's ist zu dickflüssig. Wenn du auf einen guten sanften Trip kommen willst, mußt du das aufbereitete Zeug nehmen. H. Du mußt an weißen Zucker denken, anstatt an braunen. Nicht gut zum Kuchenbacken, sagte sie. Er lachte und beschriftete die Fläschchen. Yin und Yang, seines und ihres, H und K. Der immerwährende Unterschied, der das Schicksal aller Lebewesen bestimmt. Yang war stark, klug und männlich. Gut. Yin war willenlos, versponnen, weiblich. Schlecht. Zwei weiße Pulver. Sie lernte, sie zu unterscheiden. Heroin war Kalkstaub, von einer Wand gemeißelt, trockener Gips, Bausand, der sich ocker verfärbte. War sie mit Koks gut drauf, sah sie es auf Anhieb: milchige Kristalle, Fischschuppen, Glimmer. Barry, zwei weiße Pulver – wie unterscheidet man Yin und Yang? Auf deiner Zunge, sagte er. Yang fühlt sich eisig an. Yin schmeckt bitter. Das ist deins.

»Mammy, wenn Daddy nach Hause kommt, dann ist er nicht mehr zornig, oder?«

»Ich weiß es nicht«, sagte ihre Mutter mit entrückter Stimme. »Ich weiß es nicht.«

SONNTAG, 1. NOVEMBER 1987

Um zehn Uhr morgens war er rasiert und angezogen.

»Nimm mich mit, Daddy. Nimm mich mit.«

Melinda schlang die Arme um die Hüften ihres Vaters und vergrub ihr Gesicht in seinem Bauch.

Seine Schläfen pulsten.

»Melinda, hör auf zu jammern.«

»Daddy, ich will mit dir kommen.«

»Bleib zu Hause«, brüllte er, »kümmere dich um deine Mutter.«

»Daddy, ich will nicht in der Wohnung bleiben.« Sie schaute zu ihm auf, flehend. Immer, immer war es so, daß er sie sonntags mitgenommen hatte. »Es ist nichts zu essen in der Wohnung, ich habe Hunger.«

Fluchend schleuderte er das Kind gegen das Sofa.

»Du wirst essen, wenn ich zurückkomme. Mach dein Bett, pack deine Sachen in die Schublade. Gib Ricky seine Flasche. Ich will, daß diese Wohnung sauber ist, wenn ich zurückkomme.«

Sie versuchte es ein letztes Mal, als er an der Tür war, und hielt sich mit ihren kleinen kräftigen Fäusten an seinem Jackett fest.

Er schlug ihr seitlich auf den Kopf. Schluchzend ließ sie los.

Am Sonntagmittag ging Debbie Potter mit einer Freundin nach Hause, als sie das kleine Mädchen, auf das sie früher einmal aufgepaßt hatte, die Straße entlanglaufen sah.

»Melinda Kantor« rief die Babysitterin. »Was machst du allein hier draußen? Hast du dich verlaufen?«

Das kleine Mädchen schien verwirrt. Ihre Augen waren verquollen. Sie hatte geweint.

»Melinda, wissen deine Eltern, daß du hier ganz allein bist?«

Das Kind antwortete nicht.

»Willst du, daß ich dich nach Hause bringe? Ich weiß, wo du wohnst.«

»Meine Mutter hat mich zum Milchholen losgeschickt.«

»Ach so. Du läufst aber nicht über die Sixth Avenue, nicht wahr? Ich hoffe doch nicht.«

»Nein.«

»Melinda, stimmt etwas nicht? Hast du vielleicht dein Einkaufsgeld verloren, oder? Ich kann dir einen Dollar leihen.«

Das Kind schüttelte den Kopf.

»Wie geht es deiner Mutter? Fühlt sie sich besser? Als ich sie zum letzten Mal gesehen hab, war sie – «

»Es geht ihr ganz gut.«

»Dein kleiner Bruder muß jetzt schon richtig groß sein. Melinda, dies ist meine Freundin Cissie. Guck mal, was wir bei Lamstons gekauft haben. Es ist dieses fabelhafte Haargel in Dosen, das sie im Fernsehen gezeigt haben. Willst du mitkommen und uns zugucken, wenn wir unser Haar machen? Du kannst von meiner Wohnung aus deine Mutter anrufen.«

»Mammy wartet auf mich.«

Das kleine Mädchen rannte fort.

»Das war merkwürdig«, sagte Debbie zu ihrer Freundin. »Normalerweise ist sie so gesprächig und freundlich.«

Alberto Cruz nahm die Rechnung an sich. Barry hatte ihm Kitty Snell als Kundin geschickt; dafür schuldete Alberto ihm ein Abendessen. Keiner der beiden Männer war in der Stimmung, nach Hause zu gehen, und so zogen sie durch einige Bars auf der Bleecker Street. Barry versuchte, für eines seiner Geschäfte zu werben. Er wollte, daß Alberto in ein Bauprojekt von Alterswohnungen mit Erstkaufrecht irgendwo im Mittleren Westen investierte.

»Keine Haken dabei, es ist eine saubere Sache«, sagte er immer wieder.

Alberto, um Barry zufrieden zu machen, tat so, als wäre er interessiert.

Um elf Uhr abends begleitete er den Anwalt zu Fuß zum Waverly Place. In den drei Jahren, in denen sie miteinander Geschäfte machten, hatte der Kautionsverwalter Kantors Wohnung nie von innen gesehen. Er wartete unten, während Barry nach oben ging, um ihm eine Farbbroschüre über das Bauprojekt zu holen. Wer weiß? Vielleicht hatte der Anwalt da eine gute Nase gehabt, jedenfalls redete er so.

Plötzlich flammten Lichter hinter den Vorderfenstern im dritten Stockwerk auf. Alberto stand seine Zeit am Kantstein ab. Als Kantor nach unten kam, schienen seine Augen hart, und sie funkelten hinter den Brillengläsern.

»Schlampige Göre – « Der Anwalt ließ einen Schwall dreckiger Flüche los.

»Nimm es leicht, Barry«, verabschiedete sich der Kautionsverwalter. Er steckte die Broschüre in seine Jackentasche und lief zur Metrostation in der Sixth Avenue.

Mit jedem Schritt, den er hinaufging, wurde Barrys Zorn heftiger. In der Wohnung lag Melinda genauso wie er sie zurückgelassen hatte, zusammengerollt auf dem Sofa, die Augen weit aufgerissen, die schmutzige blaue Decke schützend vor die Brust gedrückt.

»Komm aus dem Bett«, brüllte er. »Ich habe dir den ganzen verfluchten Tag Zeit gegeben, um diesen Saustall sauberzumachen.« Er ging zum Wandschrank auf dem Flur und begann Mäntel herauszureißen. »Du hast zwölf Stunden geschlafen, nun tu was.«

Er schlug ihr auf die Stirn. Das kleine Mädchen wimmerte.

»Judith!« brüllte er. »Komm hierher. Sieh zu, daß deine liederliche Tochter ihren dicken Arsch in Bewegung kriegt. Judith!«

Keine Antwort.

Das Kind schrie, als er Judith zu suchen begann. Ricky begann laut zu heulen.

Judith lag da, ein stumpfes geistesabwesendes Grinsen auf ihrem zerschlagenen Gesicht.

›Now in the graveyard by the hill, lies the remains of Cocaine Bill.‹

»Du bist zu«, schrie er sie an. »Voll mit dem Zeug. Sobald ich mich umdrehe.«

Sie starrte matt zu ihm auf. Ihre eingeschlagene Nase ließ ihn einen Brechreiz spüren.

›And in the graveyard by his side, lies the remains of his morphine bride.‹

»Ich bin nicht deine Braut, Barry, ich bin nicht deine Braut. Die haben sich geirrt. Warum begraben sie uns gemeinsam?«

»Wieviel Stoff hast du in dich reingeschlungen? Antworte mir, bevor ich dir das letzte Haar aus deinem widerlichen Kopf reiße.«

Sie brüllte auf. Ein langgezogener, markerschütternder Schrei. In seiner Hand hielt er Büschel grauer Wolle aus ihrer Schädeldecke.

»Du bringst mich um.«

»Halt die Klappe, du bist verrückt.«

›Livergut, livergut,‹ höhnte die Stimme.

Angeekelt jagte er sie mit Fußtritten ins Wohnzimmer.

»Zwei Primadonnas, ich lebe in einem Saustall mit zwei Primadonnas. Die eine ist eine Fixerin, die andere ein kümmerlicher Bastard, den ich aus der Gosse gezogen habe.«

Er griff einen Stuhl und holte aus. Er traf Judith vor der Brust, der Aufprall ließ sie nach hinten fallen.

Er stellte sie auf die Füße und schlug ihr auf den Mund. Mit einem kaum hörbaren Glucksen schoß das Blut aus ihrer aufgeplatzten Lippe an die Wand. Er befühlte seine Gelenke.

»Beweg dich Melinda, bevor ich dir einen Arschvoll gebe.«

»Ich hasse dich«, schrie das kleine Mädchen auf dem Sofa. »Ich hasse dich. Du bist nicht mein wirklicher Vater.«

Mit einem fürchterlichen Schrei griff er nach den Beinen des Kindes und drehte sich wie ein Diskuswerfer.

»Hurenkind«, rief er. »Du Hurenkind, geh zurück dahin, wo du herkommst.«

»Daddeeee.«

Das vierzig Pfund schwere Kind segelte durch den Raum, bis es an die Wand prallte. Abwehrend zuckte noch einmal ihr Kopf, bevor sie mit einem kaum hörbaren Stöhnen auf den Fußboden sank.

Er grunzte und fiel auf die Frau, die nicht seine Braut war, drosch mit Armen und Fäusten auf sie ein, bis er ohnmächtig wurde.

Judith wartete bewegungslos unter seinem Gewicht, bis sie das rhythmische Pfeifen und Schnarchen hörte. Stück um Stück schaukelte sie sich in eine bequemere Lage auf die Seite, bis er mit seinem Hals in ihrer Armbeuge lag. Die Finger ihrer freien Hand fuhren durch sein feuchtes, verschwitztes Haar, bis sie ein Knäuel zu fassen bekamen. Ihr rechtes Bein lag unter seinen Schenkeln. Ihre geschwollenen Augen waren fest verschlossen. Sie träumte.

Melinda lag wo sie hingeschlagen war, ihr Kopf verdreht an der Wand. Ein Rinnsal von Erbrochenem lief ihr Kinn hinab.

MONTAG, 2. NOVEMBER 1987

Vier Stunden später schüttelte Barry sich wach. Seine Knochen taten ihm weh vom Liegen auf dem harten Holzfußboden. Vorsichtig befreite er sich aus ausgestreckten Armen und Beinen. Sie atmete schwer im lange ersehnten erschöpften Schlaf. Er tastete nach seiner Brille und wankte zum Badezimmer.

Die warme Dusche war eine Wohltat. Sein nasaler schräger Bariton übertönte das Geräusch des laufenden Wassers. ›Monday, Monday, dah-dah dah, can't trust that day. Monday, Monday, sometimes it just turns out that w-a-a-a-ay.‹

Erfrischt griff er nach einem Handtuch und stellte sich vor

den Spiegel, um sein Haar trocken zu reiben. Scheiße, sein Fuß rutschte in etwas Schleimigem aus. Er beschloß, sich davon nicht seine Laune verderben zu lassen. ›Oh Monday mornin', Monday mornin' couldn't guarantee ... that Monday evenin' you would still be here with me.‹ Aber sie würde immer da sein. Gott segne sie, seine arme süße leidende Frau. Er zerbrach sich den Kopf darüber, wie er es dieses Mal wiedergutmachen könnte. ›Oh Monday mornin', you gave me no warnin' of what was to be. Oh Monday, Monday, how could you leave and not take me?‹ Eine Reise machen, nur sie zwei. Oder bis zu den Weihnachtsferien warten, Melinda und Ricky mitnehmen. Sie alle vier zusammen, die ganze Familie, neu anfangen. Mein Gott, die Nase und der Mund. Bevor sie irgendwo hinfuhren, mußte er für sie den besten Gesichtschirurgen der Stadt finden. Hätte er schon früher machen sollen. Hätte er schon nach dem ersten Mal machen müssen. Keine schlechte Laune! Schau nach vorn, nicht zurück. Er hatte gefragt, er hatte oft gefragt, aber sie hatte ihn aus der Fassung gebracht, als sie sagte, daß sie seine Male als ewige Erinnerung tragen wollte. Nicht mehr diesen Scheiß, keine ewigen Mahnungen mehr. Sein Hirn war wie ausgebrannt von den ewigen Mahnungen. Diese Wohnung verlassen, die ganze beschissene Stadt verlassen. Ein Haus im Norden finden, Melinda auf eine Landschule schicken. Er lachte. Ja. Das Haus von Vinnie Snell, der würde es eine Zeitlang nicht brauchen. Ein Haus wie das von Vinnie kaufen, am Wasser. Mit eigenem Bootssteg. Ein eigenes Zimmer für Prinzessin Melinda, darin ein mit Chintz bezogener Kleidertisch und ein dazu passendes Himmelbett. Kinderzimmer am anderen Ende des Flurs für Ricky. Anwalt auf dem Land werden. Ein Gemeindevorsteher. Barry Kantor, ein Gemeindevorsteher. Ein verwinkeltes dreistöckiges Haus, holzverschalt, mit einem Dachzimmer – nein, einem ganzen Geschoß! – für seine Mutter. Warum nicht? Warum den Traum nicht wahr machen? Tatsächlich den gottverdammten Trauschein besorgen, anstatt ihr nur die Aussicht darauf wie in den letzten siebzehn Jahren wie einen Köder vor die zertrümmerte Nase zu halten. Aufhören mit dem Kokain, dem Heroin, keine Gammelei mehr.

Schwungvoll trat er aus dem Badezimmer, um den Schaden zu begucken. Das Wohnzimmer stank nach Scheiße, Pisse und Kotze. Böser Bub, Barry. Böser Bub.

In der Küche setzte er den Wasserkessel für Kaffee auf und schaute nach der Uhrzeit. Sechs Uhr morgens. Ricky schlief fest wie ein Stein in seinem Laufstall. Melinda war ... wo? Das Sofa war leer. Er kratzte sich den Kopf. Mein Lebenslicht, mein rothaariger Sonnenengel, Prinzessin Melinda, heute ist Schultag, wo warst du die Nacht?

Liegt wahrscheinlich eingerollt in ihre Decke im Hinterzimmer, Gott, das arme Kind.

Seine Augen folgten der blauen Decke bis zur Lache, in der das Kind an der Wand lag.

Er kniete neben Judith und rüttelte sie an der Schulter. Wie mit einem Sensor bemühte sie sich, die Zeichen zu verstehen, bevor sie sich zwang, die geschwollenen Augenlider zu öffnen. Letzte Nacht, oh letzte Nacht hätte alles vorbei sein sollen, sie konnte sich nicht sicher sein, bevor sie nicht in sein Gesicht schaute.

Sein Gesicht.

»Hilf mir«, sagte er mit gebrochener Stimme.

Sie folgte ihm, als er das leblose Bündel ins Hinterzimmer trug und auf das Bett legte.

›Oh Monday mornin' you gave me no warnin'‹. Er holte die Ampullen heraus. Mechanisch mischte er die zwei weißen Pülverchen, verschnitt etwas Heroin und Kokain. Hammerdröhnung. Ihre Zunge leckte den Riß in der aufgeplatzten Oberlippe. Auf seinen Fingerzeig beugte sie sich vor, und zog den Staub in die zerschlagene Nase ein. Sie wartete, daß der grauenvolle Nebel sich verzog. Nichts passierte.

»Blut auf deinem Hemd. Weich es in kaltem Wasser ein.«

›Sie dürfen nichts sehen!‹ Gehorsam zog sie ihren schwarzen Pullover über und humpelte zum Badezimmer, um ihr Hemd einzuweichen. Als sie zurückkam, gab er ihr das Telefon.

»Neun-eins-eins«, sagte er. »Wähl schon. Sag ihnen die

Adresse. Sag ihnen, du hättest ein Kind, das nicht mehr atmet.«

Sie tat, was ihr gesagt worden war.

Draußen, vor den Fenstern der Häuserfront, war es immer noch finster. Es würde noch mindestens eine halbe Stunde dauern, bis es hell wurde, wenn es überhaupt hell würde. Er hatte Ricky aus dem Laufstall genommen und fest an eine der Streben gebunden. Er bewegte sich jetzt schnell, sicher ging er durch die Wohnung, von einer Lampe zur nächsten, um die Glühbirnen herauszudrehen.

Ihr orientierungsloses Gedächtnis bemühte sich fieberhaft zu verstehen, zu begreifen. ›Ja, genau, sie dürfen nichts sehen!‹

Er griff nach oben, um die letzte Glühbirne im Flur loszudrehen. Sie schaute ihm verwundert nach und konnte nur schwach seine Umrisse ausmachen in der endgültigen Dunkelheit, durch die er ins hintere Zimmer ging, um zu warten.

Ihr Mann. Er wußte immer, was zu tun war.